本书是"2024年度江西省社会科学基金青年项目"（项目编号：24KS35）最终成果，同时受赣南医科大学博士科研启动基金项目（项目编号：QD202306）资助

新时代大学生奋斗精神培育研究

曾献辉 著

RESEARCH ON
THE CULTIVATION OF STRUGGLE SPIRIT OF
COLLEGE STUDENTS IN THE NEW ERA

社会科学文献出版社
SOCIAL SCIENCES ACADEMIC PRESS (CHINA)

序 一

新时代是奋斗者的时代，奋斗是青春最亮丽的底色。习近平总书记在党的二十大报告中号召"广大青年要坚定不移听党话、跟党走，怀抱梦想又脚踏实地，敢想敢为又善作善成，立志做有理想、敢担当、能吃苦、肯奋斗的新时代好青年"。高校将思想政治工作贯穿教育教学全过程，不断提高人才培养质量，需要教育引导大学生大力弘扬伟大的奋斗精神。

奋斗精神建立在崇尚劳动的基础上，体现着人们勤勉劳动、勤奋工作的一种状态。马克思指出："任何一个民族，如果停止劳动，不用说一年，就是几个星期，也要灭亡，这是每一个小孩都知道的。"劳动作为一种有意识、有目的的社会实践活动，是人的理想目标、价值理念、意志品格和身心素质等综合因素发挥作用的过程，体现着人们为实现理想目标而奋不顾身、奋勇向前的精神状态。同时，奋斗精神的作用发挥，既要依靠个体的主观能动性，使"物质变精神，精神变物质"，从而以艰苦奋斗的精神力量克服各种物质困难；又要依靠社会力量的广泛凝聚，使一切有利的因素可以联合进来、团结进来，从而形成全社会团结奋斗的强大精神力量。

中华民族素有艰苦奋斗的优良传统。在五千年的历史长河中，中国人民用自己的双手创造了灿烂的中华文明，以自己的智慧和汗水创造了宝贵的物质财富和精神财富。中国共产党人坚持以马克思主义为根本指导，发扬无产阶级的团结奋斗精神，并将之与中华民族的艰苦奋斗精神相结合，形成了以伟大建党精神为源头的中国共产党人精神谱系，其中包括中国人民的伟大创造精神、伟大奋斗精神、伟大团结精神、伟大梦想精神。教育引导大学生大力弘扬中国共产党人精神谱系，是高校思想政治工作的历史使命和时代重任。习近平总书记强调："要在培养奋斗精神上下功夫，教育引导学生树立高远志向，历练敢于担当、不懈奋斗的精神。"大学生作为国家的未来、民族的希望，是十分宝贵的人才资源，培养其具备伟大的奋斗精神，能够帮助他们不断提升思想素养、身体素质、精神品格、综合能力，为创造美好人生积蓄力量。

曾献辉博士撰写的《新时代大学生奋斗精神培育研究》一书立足新时代，聚焦现实问题，直面思想政治教育研究问题领域中的"焦点"，书中厘清了大学生奋斗精神培育的相关概念，进行了奋斗精神培育的理论溯源，回顾了中国共产党培育大学生奋斗精神的发展历程，审视了大学生奋斗精神培育的现实成效、困境和存在的问题，提出了大学生奋斗精神培育遵循的原则，依据实证调查分析了问题存在的原因，构建了"四位一体"的协同培育路径。

从内容结构看，本书具有理论研究的系统性。其以马克思主义理论为指导，遵循将历史逻辑与辩证逻辑相结合的研究范式，对大学生奋斗精神和大学生奋斗精神培育的相关概念做了全面界定，解析了大学生奋斗精神的时代内涵、构成要素，以"结构"形式对大学生奋斗精神进行建构，揭示大学生形成奋斗精神需要"认知-情感-意志-行为"的统一，据此提出大学生奋斗精神培育是"使大学生的心理品格、思想情感、意志品质、价值取向和行为规范与奋斗精神的内在要求相一致，即将这种精神意涵内化于心、外化于行的实践过程"。这个定义与大学生奋斗精神相呼应。另外，本书还根据国家和社会发展的时代需要，基于思想政治教育视角，针对大学生的思想、心理和行为等实际特点，厘析了大学生奋斗精神的主要特性与大学生奋斗精神培育的个性特征。

从学术价值看，本书具有一定的创新性。主要表现为，较为深入地探讨了大学生奋斗精神培育的基本理论问题，梳理了马克思主义经典作家关于奋斗精神培育的核心观点，基于历史与逻辑统一的视角，从中华优秀传统文化、中国共产党成立等层面探索了奋斗精神培育的思想溯源，历史回溯了中国共产党培育大学生奋斗精神的历程与经验，拓展了大学生奋斗精神培育问题的研究视野和理论境界。在应用价值上主要体现在，其运用社会学、心理学研究方法对大学生奋斗精神及其培育现状作实证调查，分析得出的结论具有较高的信效度。其中从奋斗认知、奋斗情感、奋斗意志、奋斗行为等四个维度编制的问卷，有助于科学定位新时代大学生奋斗精神培育的指向性、契合性和需求性。

　　大学生奋斗精神培育问题的研究，一直是思想政治教育研究的重要课题。特别是立足"两个大局"，面对新兴技术和产业变革带来的机遇与挑战，对这一课题的研究更显得尤为重要。曾献辉博士长期耕耘在大学生思想政治教育一线，既有其独特的理论思维方式，又有着丰富的实践工作经验和强烈的问题意识。可以说，该书较好地体现了理论与实践相结合的研究特色，是一部可以为广大思想政治工作者加强大学生奋斗精神培育提供理论、方法和实践借鉴的力作。希望通过阅读此书，青年大学生能够获得成长成才的动力，广大高校思想政治工作者可以汲取和厚植育人智慧。

　　是为序。

刘宏达

（华中师范大学副校长、教授、博士生导师）

2024 年 7 月于武汉

序 二

欣闻曾献辉博士的著作《新时代大学生奋斗精神培育研究》即将出版，作为他硕士阶段学习的老师，很高兴为其提笔写序。

习近平总书记在党的二十大报告中强调"在全社会弘扬奋斗精神"。奋斗精神是中国精神的核心内容，是中华民族最鲜明、最优秀的文化基因，凝固在全体中华儿女的血脉之中。不过，奋斗精神不会自动激活，需要在个体成长历程中不断培育，方能展现为自强不息、百折不挠的顽强意志及攻坚克难、勇往直前的精神品质。新时代青年大学生的奋斗状态关系到国家的发展和民族的走向，因此，对于新时代大学生而言，树立高远志向，历练敢于担当、不懈奋斗的精神，秉持勇于奋斗的精神状态、乐观向上的人生态度，是堪当民族复兴大任，做到刚健有为、自强不息的关键。为此，要在"奋斗精神培育"上下功夫，将其视为做好新时代党的青年工作的重要内容，以真正回答好高校立德树人中"培养什么人"和"如何培养人"的根本问题。

本书既是作者身为思想政治理论课教师多年着力培育新时代大学生的实践总结，也是作者身为思想政治理论学科学子不断求索的理论积淀，更是作者身为时代青年率先锤炼奋斗精神的情感升华。

本书是在作者刊发系列高质量小论文的基础上淬炼而成。作者基于问题导向，聚焦培养具有奋斗精神的时代新人这一根本要旨，在思想政治教育学视域下，从新时代大学生奋斗精神培育的概念阐释、理论溯源、历史经验、现状审视、目标原则、实施路径等维度，对新时代大学生奋斗精神培育的现实问题进行了系统梳理、实证调研和理论思考。

本书坚持以马克思主义方法论为指导，借鉴多学科研究方法，做到了理论研究与实证分析相结合、历史分析与逻辑分析相结合，思路清晰、论证严谨，为新时代大学生奋斗精神培育勾勒出了一个清晰的图景，坚持了学术研究的科学化和学科化。当然，由于新时代大学生奋斗精神培育本身是一个具有跨学科性质的问题，需要进一步强化研究的跨学科性。但总体而言，瑕不掩瑜，本书称得上是一部具有强烈问题意识、扎实理论功底和厚重学术含量的学术著作。

新时代是青年人奋斗的时代。希望本书能为青年大学生朋友们指点迷津，能给广大的思想政治教育工作者带来启示、带来思考。

是为序。

傅琼

（江西农业大学教授、硕士生导师）

2024 年 8 月于南昌

前　言

奋斗精神是中华民族的宝贵财富，内含着中华民族自强不息奋斗史的思维逻辑与价值取向，展现出中华儿女顽强拼搏、建功立业的奋斗意志品格与高远志向。大学生是国家未来发展的中坚力量，担负着国家富强、民族复兴、人民幸福的时代责任和使命。习近平总书记2018年在全国教育大会上强调培养青年学生"要在培养奋斗精神上下功夫"，表明奋斗精神是新时代大学生应具备的思想道德素质之一，指明培育大学生奋斗精神是高校思想政治教育的一项重要任务。因此，培育大学生奋斗精神，既是大学生个人健康成长和全面发展的现实需要，也是全面推进社会主义现代化强国建设，实现"第二个百年奋斗目标"的必然要求。新征程上，大学生身处实现中华民族伟大复兴战略全局的关键时期，高校落实好立德树人根本任务，必须着重关注大学生奋斗精神培育这一重要理论问题和重大现实课题。

"问题是时代的声音，回答并指导解决问题是理论的根本任务"。本书基于问题导向，聚焦于培养具有奋斗精神的时代新人这一目标，坚持马克思主义的立场、观点和方法，在思想政治教育学视域下，从新时代大学生奋斗精神培育的概念阐释、理论溯源、历史经验、现状审视、目标原则、实施路径等方面，回答新时代大学生奋斗精神培育的现实问题和理论思考。"奋斗精神培育"本质上是做好新时代党的青年工作的重要内容，新时代大学生奋斗精神培育就是帮助大学生养成具有奋斗特性的精神品质，促使他们勇于面对困境、敢于战胜困难，既有实现自我人生价值的明确目标，又能自觉承担民族复兴的伟大使命，回答好高校立德树人中"培养什么人"和"如何培养人"的根本问题。据此，围绕奋斗精神的主题理论阐释了奋斗精神、大学生奋斗精神、大学生奋斗精神培育的概念、特征和内涵等研究内容，依据心理学和德育教育中品德结构的"知、情、意、行"四要素理论，从奋斗认知、奋斗情感、奋斗意志和奋斗行为四个方面解析大学生奋斗精神的内部构成要素，建构起大学生奋斗精神的内在结构。大学生唯有对奋斗精神有清晰的认知，才会在内心上认同奋斗精神，在情感上推崇奋斗精神，在意志上坚定奋斗精神，在行为上践行奋斗精神。大学生奋斗精神则是由理性认知、情感体悟、坚定意志和外显行为等要素构成的，它不会自发形成，需要在实践中培育和生成，并且培育应当具备一定的条件、环境等。

  本书阐释了大学生奋斗精神培育的相关概念，系统梳理了马克思主义经典作家关于奋斗精神培育的思想，中华优秀传统文化中蕴含的自强不息、崇勤尚俭、志存高远、锲而不舍等奋斗思想，以及毛泽东、邓小平、江泽民、胡锦涛、习近平等党的历代领导人关于奋斗精神培育思想的相关论述，以理论的一脉相承性和时代创新性为大学生奋斗精神培育奠定论证基础。而中国共产党在不同历史时期对青年一代开展奋斗精神培育的不同做法和探索，为大学生奋斗精神培育提供了丰富的实践价值和重要经验。本书通过实证研究了解大学生奋斗精神培育的现状，深入分析当代大学生奋斗精神培育取得的成效、现实困境和存在问题的原因，结合这些方面进行深层探析。在理论梳理和调查分析的基础上，提出新时代大学生奋斗精神培育应遵循理论性与实践性、传统性与现代性、系统性与层次性、主导性与主体性相结合的四个原则；探索构建由个人、家庭、高校、社会等层面组成的"四位一体"协同培育体系，发挥社会、学校、家庭和个人的协同育人合力，以期增强大学生奋斗精神培育的实效，提升大学生的奋斗精神，引导大学生立鸿鹄志、做奋斗者，矢志以饱满的奋斗热情投身于新实践、建功在新时代，让青春在不懈奋斗中绽放"绚丽之花"。

目 录

绪 论 / 001

第一章 新时代大学生奋斗精神培育的概念梳理 / 021
  第一节 有关奋斗精神的界定 / 021
  第二节 对大学生奋斗精神的解析 / 035
  第三节 大学生奋斗精神培育的释义 / 046

第二章 新时代大学生奋斗精神培育的理论溯源 / 064
  第一节 马克思主义经典作家关于奋斗精神培育的基本
     理论 / 064
  第二节 中华优秀传统文化中关于奋斗精神的思想 / 076
  第三节 中国共产党人关于奋斗精神培育的理论成果 / 081

**第三章 中国共产党培育大学生奋斗精神的发展历程与基本
   经验** / 096
  第一节 中国共产党培育大学生奋斗精神的发展历程 / 096
  第二节 中国共产党培育大学生奋斗精神的基本经验 / 109

第四章 新时代大学生奋斗精神培育的现实审视 / 116
  第一节 有关大学生奋斗精神培育现状的调查分析 / 116

　　　　第二节　大学生奋斗精神培育的主要成效　/　137

　　　　第三节　大学生奋斗精神培育中的问题聚焦　/　145

　　　　第四节　大学生奋斗精神培育问题的原因分析　/　155

第五章　新时代大学生奋斗精神培育的目标、原则与内容　/　169

　　　　第一节　大学生奋斗精神培育的目标　/　169

　　　　第二节　大学生奋斗精神培育的原则　/　173

　　　　第三节　大学生奋斗精神培育的内容　/　181

第六章　新时代大学生奋斗精神培育的推进路径　/　188

　　　　第一节　高校教育：大学生奋斗精神培育的主要场域　/　188

　　　　第二节　家庭熏陶：大学生奋斗精神培育的基础环节　/　204

　　　　第三节　个体塑型：大学生奋斗精神培育的关键因素　/　214

　　　　第四节　社会环境：大学生奋斗精神培育的重要支撑　/　221

结　语　/　229

参考文献　/　231

附　录　/　240

后　记　/　247

绪　论

第一节　研究缘起及意义

一　问题的提出

奋斗是中华民族的光荣传统，奋斗精神是中华民族精神的有机构成。作为中华文明一直传承下来的重要精神财富，它不仅反映了中华民族几千年自强不息的奋斗历史，映射出中华优秀传统文化、革命文化和社会主义先进文化，更是中国共产党领导中国人民在革命、建设和改革过程中形成的优良作风和精神标志。2018年9月，习近平总书记在全国教育大会上强调："要在培养奋斗精神上下功夫。……教育引导学生懂得，如果想创造出彩人生，就必须树立高远志向，历练敢于担当、不懈奋斗的精神，具有勇于奋斗的精神状态、乐观向上的人生态度，以行求知，以知促行，真正做到知行合一，做到刚健有为、自强不息。"[1] 2019年4月，习近平总书记在纪念"五四运动"100周年大会上指出："今天，我们的生活条件好了，但奋斗精神一点都不能少，中国青年永久奋斗的好传统一点都不能丢。"[2] 站在这个视角，我们完全可以说，奋斗精神是青年必备的精神品格。党和国家历来高度重视青年、关怀青年、信任青年，始终把培养一代新人作为

---

[1] 《习近平在全国教育大会上强调：坚持中国特色社会主义教育发展道路 培养德智体美劳全面发展的社会主义建设者和接班人》，《人民日报》2018年9月11日，第1版。
[2] 《习近平谈治国理政》（第4卷），外文出版社，2020，第335~336页。

各个时期的重要任务。高校肩负人才培养的责任与使命,承担着培养社会主义建设者和接班人以实现国家富强、民族复兴的光荣职责。新征程上,深入探究奋斗精神的内涵并探索如何更合理地培育大学生奋斗精神,是高校践履思想育人、精神育人价值目标的关键环节,也是落实立德树人根本任务的重要方面。

党的二十大报告指出:"青年强,则国家强。……广大青年要坚定不移听党话、跟党走,怀抱梦想又脚踏实地,敢想敢为又善作善成,立志做有理想、敢担当、能吃苦、肯奋斗的新时代好青年。"[1] 大学生是青年中极富创造力的优秀群体,是党和国家事业发展的生力军。奋斗精神是人们在实践活动中展现出的一种积极的精神状态和精神品质。它作为大学生非知识性因素中的一项核心素质指标,在其身心健康、思想品德养成、人生价值实现过程中发挥了不可或缺的作用。可见,高校在专业知识和能力等方面对大学生施教的同时,还要将奋斗精神培育作为思想政治教育的重要内容,把培养大学生奋斗精神当作思想政治教育的一项重点任务,在思想政治教育内容中努力提高其比重,着力培养大批具有奋斗精神的时代新人。要引导大学生将奋斗作为成长的内生动力,把个人发展与党和国家的前途命运紧密相连,担负起新时代的使命和重任。

新时代大学生切身体会到实现第一个百年奋斗目标所带来的变化,并将成长为努力实现第二个百年奋斗目标的中坚力量。身为"00后"的他们,从小生活条件普遍优越,缺乏艰苦复杂环境的历练与吃苦耐劳的精神支撑,容易对物质过度依赖。享乐主义、拜金主义、利己主义、物质主义等充斥于社会中,加上时代变革中各种社会思潮的传播,使大学生受到多元文化价值观的冲击,导致一些大学生奋斗意识欠缺,呈现出奋斗样貌弱化、奋斗动力缺失、奋斗目标不明确等不良倾向,并对奋斗表现出淡漠。特别是近年来,社会上出现的"躺平"现象,"伪奋斗""丧文化""佛系"等不良思想,更严重侵袭着他们的思想意识和行为。新时代背景下,大学生更应秉承奋斗精神,将中华民族精神、党的优良作风一以贯之地传承与发扬,为强国建设、民族复兴挺膺担当,同时也确证在新时代培育大

---

[1] 习近平:《高举中国特色社会主义伟大旗帜 为全面建设社会主义现代化国家而团结奋斗——在中国共产党第二十次全国代表大会上的报告》,人民出版社,2022,第77页。

学生奋斗精神的重要性、必要性和紧迫性。

二 研究意义

人无精神不立，国无精神不强。奋斗精神对于国家发展和个人成长来说都须臾不可离。大学生是一个综合素质较高的社会群体，在社会上有一定的影响力。本书聚焦当代大学生奋斗精神养成的现状，从思想政治教育视角剖析高校在培育大学生奋斗精神方面的薄弱环节和问题，并努力探寻应对策略。这对于深化大学生奋斗精神培育的理论体系建构、提升高校思想政治教育的水平与实效、推动全社会倡导奋斗的精神风尚，具有重要意义。这既是新时代加强大学生思想政治教育的需要，也是培养全面发展的社会主义有用人才的紧迫任务。

（一）理论意义

一是有助于深化对奋斗精神相关理论的认识。当今学界对奋斗精神相关概念的厘定未统一，本书在整合学界已有理论研究成果的基础上，梳理了奋斗精神的源流，界定了奋斗精神的内涵与特征；聚焦大学生群体，阐释了大学生奋斗精神的基本内涵、主要特质与构成要素，使关于奋斗精神的研究更具全面性与理论性。

二是有助于系统建构大学生奋斗精神培育的理论体系。本书依照理论照进现实的逻辑针对大学生奋斗精神培育问题施策。通过开展社会调查，剖析大学生奋斗精神养成的现状及影响因素，分析培育工作所取得的成效及存在的问题，明确针对不同群体应遵循的教育原则，为新时代大学生奋斗精神培育提出合理方案，提升培育的科学性、针对性和实效性。

三是有助于充实和发展高校思想政治教育应用理论。思想政治教育是解决认识过程中主客观矛盾的重要方式。通过精神力量的指引为大学生提供价值规范和价值尺度，是对思想政治教育目标和发展方向的明确。这丰富了高校思想政治教育的内容，进一步充实了思想政治教育中有关精神品质的理论研究，为相关研究提供参考借鉴。

（二）现实意义

一是有利于探究和破解大学生奋斗精神培育的现实困境。"00后"大学生的成长环境优越、生活富足，易受到不良社会思潮的冲击，影响养成奋斗精神。针对大学生奋斗精神养成与培育过程中的问题和成因进行系统分析，使大学生奋斗精神培育的实践可以更好地适应新的社会变化与发展，准确有效地应对新问题，以完成"培养人"的新任务和新要求。

二是有利于增强高校思想政治教育解决问题的能力。培养全面发展的社会主义人才是高校育人的落脚点。从大学生奋斗困惑、奋斗懈怠、奋斗焦虑等现实问题中探寻符合大学生成长特点的培育方法和途径，解决大学生奋斗动力不强与高校培育工作成效不理想等问题，可以提升高校思想政治教育的水平和效度，发挥好思想政治教育的功能。

三是有利于构筑新时代大学生健康成才的精神支柱。奋斗精神是中国精神的基石，是中华民族的优良传统。"00后"大学生成长于多元文化背景下，受"内卷""佛系"等社会心态、"屌丝""躺平""丧"等亚文化的冲击，这使他们的精神家园和行为容易受到"虚无主义"和"反奋斗"等倾向影响。加强大学生奋斗精神培育，以引导其坚定奋斗的理想信念，从思想和行动上有力抵制不良风气和思潮，矢志为党和人民的事业奉献力量。

第二节　国内外研究现状

近年来，随着中国特色社会主义事业的迅猛发展，学界对奋斗理论和奋斗精神培育问题的研究掀起了"热潮"。学者们对奋斗精神的研究日益深入，从不同视角和方位围绕奋斗精神进行论述，取得了一定的学术成果。奋斗精神作为中华民族精神的构成部分，是全社会共识性精神品质。党的二十大报告提出"着力培养担当民族复兴大任的时代新人"，对高校人才培养提出了更高要求，学者们在思想政治教育领域对奋斗精神的研究正逐步转向大学生奋斗精神的相关探索。下面梳理学界关于奋斗精神及大学生奋斗精神培育的相关研究成果,就国内外研究现状及趋势作简要综述。

一 国内研究现状

(一) 对"奋斗精神"概念及其基本内涵的研究

奋斗精神是中华民族的优良品德,既体现在人的思想观念上,也需通过实践行动而呈现。国内学界对"奋斗精神"概念有不同向度的解读。

一是"精神状态"说,包括乐观、积极、进取、超越等。如李科认为,奋斗精神是行为主体为了目标而孜孜以求,在追求目标的过程中显示出顽强的毅力和强大的勇气,以及敢于排除艰难险阻甚至不怕流血牺牲的精神状态。[①] 冉昌光认为,奋斗精神是主体在改造客体的活动中倾尽全力去达到目的的意志状态,包括人的意志、毅力、激情、信心、干劲等主观精神状态,表现为吃苦耐劳、坚韧不拔、顽强拼搏、自我牺牲精神等。[②] 柳礼泉认为,奋斗精神就是人们为了实现远大理想,在认识和改造世界时所迸发出来的一种积极向上的良好精神状态。[③]

二是"意志品质"说,突出拼搏、坚韧、顽强、奉献等多种意志品质。如陈万柏、张耀灿认为,奋斗精神应是一种迎难而上、坚忍不拔、开拓创新、顽强拼搏、克勤克俭的精神风貌。[④] 吴潜涛认为,奋斗精神是人们在认识和改造世界中所表现出的不畏艰难、拼搏向上,代表人们敢于锐意进取,不断创造新生活和新境界的品质。[⑤]

三是"艰苦条件"说,这里的奋斗精神是根据国家所处的"艰苦条件",表述为艰苦奋斗精神。如曾雅丽认为,艰苦奋斗精神是人们在艰苦

---

① 李科:《新时代大学生奋斗精神培育的路径探究》,《教育与教学研究》2019年第12期,第79页。
② 冉昌光:《主体奋斗精神初探》,《社会科学研究》1987年第6期,第6页。
③ 柳礼泉:《论坚持艰苦奋斗与实现远大理想的统一》,《科学社会主义》2008年第1期,第88页。
④ 陈万柏、张耀灿:《思想政治教育学原理》,华中师范大学出版社,2009,第154页。
⑤ 吴潜涛:《中国精神教育读本》,人民出版社,2014,第67页。

的环境下保持的一种积极进取、敢于拼搏的奋斗精神。[1] 罗国杰认为，发扬艰苦奋斗精神，就是要保持艰苦朴素、勤俭节约的质朴作风，发扬不畏艰险、百折不挠、自强不息的奋斗精神。[2] 可见，学者们阐释的艰苦奋斗精神，实际为奋斗精神在艰苦条件下的表现。

四是"新时代"说，指随着我国进入新时代，奋斗精神有了更为宏大的意蕴，而不是一味强调"艰苦"条件。如刘建军认为，新时代的奋斗精神是一种振作精神、一种实践精神、一种拼搏精神、一种牺牲精神、一种愉悦精神。[3] 孙雪菲认为，新时代奋斗精神是一种积极进取精神、一种攻坚克难精神和一种苦干实干精神，在推进伟大斗争、伟大工程、伟大事业和伟大梦想的实践过程中，需要奋斗精神的有力支撑。[4]

五是"历史渊源"说，学者们从中华文化的历史中探寻奋斗精神。如侯菊英、刘梦认为，奋斗精神作为一种精神基因，它深深根植于中华民族的优秀传统文化之中，又在革命年代催生了各类红色革命文化，并在中国特色社会主义伟大实践中进一步发展和升华。[5] 姚军在《奋斗论》中指出，奋斗精神源自中国传统生命价值观中"以人为本"的思想，蕴含了儒家、法家、道家、墨家等诸子百家的奋斗思想。[6]

综上，学者们基于对奋斗精神的不同理解，对奋斗精神的概念阐释有多种界说。总体上看，奋斗精神具有深厚的历史积淀和文化传承，它会随着历史变迁、社会发展和时代进步而变化调整，是人们在改造世界的实践过程中展现出的自强不息、坚韧不拔、不畏艰难、顽强拼搏等向上奋发的精神状态和意志品质。

学者们普遍认为奋斗精神应置于社会历史条件下，它在不同时代有自

---

[1] 曾雅丽：《新时期加强大学生艰苦奋斗精神教育的思考》，《学校党建与思想教育》（上半月）2008年第6期，第75页。
[2] 罗国杰：《古代思想家论"谦虚谨慎"与"艰苦奋斗"》，《思想政治课教学》2003年第6期，第3页。
[3] 刘建军：《伟大奋斗精神：科学内涵、社会价值与人生启示》，《中共杭州市委党校学报》2019年第2期，第13页。
[4] 孙雪菲：《新时代奋斗精神的多维审视》，《中学政治教学参考》2021年第7期，第19页。
[5] 侯菊英、刘梦：《论中华民族伟大奋斗精神及其时代价值》，《河南理工大学学报》（社会科学版）2021年第4期，第3页。
[6] 姚军：《奋斗论》，苏州大学出版社，2013，第182页。

己的基本内涵,且与时代发展相一致。黄汀认为,奋斗精神根植于中华文明,在中华民族的历史发展中,励精图治、顽强拼搏、艰苦奋斗、自强不息等奋斗精神已深深融入中国人的血液,为中国人民凝聚思想共识、激发拼搏斗志提供了价值引领。① 马一腾认为,奋斗精神的形成有特定的思想基础,根据时代需要,其内涵也会有所不同。在新时代,伟大奋斗精神可以概括为接力奋斗、团结奋斗、顽强奋斗、艰苦奋斗。② 王绍霞立足新的历史起点,认为奋斗精神是一种脚踏实地、锲而不舍、敢为人先、敢于斗争、敢于胜利的精神风范,内含艰辛的、幸福的、忘我的三重性情感体验,有需艰苦奋斗、共同奋斗、接力奋斗三种形式的呈现。③ 因此,诠释奋斗精神的基本内涵,应把握历史性与时代性、生成性与传承性、阶级性与实践性等特征,使之不断完善。

(二)"大学生奋斗精神"的释义

近年来,有关大学生奋斗精神的研究成果甚少。大学生奋斗精神,顾名思义就是聚焦大学生这一群体的奋斗精神。大学生作为国家实现第二个百年奋斗目标的生力军,因其自身特点,所呈现的奋斗精神也有着特定的内涵指向。大多数学者认为,大学生作为受过高等教育的特殊群体,其奋斗精神既有校园学习生活层面的体现,也有国家和社会实践层面的体现,但学者们未形成统一释义。

一是"时代发展"说。如赵海燕认为,大学生的成长与新时代的发展密切相关,大学生不懈奋斗是新时代社会进步的现实要求。大学生必须在奋斗过程中勇于追逐理想,铸就敢于担当的奉献精神;专注奋斗本身,造就脚踏实地的实干精神;呈现新时代中国青年的奋斗意志,锻造只争朝夕的拼搏精神与久久为功的坚韧精神。④ 邱再辉认为,新时代大学生奋斗精

---

① 黄汀:《以中华优秀传统文化涵养青年奋斗精神》,《人民论坛》2022年第23期,第91页。
② 马一腾:《新时代伟大奋斗精神的渊源、内涵及弘扬路径》,《河南理工大学学报》(社会科学版)2021年第5期,第10页。
③ 王绍霞:《新时代奋斗精神的基本逻辑与时代价值》,《思想理论教育导刊》2019年第6期,第59页。
④ 赵海燕:《新时代青年奋斗精神价值意蕴与赓续弘扬》,《思想政治教育研究》2021年第10期,第147页。

神是烛照民族复兴征程的自觉担当,是传承爱国传统、拒绝沉沦丧志、坚定远大理想、懂得热爱劳动的具体体现,是以奋斗创造幸福人生的精神力量和实践支撑①。

二是"四要素"说。如杨谷文、张春秀认为,应从认知、意志、目标、践行四个要素构成着眼,大学生奋斗精神的核心内涵可归结为认知上的自觉担当、甘于奉献,意志上的奋发向上、勤于拼搏,目标上的敢为人先、勇于创新,实践中的脚踏实地、乐于实干②。艾楚君认为,奋斗精神是主体为追求理想、实现目标所表现出的积极上进、不畏艰难、坚韧执着的情感意志,青年群体的奋斗精神的基本内涵则由自立自强的精神、顽强拼搏的意志、担当实干的作风、持之以恒的品格等四个方面构成。③

三是"艰苦奋斗"说。将大学生奋斗精神与大学生艰苦奋斗相联系,其内涵既体现艰苦奋斗的品质,又因应社会发展和时代要求而变化。如张颖、范军认为,大学生奋斗精神包括:刻苦钻研、孜孜以求的优良学风;百折不挠、攻坚克难的精神风貌;勤劳敬业、精益求精的劳动观念;生于忧患、死于安乐的警醒自觉;胸怀天下、以小我成就大我的高尚情操。④

四是"精神面貌"说。观照大学生这一主体的精神样态与所肩负的使命,侯玉环认为,大学生奋斗精神是大学生在实践活动中所展现出的奋发向上的精神风貌,其内涵包括敢于担当的奉献精神、脚踏实地的实干精神、只争朝夕的拼搏精神、久久为功的坚韧精神。⑤

可见,学者们对大学生奋斗精神内涵的解读较多从大学生学习、生活、思想意志层面着眼,涵盖不同的精神界面,体现了时代要求下大学生的实践过程。大学生群体具有鲜明的时代特点,诠释大学生奋斗精神的基本内涵,

---

① 邱再辉:《中国青年的使命传承:五四精神与奋斗精神》,《教育评论》2019 年第 7 期,第 96 页。
② 杨谷文、张春秀:《新时代青年奋斗精神培育困境及其化解路径》,《北京青年研究》2022 年第 2 期,第 84~85 页。
③ 艾楚君:《新时代青年奋斗精神的基本内涵与培育路径》,《学校党建与思想教育》2022 年第 24 期,第 36 页。
④ 张颖、范军:《大学生艰苦奋斗精神教育的历史考察和基本经验》,《思想政治教育研究》2016 年第 2 期,第 52 页。
⑤ 侯玉环:《论新时代青年学生奋斗精神培育研究》,《思想理论教育导刊》2019 年第 6 期,第 55 页。

应当紧密结合新征程上大学生所肩负的历史使命和时代责任，以及大学生实现人生价值的现实需要，这样才能更为深刻地体现出大学生奋斗的内在涵养和素质以及外在态度和行动，这是今后研究必须关注的重点问题。

（三）关于大学生奋斗精神培育的研究

对于"大学生奋斗精神培育"的概念，学者们的现有研究成果很少，且没有深入探讨。万涛、邹小华认为，培育大学生奋斗精神，要以习近平总书记的"奋斗幸福观"为指导，在"为什么要奋斗、为谁奋斗、如何奋斗"上明确目标，使大学生这一群体坚定理想信念，树立奋斗意识、提升奋斗本领、激发奋斗自觉，努力成长为具有奋斗精神的新时代青年。[①] 于欣欣、孟欣在《高校大学生思想政治教育》一书中认为，对大学生进行奋斗教育，就是使大学生树立符合时代要求的艰苦奋斗观念。[②] 足见，对于"大学生奋斗精神培育"的概念，学界未形成一致表述，也罕有详实论述。已有研究大多从培育大学生奋斗精神的目的或意义方面进行阐释，而概念界定还有待根据研究的主客体与时代要求等进行更加具体的归纳。

再看对大学生奋斗精神现状的研究。从 2021 年《中国大学生思想政治教育发展报告》中可以窥见，当代大学生思想政治状况呈现积极健康向上的良好态势，且大部分大学生都比较认同"有信念、有梦想、有奋斗、有奉献的人生，才是有意义的人生"。不少学者采用问卷调查方式，结合数据对其进行论证。如李洪华、戴树根指出，大学生对奋斗的内涵、作用、实践认知整体上比较到位，对于奋斗精神有其自身的认知理解、情感体验和行为倾向等，但个别大学生也存在奋斗主观意愿不强、奋斗志向不明、奋斗行动不够、奋斗理解缺失等问题。[③] 黄核成、吴敏筱认为，大学生奋斗精神的现状具体表现为部分学生沉溺于物质享受，不求知、不钻研，不思进取；部分学生思想空虚，意志消沉，贪图安逸，害怕吃苦；还

---

① 万涛、邹小华：《习近平奋斗幸福观及其对青年学生奋斗精神培育的启示》，《南昌师范学院学报》2021 年第 8 期，第 24~25 页。
② 于欣欣、孟欣：《高校大学生思想政治教育》，哈尔滨地图出版社，2006，第 156 页。
③ 李洪华、戴树根：《新时代大学生奋斗精神现状及培育路径》，《社会科学家》2021 年第 12 期，第 162 页。

有一些学生喜欢讲排场、比阔气，追求享乐主义。①蒋云鑫表示，奋斗精神缺失根源于大学生自身的认识能力和实践能力有限。因个人阅历浅以及对理论学习不够，容易被西方文化呈现出的美好外观所迷惑和影响。一旦遇到问题，缺乏理性思考，会不由自主地掉进错误思维的陷阱，陷入对奋斗精神的认识困境而难以自拔。②应当看到，大多数研究在实证调研中都从大学生的思想、日常生活学习等方面有一定的分析，涉及大学生奋斗精神淡化的原因，并有针对性地深入剖析。

从大学生奋斗精神培育存在的问题及其成因分析看，第一，学者们针对大学生奋斗精神培育中存在的问题，认为有内外环境的影响因素。一方面，社会环境的变化影响到大学生奋斗精神的形成与培育成效。如高歌认为，新时代消费主义与个体主义所具有的庸俗、干瘪、狭隘的色彩，歪曲了奋斗培育的内容，窄化了奋斗培育的表达方式。③李一楠、杨福川认为，"泛娱乐化"等不良的社会风气、社会转型下的压力感和阶层固化感，对大学生的奋斗价值观产生负面影响，导致奋斗教育困境，而学校在奋斗精神培育上流于形式，导致培育效果不理想。④另一方面，学者也从内部环境，尤其是家庭影响和个体成长发展角度予以剖析。如刘绍云、陈方芳认为，新时代大学生多数出生于"4+2+1"家庭，大多为独生子女且生活富足，受到长辈溺爱及不合理的教育观念的影响，他们在学习生活中遇到困难时往往不知所措，奋斗意识淡薄。⑤第二，学者们把大学生奋斗精神淡薄的原因还归结为大学生自我培育不足，学校教育、家庭教育欠缺。如韩璐璐、金昕认为，高校思政课缺乏对奋斗精神内涵的系统讲解，多分散融

---

① 黄核成、吴敏筱：《论当代大学生艰苦奋斗精神的培育》，《杭州电子科技大学学报》（社会科学版）2017第12期，第47页。
② 蒋云鑫：《当代大学生奋斗精神困境及其原因分析》，《社会科学前沿》2020年第4期，第482页。
③ 高歌：《大学生奋斗精神培育的时代审视与优化策略》，《广西社会科学》2021第6期，第178页。
④ 李一楠、杨福川：《新时代青年奋斗精神培育》，《高校辅导员》2019年第2期，第28页。
⑤ 刘绍云、陈方芳：《论大学生艰苦奋斗精神的式微及消解之道》，《湖南省社会主义学院学报》2017年第6期，第93页。

入思政课教学中，部分课堂教学内容吸引力和感染力不足。① 赵亚梨、杨爱杰认为，大学生普遍身在舒适的成长环境，加上大多是独生子女，因此不少父母对孩子有饭来张口、衣来伸手的溺爱。这种家庭教育理念使大学生缺乏必要的锻炼，自然导致奋斗精神缺失。② 第三，学者们提出，网络媒介的泛功利化、"反奋斗"负面思潮的无序传播，也是造成大学生奋斗动力不足、奋斗信念消减的原因。如任博、段晓亮认为，伴随"网络作家""美妆博主""美食达人""游戏代练"等新兴的互联网职业出现，不少大学生想实现快速的财富变现，但这种"奋斗"是功利和狭隘的，不是将个人利益融入整个社会和国家的利益中，必会受到现实重击，同时失落感与挫败感也会吞噬他们艰苦奋斗、坚持不懈的信心。③ 周钰珊认为，"躺平"这一"除志向""低欲望"的社会现象和社会心态通过网络快速传播，不仅强烈冲击着主流价值观，也影响大学生的意识形态。科学引导和帮助大学生养成奋斗精神，才能有效遏制"反奋斗"思潮，让"躺平"大学生由"躺而颓之"转向"起而行之"。④

可见，大学生奋斗精神培育中的问题，并不完全是大学生自己造成的，也有社会、历史和时代等客观因素的影响，比如中西方国家历史文化的差异与数字时代新媒介的信息开放传播等。而且从学校教育来看，现在的奋斗精神培育模式尚不能引导大学生对奋斗精神的笃定追求和坚定践履。为此，应进一步加强对问题本身和深层次矛盾的挖掘。

最后，看大学生奋斗精神培育的路径研究方面。伴随多元文化和多种社会思潮的出现，不少大学生的理想信念、价值观念、道德行为等受到不良社会思潮的影响，如何纾解"内卷与躺平"等文化现象的冲击，如何以奋斗精神引领大学生应对现实境遇，如何有效批判"奋斗无用论""奋

---

① 韩璐璐、金昕：《新时代大学生奋斗精神现状与培育对策》，《学校党建与思想教育》2022年第24期，第33页。
② 赵亚梨、杨爱杰：《新时代中国青年奋斗精神培育的路径研究》，《内蒙古师范大学学报》2022年第6期，第17~18页。
③ 任博、段晓亮：《数字时代青年奋斗精神培育的路径研究》，《北京青年研究》2023年第1期，第101页。
④ 周钰珊：《"躺平"的坐标轴体系：论"躺平"群体的分类透析与奋斗精神培育》，《高校辅导员》2022年第6期，第45页。

过时论""消费主义价值观"等错误思潮的侵蚀,这些问题既关系到大学生学习、生活和职业发展的走向,也事关国家、民族的前途命运和中国特色社会主义事业的成败。为此,学者们依据大学生奋斗的现状,结合对奋斗精神缺失的原因的分析,提出了提升大学生奋斗精神培育效果的多维路径。

一是遵循大学生思想政治教育的方法论。如邓雨巍认为,应准确把握奋斗精神与思想政治教育的本质关联,重点放在以马克思主义为根本的理论教育、以"四史"为核心的历史教育、以高校思想政治教育为保障的实践机制等三个维度上,形成合力培育。① 孙景基于立德树人的目标导向,认为要由丰富的理论和经验引导,强化高校思政工作队伍建设,使思政课堂理论教育与社会实践相结合,提升大学生奋斗精神培育的实效。②

二是立足培育主体层面,突出社会、学校、家庭、个人等方面的作用。如雷承富和张云霞认为,要建立"校园氛围+人文关怀+文化活动"三位一体的育人生态;高校教育应制订基于"通识教育+情感引导+行为示范"的全面育人方案;系统保障体系上,应当创建"顶层设计+全面评估"的全系统育人模式;个体自身应当形成"信息捕捉+榜样示范"的自觉。③ 郭晓冉认为,应通过社会、家庭和学校渠道培育大学生奋斗精神,父母要帮助孩子形成正确认知,高校要强化培育的优势作用,社会要充分挖掘和切实发挥奋斗典型榜样的作用并有效传播,形成家庭、高校和社会的教育合力。④

三是以大学生奋斗精神构成的思想、心理、意志、行为等为起点,引导大学生准确把握奋斗精神。如宋雪霞认为,培育大学生奋斗精神,要在思想上注重认知,致力于形成向上、向善的精神状态;在心理上重视情感认同,培育自强不息的信心;在道德品质上突出培育,形成坚韧不拔的奋

---

① 邓雨巍:《新时代大学生奋斗精神培育的三重维度》,《思想政治教育研究》2021年第6期,第148页。
② 孙景:《基于立德树人导向的大学生奋斗精神教育探究》,《高教学刊》2021年第1期,第176页。
③ 雷承富、张云霞:《培养大学生奋斗精神路径探析》,《学校党建与思想教育》2021年第6期,第35~36页。
④ 郭晓冉:《以奋斗精神纾解时代奋斗焦虑》,《新疆社会科学》2021年第6期,第166页。

斗毅力；在行为实践上弘扬践履，养成务实笃行的责任担当：实现大学生在奋斗上知、情、意、行的统一。①朱美燕提出，要以理想信念、优秀文化、历史教育、心理健康教育、实践活动为着力点，搭建培育奋斗精神的教育网络体系。②

四是着眼培育的内容、目标、方式手段等层面。如李丽认为，要用中华优秀传统文化、中国革命精神、改革创新精神的内容教育青年"为什么"而奋斗及"为谁"而奋斗，引导其传承接力，最终成为具有奋斗精神的时代新人。③彭蓉认为，要把国情、世情和革命传统教育作为大学生奋斗教育的重要内容，在教育形式上将理论教育、榜样模范、教育平台相结合，采取"请进来，走出去"的方式，用好红色文化博物馆、革命遗址等场所开展培育，达到培育的全方位和宽领域。④沈东认为，应以网络主阵地为媒介，最大化发挥网络的技术功能与手段，挖掘网络青年的奋斗故事，打造网络世界中的奋斗者形象。通过线下和线上的宣讲教育与宣传推广，使大学生奋斗精神培育具有更强的感染力与吸引力⑤。此外，有的学者认为思政课是培育大学生奋斗精神的重要载体，并从思政课的教学内容设计、奋斗主题教学实践活动、课程教材建设等方面探索思政课在提升大学生奋斗精神方面的实效性。

综上所述，国内学界对奋斗精神及大学生奋斗精神培育进行了不同程度的探讨，取得了一定的成果，为本书提供了理论参考和方法借鉴。但不少研究存在框架内容相似、学理建构不足、路径分析含糊等问题，尚不能窥见奋斗精神的全貌。具体为：历史考察方面，鲜有学者纵向进行奋斗精神培育历史经验的梳理，无法全局地掌握中国共产党的思想政治教育优势，难以借鉴和综合运用历来学校思想政治教育对大学生奋斗精神培育的

---

① 宋雪霞：《培育时代新人奋斗精神的知情意行》，《教育评论》2018年第11期，第95~96页。
② 朱美燕：《新时代青少年奋斗精神培育的路径探析》，《中国德育》2019年第1期，第38页。
③ 李丽：《培养具有奋斗精神的时代新人》，《红旗文稿》2019年第13期，第35~36页。
④ 彭蓉：《培育时代新人要在培养奋斗精神上下功夫》，《北京教育（德育）》2019年第4期，第70页。
⑤ 沈东：《"内卷与躺平"冲击下中国青年奋斗精神的熔铸》，《中国青年研究》2022年第2期，第34~36页。

好做法。教育资源和经验的缺失，使得培育大学生奋斗精神的工作成效大打折扣。在研究的系统视域上，对问题的原因研究不够深入，许多研究集中在奋斗精神的内涵、大学生奋斗精神现状、培育路径等几个方面，缺乏从整体视角研究大学生奋斗精神培育中的问题，提出的培育措施"千篇一律"。而且有的研究没充分结合时代发展的要求与大学生群体的特点，使得培养大学生应有什么样的奋斗精神不明朗，导致所提出的培育方式与途径的操作性不强。在概念和内涵阐述上，对奋斗精神的概念界定多元多样，对大学生奋斗精神概念的界定和内涵诠释甚少，对大学生奋斗精神培育这一概念的表述也少有且不规范。一些研究对相关概念没有作清晰的区分，造成对问题的分析浅尝辄止、缺乏深度，不能全面体现大学生奋斗精神培育的特质。在培育路径上，对大学生发挥自身的主体作用的深入研究较少，也未有较为系统的阐释。

二 国外研究现状

从查阅相关研究文献的结果看，国外学界对奋斗精神的专题研究较少，并常将"奋斗"表述为"劳作"。有关个人奋斗的论述较广泛，且因意涵是共通的，也可用于奋斗精神研究。国外对大学生奋斗精神培育也未有专门阐述。

（一）关于奋斗的相关研究

一是对勤奋劳动的研究。奋斗往往通过劳动形式表现，即勤奋劳动的过程就是奋斗。西方学界以勤劳实干、劳作光荣的价值观来肯定公民奋斗。如亨利·康马杰认为，"人的神性能够让其在道德修养和努力奋斗中实现精神境界的至善至美"。[①] 奋斗便是指在追求至善至美道德的过程中所经历的所有实践活动。马卡连柯指出："劳动永远是人类生活的基础，是创造人类生活幸福和文明的基础。"[②] 他非常重视劳动，尤其重视创造性劳动。在他看来，劳动是人们追求幸福生活的重要途径，劳动本身不仅仅是手段，更是目的。苏霍姆林斯基重视劳动教育。他认为，劳动对于实现人

[①] 〔美〕亨利·康马杰：《美国精神》，南木等译，光明日报出版社，1988，第8页。
[②] 吴式颖等编《马卡连柯教育文集》（下卷），人民教育出版社，2016，第528页。

的自由全面发展发挥着重要作用，劳动教育在"五育"中起到关键作用，个体只有拥有了较高的劳动素养和劳动能力，才能在其他方面取得较高的成就。① 可见，国外一些学者倡导辛勤劳作的价值观，他们崇尚劳作和勤奋实干，认为这些行为就是奋斗。

二是对个人价值实现的研究。国外学者偏爱从个体奋斗出发，强调奋斗是自身的奋斗，自己是人生价值的创造者、发展者、成就者。黑格尔认为："人各自追求自己的目的，当他极度追求这些目的，他的狭隘的自我离开普遍，他便陷入恶了，此恶是主观的。"② 奥斯特洛夫斯基写道："我已把自己整个的生命和全部的精力献给了世界上最壮丽的事业——为人类的解放而奋斗。"③ 罗伯特·爱蒙斯觉得："个人奋斗指代的是个人为了实现自己的个体目标而努力，是个体在特殊情境下，为了实现一个或多个既定的目标，而采取的一系列行动。"④ 个人自主能动地追求更高层次的奋斗目标，就是实现自我价值的过程。

三是对人的道德品质的研究。苏联教育家苏霍姆林斯基认为，一个人的崇高品质体现在为他人的幸福付出，这是获得精神财富的途径。⑤ 这揭示了人为什么要奋斗的问题。只有通过不懈努力奋斗，实践才有意义。也就是说，选择为大多数人的幸福而奋斗，才能体现出人生价值，并收获真正的幸福。这也是个人道德品质充分彰显的途径之一。所以，个人的奋斗与个人的道德品质两者之间存在关联性。如有学者认为："奋斗是一种勤奋的象征，是人生道德的重要组成部分。道德特质会因为环境因素而发生脆弱性的改变，而奋斗精神的培养能够很好地克服这一困难。"⑥ "奋斗精神的作用不仅仅在于对人本身，更多的在于其对道德综合水平的提升作

---

① 蔡汀等主编《苏霍姆林斯基选集》（第 4 卷），教育科学出版社，2001，第 13 页。
② 〔德〕黑格尔：《小逻辑》，贺麟译，商务印书馆，1962，第 102 页。
③ 〔苏〕尼古拉·奥斯特洛夫斯基：《钢铁是怎样炼成的》，中国书籍出版社，2007，第 158 页。
④ R. A. Emmons. "Personal Striving an Approach to Personality and Subjective Well-being", *Journal of Personality and Social Psychology*, 1986, pp. 1058-1068.
⑤ 〔苏〕苏霍姆林斯基：《给教师的建议》，周蕖等译，长江文艺出版社，2018，第 178 页。
⑥ Joao Fabiano. "The Fragility of Moral Traits to Technological Interventions", *Neuroethics*, 2020, pp. 1-13.

用，它能够对人心中善的方向起到较好的帮助作用。"①

四是对人的实践性的研究。马克思在《关于费尔巴哈的提纲》中指出："从前的一切唯物主义（包括费尔巴哈的唯物主义）的主要缺点是：对对象、现实、感性，只是从客体的或者直观的形式去理解，而不是把它们当做感性的人的活动，当做实践去理解，不是从主体方面去理解。"② 马克思主义认为人具有实践性，能够改造世界。也就是说，劳动（实践）是人的本质。而人的实践本质则表明了，人可以通过实践创造自己的生活，并在此过程中创造自身，这就是人的奋斗。"但是人的本质不是单个人所固有的抽象物，在其现实性上，它是一切社会关系的总和。"③ 这说明了人应该以何种方式展开自己的实践活动，确证了马克思在《资本论》中说的，"人在生产中只能像自然本身那样发挥作用，就是说，只能改变物质的形式。不仅如此，他在这种改变形态的劳动本身中还要经常依靠自然力的帮助。因此，劳动并不是它所生产的使用价值即物质财富的惟一源泉"。④

（二）关于奋斗精神培育的相关研究

一是在奋斗精神培育理念上，国外学者站在国家发展的角度，将大学生奋斗精神教育的目的视为促使他们付诸行动、报效国家。美国学者塞缪尔·亨廷顿指出："在爱国主义和忠于国家这一点上，美国人一向是出类拔萃的。"⑤ 他呼吁要激发美国公民报效国家的奋斗动能，自发为美国社会的发展做贡献，强调公民唯有增进爱国的奋斗意识，才能增强自身为促进美国资本主义发展不懈奋斗的信念。日本的学校教育把关于奋斗精神的内容列为对学生德育培养的必修内容，明确要求中学生要怀揣着创造希望的勇气，坚定地为自身得到更好的发展而付出不畏艰辛、迎难而上的努力；

---

① Klebl Christoph, Dziobek Isabel, Diessner Rhett. "The Role Of Elevation In Moral Judgment", journal of moral education, 2020, pp. 158–176.
② 《马克思恩格斯选集》（第1卷），人民出版社，2012，第133页。
③ 《马克思恩格斯选集》（第1卷），人民出版社，2012，第135页。
④ 《马克思恩格斯全集》（第44卷），人民出版社，2001，第56页。
⑤ 〔美〕塞缪尔·亨廷顿：《我们是谁？——美国国家特性面临的挑战》，程克雄译，新华出版社，2005，第67页。

家庭教育则从小就着力培养孩子的独立精神，养成他们凡事不给别人添麻烦、依靠自己的思想。新加坡则将奋斗精神作为对学生进行道德品质教育的内容，规定学校要培养小学生勤学上进，要有面对挫折的积极态度，做到不断进步、迎接挑战；要培养中学生的勇气、创造力和不怕挫折的精神，使之在实践中始终专注于既定目标。①

二是在奋斗精神培育环境上，国外研究关注到很多环境影响因素。在美国，父母通常要求子女抵制过度消费，培养节制的意识，多参与社会实践活动。学校会引导大学生前往孤儿院、养老所等特定环境场所进行服务，一方面使他们养成减少依赖的生活方式，另一方面是增强对社会环境的适应。学者伊斯梅尔认为，良好的生活习惯也是影响大学生获得成功的重要因素。他通过研究发现，生理偏好、睡眠质量和睡眠模式、个性和学习动机是相互关联的，并对学业成绩有显著影响。② 学者伊莲娜、凯蒂通过中芬两国大学生的比较，发现不同文化背景下影响大学生的环境要素不同：芬兰大学生更易受到奋斗目标的影响，适当的工作量能够使他们产生更强的成就动机；而教师对中国大学生的思想和心理素养具有一定正面影响。③ 美国学者马克威克和史密斯根据学生成长的不同阶段，认为青年时期是一切良好习惯培育的关键时期，提出："大学时期，人的观念开始形成并支配意识，它会贯穿一生，就像所有的嫩枝都朝着大树成长的方向延伸一样。"④

三是在奋斗精神培育目标上，国外对大学生奋斗精神培育的目标指向基本集中在服务社会方面。社会服务是美国著名的维斯康星大学所创设的一种培养大学生成长成才的方式，旨在帮助大学生提高服务社会的意识，

---

① 王学风：《多元文化社会的学校德育研究——以新加坡为个案》，广东人民出版社，2005，第86页。

② İsmail Önder, Şenol Beşoluk, Murat İskender, Ercan Masal, Eda Demirhan. "Circadian Preferences, Sleep Quality and Sleep Patterns, Personality, Academic Motivation and Academic Achievement of University Students", *Learning and Individual Differences*, 2014, p. 32.

③ Elina Hernesniemi, Hannu Räty, Kati Kasanen, Xuejiao Cheng, Jianzhong Hong, Matti Kuittinen. "Students' Achievement Motivation in Finnish and Chinese Higher Education and Its Relation to Perceived Teaching-learning Environments", *Scandinavian Journal of Psychology*, 2020, p. 14.

④〔美〕威廉·F. 马克威克、威廉·A. 史密斯：《公民的诞生：美国公民培养读本》，戚成炎、袁利丹译，天津人民出版社，2012，第45~46页。

更好地为国家发展做贡献。为使大学生具备服务社会的能力，采用教育与生产劳动相结合的方式提高大学生服务社会的意识以及能力。利用每学年的寒暑假甚至周末开展"假期项目"，安排学生去校外考察，让学生与被服务者短期内近距离地生活在一起，合作应对当地社区亟须解决的问题。① 服务社会的方式是将课堂所学的知识应用于解决实际问题，使大学生深知自身应承担的社会责任，也增强他们奋斗的使命感。

四是在奋斗精神培育的方法和路径上，学者埃克尔斯（Eccles）发现：大学生的学习动机与自己的职业理想有显著的关系，并受本人奋斗自信的影响。如果对某一领域有足够的自信，就会对这一领域有更多投入，所以应针对不同大学生的特点进行分类教育。② 有学者基于对津巴布韦历史课程的思考，提出要开设新的历史课程，以此来培养学生的历史思维与历史素养，增强学生的民族认同感和归属感，进而为民族繁荣奋斗。③ 此外，西方国家在进行大学生奋斗教育时，还注重学校和社会的有机结合。如美国的学校就和一些社会组织共同提供场所来培养学生的劳动能力和实践能力，开展社区志愿服务和其他志服务活动，让学生在实践中锤炼意志、提振信心，形成奋斗精神。德国为提升学生的创造力，以学生劳动为根本，开展创新创业教育，联合企业为大学生搭建创新创业平台，挖掘学生的兴趣和专长，使之掌握社会需要的专业技能，提高奋斗本领，服务国家建设。这种教育不是为了培养学生成为劳动方面的专家，而是为了使他们在职业生涯中更好地处理遇到的问题。④ 可见，相关教育不是只专注于教会学生养成奋斗意识、掌握奋斗技能、创造个人价值，更重要的是帮助他们强化奋斗能力以解决社会现实问题。

总体而言，由于国情特色、政治制度、发展要求等存在差异，某种意义上说，国外关于奋斗的理论研究存在局限性、片面性，对奋斗精神培育

---

① 谷贤林：《美国学校如何开展劳动教育》，《人民教育》2018年第21期，第80页。
② Yannan Gao, Jacquelynne Eccles. "Who Lower Their Aspirations? The Development and Protective Factors of College-associated Career Aspirations in Adolescence", *Journal of Vocational Behavior*, 2020, p. 116.
③ L. Sibanda, S. Blignaut. "Implementing a New History Curriculum: The Zimbabwean Experience", *Curriculum Perspectives*, 2020, p. 15.
④ Edwin E. Witte. "The University and Labor Education", *Industrial & Labor Relations Review*, 1947, pp. 3–17.

的直接研究较少，但在论及大学生奋斗教育时较为详尽，为我们开展深入研究提供了重要启迪。

第三节　研究思路与方法

一　研究思路

本书把大学生奋斗精神培育放在时代发展的历史坐标下考察，围绕大学生奋斗精神"是什么"、大学生奋斗精神"怎么样"、"为什么"要培育大学生奋斗精神、大学生奋斗精神培育"怎么办"的逻辑进路，对大学生奋斗精神培育进行系统性研究。

二　研究方法

（1）比较分析法。通过比较，找到差距，谋求新发展。对国内外大学生奋斗精神培育的做法有所梳理，总结并汲取实践中的有益经验。与志愿精神等其他精神的培育，与军人、共产党员、科技工作者等其他群体的奋斗精神培育做比较，在分析中借鉴，并完善施策。

（2）社会调查法。通过问卷调查，面向国内 10 所高校进行调研，调查样本为在读的大学本科生。运用统计软件对回收问卷进行数据分析，详细了解大学生奋斗精神现状等，凸显研究的问题意识，为提升培育的实效性提供数据参考。

（3）逻辑与历史统一法。理论体系的逻辑是客观历史发展的反映。奋斗精神的产生有着历史逻辑、理论逻辑和实践逻辑，其产生发展也有其社会历史基础。本书历史地考察大学生奋斗精神培育，在历史发展演变逻辑中探寻大学生奋斗精神培育的规律性，以期找到有效路径。

（4）系统分析法。系统分析方法是思想政治教育的重要方法，大学生奋斗精神培育本身就是一个系统工程。本书在阐述问题过程中借助教育学、心理学的学科研究范式，丰富大学生思想政治教育的内容体系，系统化探求更为全面的问题解决办法。

第四节　本研究的创新之处

一是学界对大学生奋斗精神培育的研究更多着眼于共性的总结，对其内蕴的相关理论缺乏深度阐发。本书尝试对"奋斗精神"与"大学生奋斗精神培育"进行概念界定，全面地阐明其科学内涵，提出以"结构"形式对大学生奋斗精神进行建构；把理性认知、情感体悟、坚定意志和外显行为作为个体奋斗精神的构成要素，明确了四个要素之间彼此影响、互成一体，却又保持独立，即理性认知是基础和前提，情感体悟、坚定意志为必要条件，外显行为是具体体现，各要素之间是相互作用的，具有内在关联性；揭示出大学生形成奋斗精神需要知、情、意、行的统一，并据此阐明培育大学生成为具有奋斗精神的时代新人的重要性。

二是阐明大学生奋斗精神的内涵、特征、要素和结构，在理论上回答了大学生奋斗精神"是什么"的问题。鉴于大学生奋斗精神结构中四个基本要素之间的关联性，从奋斗认知、奋斗情感、奋斗意志、奋斗行为四个维度编制《新时代大学生奋斗精神培育现状调查问卷》，将理论和实证相结合，呈现大学生奋斗精神培育的现状，揭示当代大学生存在的奋斗认知弱化、奋斗情感淡漠、奋斗意志薄弱和奋斗行为缺乏等问题。阐明新时代大学生奋斗精神培育的指向性、契合性和需求性特征，拓宽大学生奋斗精神培育现有研究的视域，提升相关研究的理论境界。

三是通过对现有资料的梳理，发现大学生奋斗精神培育在对策上往往固化，即通过学校、家庭、社会中的某单一教育主体施策。本书力求突破这种单一的思维逻辑，从大学生"为谁奋斗"的时代问题出发，重点关注具体问题、影响因素及归因分析，提出"四个结合"的培养原则，探索构建"四位一体"复合联动的协同培育系统，促进高校大学生奋斗精神培育工作更具整体性、针对性和实效性。

第一章
新时代大学生奋斗精神培育的概念梳理

开宗明义，概念先行。对基本概念的梳理，是理论研究的基本前提。本章对"奋斗精神"、"大学生奋斗精神"和"大学生奋斗精神培育"等相关概念进行厘定，有助于增强研究的逻辑性和准确性。

第一节 有关奋斗精神的界定

恩格斯指出："必须先研究事物，尔后才能研究过程。必须先知道一个事物是什么，尔后才能觉察这个事物中所发生的变化。"[①] 廓清大学生奋斗精神培育的相关概念是本书理论阐发的起点。

一 "奋斗精神"的概念

"奋斗精神"从字面含义上看，是一个合成词，由"奋斗"和"精神"两个词根构成，但它的含义绝非"奋斗"和"精神"两个词的简单复合。要理解"奋斗精神是什么"，有必要对"奋斗"与"精神"的含义进行阐释。

1. 奋斗

何谓"奋斗"？首先，从语义表述的角度看。在中国语境中，纵观古今，学者都有对奋斗的阐释。《说文解字》中对"奋""斗"二字的解释

---

① 《马克思恩格斯选集》（第4卷），人民出版社，2012，第251页。

分别是："奋，翚也。从奞在田上。《诗》曰：'不能奋飞。'""斗，遇也。从斗斲声。"在《淮南子·时则训》"鸣鸠奋其羽"和《说林训》"人莫不奋于其所不足"中，"奋"意为振作。在《孟子·离娄下》"今有同室之人斗者"、《史记·商君列传》"民勇于公战，怯于私斗"中，"斗"意为对打。在2020年修订出的《辞海》（第7版）中，"奋斗"一词的定义指"奋力格斗"。《宋史·吴挺传》记载："金人舍骑操短刀奋斗，挺遣别将尽夺其马。"随着时代的发展，现代汉语中"奋斗"常表示不畏阻挠努力苦干的意思，是为了达到一定目的而不懈努力。而在西方语境中，奋斗的英文是"struggle"。《牛津高阶英汉双解词典》的解释为："to try very hard to do sth when it is difficult or when there are a lot of problems."意为："在困难或有很多问题时非常努力地去做某事。"可以看出，中西方语境中"奋斗"的含义表达大体是一致的，普遍认为"奋斗"的构成要素中有明确的主体和客体以及清晰的目标，是承载对象进行实践活动的过程。

其次，从马克思主义理论视角看。马克思主义以人的自由全面发展为目标指向，主张发挥人的主观能动性，认为人类只有在社会生存与发展中通过奋斗开展实践活动，才能创造希望和光明的道路。马克思指出："青春的光辉，理想的钥匙，生命的意义，乃至人类的生存、发展，全包含在这两个字之中：奋斗！只有奋斗，才能治愈过去的创伤；只有奋斗，才是我们民族的希望和光明所在。"[1] 可以看出，马克思的一生，是胸怀崇高理想、为人类解放不懈奋斗的一生。[2]此外，列宁也在《黑格尔〈逻辑学〉一书摘要》中指出："世界不会满足人，人决心以自己的行动来改变世界。"[3] 这表明奋斗能促使人类认识世界和改造世界。

再次，从思想政治教育视阈，奋斗主要包含以下三个方面的要素：一是围绕既定目标而前行的实践行为，指引人们坚定奋斗信念地实施活动；二是永不放弃、拼搏向上、善于攻坚克难的态度，这是人们实践过程中奋发向上的精神状态；三是在实践活动中包含的一系列过程，任何成功都不是一蹴而就的，要实现远大理想，人们必须坚持不懈、顽强斗争，完成实

---

[1] 柳鸣九：《自我选择至上——柳鸣九谈萨特》，东方出版社，2008，第75页。
[2] 马克思：《资本论》（第1卷），人民出版社，2018，第4页。
[3] 《列宁全集》（第55卷），人民出版社，2017，第183页。

践活动的全过程。概言之，奋斗是为了实现个人的目标、追求梦想而付出努力和奋发拼搏的行为，是积极向前、不断追求的精神状态和行为过程。千百年来，奋斗一直是人类所共同拥有的无形精神支柱和优良精神财富。

2. **精神**

何谓"精神"？现代汉语中，"精神"一词通常指人的意识、思维活动和心理状态，有时形容人表现出活力和有生气。如《庄子·刻意》中的"精神四达并流，无所不及"，就在描述天地万物的精气、活力，它是事物运动发展的精妙之处和内在动力。《周易·系辞下》中有："精义入神，以致用也。"《辞海》中对"精神"的释义较为宽泛：一是与"物质"相对，在唯物主义中常与"意识"作为同义概念，包括思维、意志、情感等有意识的方面，也包括其他心理活动和无意识的方面；二是神志、心神；三是精力、活力；四是神采、韵味；五是内容实质。可见，"精神"具有多重内涵。从古到今，因地域和文化不同，国内外哲人和学者关于"精神"的意涵表述不乏真知灼见。在哲学层面，中国哲学中的"精神"大多指个体的思想意识、心性修养与道德境界等，注重精气神的提升，推崇人格修养、道德境界等。中国人对精神的理解带有浓厚的伦理色彩，具有本体论意谓，侧重于对"物质"的超越。西方哲学中，唯心主义者把精神看作创世的本原，颠倒了物质和精神的关系，将物质说成是精神的呈现。唯心主义哲学家黑格尔的精神哲学将"精神"阐释为发展的过程结构化，提出精神的发展过程具有阶段性，经历主观精神、客观精神和绝对精神等三个阶段，认为精神由于自身包含着内在矛盾而不断地自我否定，从未停止运动并向前发展。可见，西方人更多将从"观念""思维"上理解"精神"。从历史唯物主义看，马克思主义哲学意义上的"精神"是与"物质"相对应、与"意识"相一致的范畴，精神是高度组织起来的物质即人脑的产物，是人们在改造世界的社会实践活动中通过人脑产生的观念、思想上的成果。人们的精神生活会反映人们的社会物质生活。作为社会实践产物的精神，一经形成就会对物质产生能动作用。在学术界，学者对"精神"有广义和狭义的理解。广义的"精神"从属于与物质世界相对的非物质世界，包括由人脑的活动而产生的各种意识、思维、观念和其他心理状态。狭义的"精神"是意识的一种，蕴含着各种物质现象的深层意图、实质和意义，或者说是指成为事物精华和体现其活力等积极意识的表征。如有学者说："精神是意识的价值关系的实体形式，它统摄着意识关系，并能对其实施逻辑的抽象。"① 综上，"精神"是人的存在的一种属性，因人的主观状态会发生变化，对其准确定义较为困难。可以归纳为：一般是指对人的主观存在状态的描述、定位与归纳、总结；站在人的视角则主要表现为心理和情感、意识和道德、价值观和信念等。本书认为，精神来源于实践，是人脑对客观世界及其本质的集中反映，是人类在生产和交往过程中所体现出的意识、观念和心态的概括和升华。通俗言之，精神一旦付诸行动，将会发挥意识的能动作用，可转化为强大的改造世界的力量。

3. 奋斗精神

将"奋斗"和"精神"的内涵厘清后，我们下面基于时代变迁的不同表征形式，从不同侧重上概括奋斗精神的构成、内涵、本质属性和功能作用。对其理解应把握以下几点。

首先，从历史动态发展上看，奋斗精神是"活"的精神力量，蕴藏着极强的生命力。作为一种精神，奋斗精神不是一蹴而就的，它既积淀于漫长的历史长河之中，也在适应时代发展变化的现实中不断建构。历史是由人创造的，"整个所谓世界历史不外是人通过人的劳动而诞生的过程，是自然界对人来说的生成过程"②。人在改造自然、社会以及自身的过程中逐渐生成积极的价值理念和精神面貌。如奋斗精神在古代以勤俭自强为集中体现，近现代以艰苦拼搏、无私奉献为主要表现，新时代则以奋斗的幸福观、创新创造为核心要义。可见，奋斗精神是社会意识的一种，具有相对独立性。但不管时代如何变化，奋斗精神的本质属性未改变，只是在不同时期孕育出不同特质，其具体内容和形式呈现带有历史继承性。奋斗精神一旦形成，就会对个体、社会生活及时代进步产生价值引领、精神激励，并成为实践导向。

其次，从表现形式看，奋斗精神于个人而言，体现为奋斗之知、奋斗之情、奋斗之意、奋斗之行。古代留传下来的"天行健，君子以自强不

---

① 秦在东：《社会主义精神质量：逻辑关联与价值转换》，华中师范大学出版社，2010，第11页。

② 《马克思恩格斯全集》（第3卷），人民出版社，2002，第310页。

息"(《周易·乾卦》),"艰难困苦,玉汝于成"(张载《西铭》),"天将降大任于斯人也,必先苦其心志,劳其筋骨,饿其体肤,空乏其身,行拂乱其所为"(《孟子·告子章》)等经典话语说明,个人只有通过拼搏奋斗,才能取得成就和获得成功。于社会而言,奋斗精神体现为具有文化特征和时代特色的奋斗价值、奋斗理想和奋斗目标。如"长征精神""延安精神"等展现了中国人民为革命胜利而甘愿牺牲、奋勇斗争的坚强意志品质;"大庆精神"、"两弹一星精神"和"载人航天精神"等体现了中国人民自觉为社会主义建设而顽强拼搏、奋发图强的坚定决心和作风等。这些在国家发展的每个阶段内含不同时代意蕴的奋斗精神,以不同的方式激励人们在实践中不惧困苦迎难而上,为实现理想而躬行践履、不断付出和努力。

再次,从构成来看,奋斗精神是中华民族精神的重要组成之一。中华民族之所以能从古至今延续不断,是因为凭借奋斗创造出众多物质财富和精神成果。作为一个具有奋斗文化的民族,其奋斗精神既是民族复兴的精神支柱和形成民族向心力、凝聚力的源泉,也使各族人民接受并认可奋斗这一固有的、持久的优秀品质,形成自觉的凝聚力,激发奋斗意识、奋斗情感、奋斗自信,并由此形成自尊心和自豪感。某种意义上,奋斗精神根植于民族的生存环境、生活方式、文化传统之中,这种精神反映了民族生活的历史和现实,反过来也塑造和贯穿于民族生活中。所以,没有奋斗精神就没有伟大的中华民族,奋斗精神是中华民族得以壮大发展的精神力量和民族之魂。

据此,奋斗精神的含义是深刻的,承载了历史变迁、时代背景、文化特质、内在要素、社会作用等因素,所以存在不同维度的含义。本书所探讨的奋斗精神,是指人们在实现宏伟目标和远大理想的过程中,通过认识和改造世界的实践活动而展现出的锐意进取、顽强拼搏、不畏艰难、勇于创新、无私奉献、百折不挠等积极的精神状态和意志品质。它根植于中华民族文化之中,所反映出的奋斗心理、奋斗思想、奋斗情感、奋斗意志、奋斗价值和奋斗行为等要素为人们所认同和接受。换言之,奋斗精神作为中华民族精神的重要组成部分,由历史积淀而成,并随着社会进步而不断发展,集普遍性与特殊性于一体,是一种既能促进社会前进和个体全面发展,又发挥支配和引导作用、具有丰富内涵和特征的先进意识。

二 奋斗精神的基本内涵

奋斗精神作为中国人民的无形精神支柱,不是一天形成的。千百年来,它始终被一代代华夏儿女所传承,并逐步形成了中国人民的奋斗精神。

(一)艰苦奋斗的拼搏精神

艰苦奋斗的拼搏精神是奋斗精神中的不变内核。"艰苦"在《现代汉语词典》中的释义是艰难困苦。艰苦奋斗意味着在艰苦环境中,为解决困难和处理与自然、与社会、与他人、与自身等各种复杂矛盾关系而付出的努力,表现为艰苦朴素、埋头苦干、锐意进取。这种精神是与时俱进的。艰苦是对奋斗状态的一种描述,而不是对生活状态的必然要求。艰苦奋斗的拼搏精神就是指不畏惧艰苦的客观环境,当遇到磨难、挫折和考验时,人们在把目标和理想变为现实的实践过程中,能够以迎难而上、负重奋进的精神不懈拼搏,以奋发有为的艰苦努力战胜各种艰难困苦,最终实现既定的理想和目标。这也印证了古人所言的"宝剑锋从磨砺出,梅花香自苦寒来"。

中华民族历来以不畏艰难、不怕吃苦、顽强拼搏而著称于世。中国共产党的奋斗历程也启示着中华儿女:在走向成功和追逐理想的征途上从来不会一帆风顺,唯有在实践过程中艰苦奋斗、顽强拼搏,才能胜利抵达彼岸。从革命战争年代的红米饭、南瓜汤,到翻雪山、过草地,中国共产党为取得革命成功而艰苦奋斗;新中国成立后,为了"把能节省的每一文钱都用到建设上来",大力宣传勤俭节约光荣、奢侈浪费可耻的思想,以"勤俭办一切事情"凝聚起建设社会主义的强大合力;改革开放后,一步一个脚印地"啃硬骨头"、深化改革,提倡能吃苦、肯吃苦,坚持艰苦创业,只为加快提高人民的生活水平。这些都充分表明,我们所推崇的艰苦奋斗精神,不是抑制人们正当的物质追求和精神享受,而是发扬崇尚节约、艰苦朴素的传统美德,以及不等不靠、奋发向上的拼搏精神。成功的背后永远是艰辛努力,没有艰辛也不是真正的奋斗。艰苦奋斗才有出路,奋力拼搏方有前途。正是凭借艰苦奋斗的拼搏精神,民族才兴旺发达、国力日益增强。事实证明，艰苦奋斗的拼搏精神传承至今仍然闪耀光芒，不但是党和国家继续发展壮大、再创辉煌成就的重要保障，而且已然成了我们的立身之根基、持家之要诀、治国之法宝。正如习近平总书记所强调的，"人类的美好理想，都不可能唾手可得，都离不开筚路蓝缕、手胼足胝的艰苦奋斗"。① "无论我们将来物质生活多么丰富，自力更生、艰苦奋斗的精神一定不能丢"。②

（二）务实担当的优良作风

务实，指致力于实在的或具体的事情；担当，指承担、肩负某些具体的任务和责任。务实担当是指人们不惧怕前进中的任何困难和艰险，不为奋斗过程中遇到的阻碍所惑，敢于承担责任；在自身岗位上保持务实肯干的工作作风，脚踏实地、笃实力行地解决实际问题。当今社会中，提倡务实担当的作风能够激励人们不畏困难，勇于担事干事、敢于担当作为，踏踏实实地努力奋斗。伴随科学技术的高速发展，社会发生了许多变化。时代的进步给我们带来了富裕生活，同时人们的生活追求和思维方式也更加多样化。在对待事情时心浮气躁、急于求成，不懂得任劳任怨、尽心竭力、善始善终的完成，这是不务实和无担当的体现。面对新征程上难得的机遇与严峻的挑战，人们应深知当下所享受的时代成果是前人通过夜以继日的奋斗积攒和取得的，只有心无旁骛地保持继续奋斗的姿态，秉持务实担当的作风，做到实干苦干、勇于担当作为，才能开创中国特色社会主义更加美好的未来。

回顾党的百余年峥嵘岁月，务实担当的作风是我们党能够锐意进取、应对各种风险、不断取得胜利的重要保障。而经过改革开放40多年的长期奋斗，我国成为世界第二大经济体，社会生产力水平大幅跃升，人民生活水平逐步提高。这都得益于共产党人勇于担当、务实奋斗。随着中国改革步入新阶段，要解决在攻坚期和深水区中阻挡向前发展的问题，必须拿出敢"啃硬骨头"、敢"涉险滩"的勇气和决心，还需要我们继续以务实担

---

① 《习近平谈治国理政》（第1卷），外文出版社，2018，第52页。
② 《弘扬伟大建党精神和延安精神 为实现党的二十大提出的目标任务而团结奋斗》，《人民日报》2022年10月28日，第1版。

当的作风不懈奋斗、主动作为，这样才能妥善解决教育、医疗、就业、养老等领域存在的各种问题，践履"实现中国梦的伟大奋斗"。

实现第二个百年奋斗目标，是全国人民的共同梦想，而与民族复兴的光明前景相伴的是沉甸甸的历史重任。在国内外局势变幻莫测的今天，在前所未有的变革时代，我们必须直面时代挑战，大力倡导担当实干的作风，勠力同心地担当起责任和使命，团结奋斗、踏实肯干，不断推进中国式现代化的生动实践，最终完成中华民族伟大复兴这一光荣而艰巨的事业。正如习近平总书记在纪念邓小平同志诞辰110周年座谈会上所强调的，"全党一定要紧密团结起来，敢于担当、埋头苦干，团结带领全国各族人民，以与时俱进、时不我待的精神不断夺取新胜利"。[①]

（三）开拓进取的创新追求

创新，就是继承前人，又不因循守旧；借鉴别人，又有所新创。创新是一个民族持续进步的灵魂，是一个国家向前发展的不竭动力。《周易》最早提出了"日新之谓盛德"，汤之古盘上刻有"苟日新，日日新，又日新"的铭文，朱子也有云"人诚能有日新之功，则须日有进益"。这些表明与日俱新、不息不止的变革是中华民族的不懈追求。中华文明所传承并彰显的卓越文化成果、先进制度创设及思想争鸣、文化繁荣的价值体认，无不生动体现了中华民族的创新创造。开拓创新是一种内在的精神气质和心态，要求不僵化、不封闭保守，保持开拓进取、勇于创新的进击态势，因时而动、随事而制、求新求变，在扬弃中不断超越，从而助推中华民族永续发展。

中华民族历来就是一个开拓进取、不断追求创新的民族。创新作为最深沉的民族禀赋，指引着中华儿女为了国家强盛、民族复兴而打破桎梏，探索出新的路途。纵观党的奋斗实践历程，创新是推动党的事业向前发展的驱动力。我们党正是凭借开拓进取的创新追求不断砥砺前行，成就了改变中国、影响世界的伟业。革命时期，面对"红旗到底打得多久"的疑问，党走出了农村包围城市、武装夺取政权的正确道路；社会主义革命和

---

① 《习近平谈治国理政》（第2卷），外文出版社，2017，第14页。

建设时期，面对西方国家的孤立封锁，我们克服重重困难，摆脱"一穷二白"的面貌，绘出了社会主义国家的美丽图画；改革开放以后，面对种种质疑，我们打破常规、敢闯敢拼、开拓进取，在发展中国特色社会主义的伟大实践中创造了人类文明新形态。可见，开拓创新的奋斗精神是中华民族实现历史跨越的重要精神力量，是推动党和国家事业不断向前的活力之源。

当今时代，我们正经历着日趋激烈的国际竞争和国内广泛而深刻的社会变革，也正在进行人类历史上最为宏大而独特的实践创新。我们党认识到唯创新者进、唯创新者强、唯创新者胜，应与时俱进地增强中国人民的创新意识、培养创新思维，使准确识变、科学应变、主动求变的创新追求成为人民创新奋斗的亮丽底色，以更进取的创新劲头迎接新挑战，不断在劈波斩浪中开拓前进、在攻坚克难中创造辉煌，创新创造出更多举世瞩目的人间奇迹。永葆奋斗激情，使中国特色社会主义事业充满生机和活力，这也是奋斗精神的应然要义。正如习近平总书记所强调的，"党用伟大奋斗创造了百年伟业，也一定能用新的伟大奋斗创造新的伟业"[①]。

（四）甘于奉献的高尚品质

甘于奉献是中华民族的传统美德，即把国家和人民的利益看得高于一切，为国家和人民付出真情、做出贡献，这是一种崇高品质和优良品德。没有奉献，就没有人类社会的今天。人类从洪荒时代走来，进入现代文明，没有一步离开过奋斗、离开过奉献。纵观古今中外几千年的文明发展史，赤诚奉献闪烁着耀眼的光辉。奉献是奋斗精神中所蕴含的至高人生境界，是所有奋斗者始终不渝的精神追求。奉献没有休止符，任何时期都需要奉献。历史和现实证明，只有具备奉献精神的政党，才能带领国家和民族不断发展和振兴；只有具备奉献品格的个人，才能不计个人得失地为党和人民的事业而矢志奋斗。特别是在"两个大局"错综交织的新背景下，不同思想文化交流交锋，社会思潮多样多变，唯有坚定不移地践行奉献，才能汇聚起新时代万众一心的磅礴力量，从而践履好共产

---

① 习近平：《高举中国特色社会主义伟大旗帜 为全面建设社会主义现代化国家而团结奋斗——在中国共产党第二十次全国代表大会上的报告》，人民出版社，2022，第56页。

党为实现人民对幸福美好生活之向往而不懈奋斗的初心使命。正如习近平总书记所强调的,"我们党的根本宗旨就是为人民群众幸福生活拼搏、奉献、服务"①。

甘于奉献,并不是无条件地一味吃亏,而是为实现既定的目标不怕吃大苦、耐大劳,不惜献出自己的全部力量甚至生命。人生的价值不在于自己拥有多少、享受多少,而在于为他人和社会创造多少、奉献多少。在国家强盛和民族兴旺的历程中,甘于奉献的崇高品质得到充分体现,而"我们党就是靠着千千万万具有高度政治觉悟的先进分子无私奉献,才赢得了一场场艰苦卓绝的斗争"②。革命时期,革命者为了民族独立、国家解放而甘愿英勇献身,体现了革命英雄主义精神;社会主义革命、建设和改革时期,那些不求个人回报、不怕牺牲,将个人理想同祖国前途、民族命运紧密相连的中国共产党人,在党和国家的事业发展中主动舍小家、顾大家,全心全意为人民服务,为国家和民族大义忘我奋斗,彰显出甘于奉献的崇高思想。如守卫孤岛32年的王继才,用无怨无悔的坚守和付出在平凡的岗位上书写了一生爱国奉献的华章;深藏功名60多年的张富清,一辈子坚守初心、不改本色,战时保卫家国,和平时期为民造福;从未忘却初心使命的志愿军老战士孙景坤,从参加革命那天起,自己就没想过什么叫好处、什么叫吃亏。这些共产党员用行动彰显了大公无私、甘于奉献的品格风范,充分表明了奉献不仅仅是我们党的政治本色,更是中国人民的信念、追求和责任。

"如果我们选择了最能为人类福利而劳动的职业,那么,重担就不能把我们压倒,因为这是为大家而献身"③。马克思的这句话,凸显出其人生价值在于为全人类幸福而无私奉献。可见,奋斗离不开奉献。只有树立"无我"的奉献意识,坚定为共同理想奋斗和奉献的决心,人们才能笃定地向着一个又一个宏伟目标而勇敢前行。为祖国建设、民族复兴而忘我付出、甘于奉献,这是奋斗精神的应有之义。

---

① 《向全国各族人民致以美好的新春祝福 祝各族人民幸福安康、祝伟大祖国繁荣富强》,《人民日报》2022年1月28日,第1版。
② 习近平:《以史为镜、以史明志、知史爱党、知史爱国》,《求是》2021年第12期,第2页。
③ 《马克思恩格斯全集》(第40卷),人民出版社,1982,第7页。

（五）百折不挠的斗争意志

百折不挠的斗争意志是指，无论受到多大的挫折或打击，依然毫不动摇、退缩或屈服，在与困难做斗争中表现出积极的态度和意志品质。这是奋斗精神的关键所在。百折不挠体现的是直面问题或困难时，拥有坚定信念和必胜信心，以及解决矛盾和问题的意志和决心。中华民族之所以历经挫折而不屈、屡遭坎坷而不馁，靠的就是百折不挠的斗争意志。它帮助人们在各种问题和矛盾中经风雨、见世面，淬炼人生理想，鼓舞人们在面对前进路上的风险挑战和逆境时用积极的心态对待，有"明知征途有艰险，越是艰险越向前"的无畏气概，进而为了达到目标攻坚克难，一往无前地采取行动，最终走向成功。亦即："只要坚韧不拔、百折不挠，成功就一定在前方等你。"① 显然，这种坚韧的斗争意志是人们实现奋斗理想和目标的强大精神支撑。

社会是在矛盾运动中前进的，有矛盾就会有斗争。这是事物运动、变化和发展的规律。社会进步不是一蹴而就的，伟业不是"一日之功"，斗争意志也不是与生俱来的，需要在复杂斗争中锤炼而成。而想要打磨斗争意志这把"精神利刃"，必须在面对各种矛盾和问题时敢于出击，在大是大非面前敢于亮剑、坚决斗争。唯有依靠狭路相逢勇者胜的坚定斗争意志，我们才能在危机困难面前敢于挺身而出、勇于斗争，并取得胜利。唯有凭借"踏平坎坷成大道，斗罢艰险又出发"的顽强意志，我们才能在斗争中创造历史、成就伟业、实现梦想。同时，斗争的长期性、复杂性和艰巨性也能够增强人们战胜困难的决心和信心，并促使人们在顽强斗争中磨砺百折不挠、不达目的誓不罢休的意志。

纵观近代以来中国争取民族解放、国家独立的道路，百折不挠的斗争意志充分体现了中国人民的奋斗品格。革命战争年代，中国人民以坚韧、顽强的毅力同敌人血战到底，粉身碎骨浑不怕，最终走向革命胜利；社会主义建设时期，为打破敌对国家的经济封锁，中国人民以动真碰硬、不达目的誓不罢休的精神使国家摆脱了贫困；改革开放以来，为加快推进社会

---

① 习近平：《青年要自觉践行社会主义核心价值观》（2014年5月4日），《习近平谈治国理政》（第1卷），外文出版社，2018，第174页。

主义现代化，中国人民以闯关夺隘、善作善成的意志品格和敢啃硬骨头、敢涉险滩的韧劲解决各种问题。这些都是靠中国人民"不破楼兰终不还"的斗争意志拼出来、干出来、闯出来的。而正是凭借这种顽强的斗争意志，我们实现了党的第一个百年奋斗目标，开启了全面建设社会主义现代化国家的新征程。征途漫漫多风雨，在前行道路上越进则越难越险，要继续推进中华民族复兴的历史进程，还会面临更多新的问题和挑战，而百折不挠的斗争意志是激励我们应对严峻形势和斗争任务，取得新胜利的可靠精神保障。正如习近平总书记所强调的："新的征程上……勇于进行具有许多新的历史特点的伟大斗争，以敢于斗争、善于斗争的意志品质，坚决战胜任何有可能阻碍中华民族复兴进程的重大风险挑战。"①

三　奋斗精神的主要特征

马克思指出："人作为对象性的、感性的存在物，是一个受动的存在物；因为它感到自己是受动的，所以是一个有激情的存在物。激情、热情是人强烈追求自己的对象的本质力量。"② 奋斗精神不是为适应某一时期的发展而提出的，而是在长期的实践过程中凝结而成的。奋斗精神之所以能够推动中华民族向前发展，与它自身的特征密不可分。我们要从历史实践、社会环境和时代特色等方面把握其特征。

（一）时代性

奋斗精神是与时代同频共振的，在不同的时代涵盖不同的内容。它并没有随着时代发展而失去其根本的属性，而是在话语表达和内容体现上展现出同类的相应特质，即体现发展性。这使得奋斗精神永不褪色，一直保持生机活力。譬如，在物质条件匮乏的年代，人们为了满足生存和生活的需要而艰苦奋斗，表现出刀耕火种、勤则不匮、辛苦劳动、勤俭节约的劳动特质；在反抗暴力压迫和追求自由的战争时代，出于救亡图存、国家独立的目的，表现出英勇顽强、不怕牺牲、百折不挠、视死如归的革命斗争特质；在社会主义建设和改革开放时代，物质条件得到极大改善、文化生

---

① 《在纪念辛亥革命110周年大会上的讲话》，《人民日报》2021年10月10日，第2版。
② 〔德〕卡尔·马克思：《1844年经济学哲学手稿》，人民出版社，2014，第104页。

活得到极大丰富，人们表现出埋头苦干、独立自主、勇于改革、艰苦创业的变革进取特质；在新时代，伴随社会主要矛盾的变化，对幸福美好生活的追求使奋斗精神聚焦在开拓创新、勇于担当、信念坚定的积极实践上，人们侧重于通过接续奋斗、共同奋斗、团结奋斗实现伟大梦想。实践表明，奋斗精神不是一天练成的，时代的变化呼唤奋斗精神的具体形态与时俱进，赋予奋斗精神以崭新的内容和新内涵。可见，奋斗精神不会因时代变迁而改变，其本质属性已深深扎根于人类文化心理结构之中，并极大地推动了各个时代的发展，为一代代志士仁人所践行。

（二）实践性

奋斗精神的源动力来自实践需要。奋斗从本质上说是主观见诸客观的实践活动，精神作为社会意识来源于社会实践，可以说实践性是其首要特性。一方面，奋斗精神的形成不仅是对实践活动的有效反映，还有积极的能动作用。奋斗精神根植于中国共产党领导中国人民所进行的中华民族伟大奋斗实践，历经新民主主义革命时期、社会主义革命和建设时期、改革开放和社会主义现代化建设新时期、中国特色社会主义新时代。这个过程是艰难险阻、障碍重重的，需要奋发图强、敢作敢为，人们在克服困难的实践过程中产生对奋斗精神的价值共识和理性认同，以此再指导新的实践，即马克思指出的，"哲学家们只是用不同的方式解释世界，问题在于改变世界"①。另一方面，奋斗精神本身蕴含着积极的价值原则和价值态度，是正面的、先进的精神意识。它所表现出来的拼搏、进取、振作、担当向上等意志品质，对于人们在新的伟大征程中披荆斩棘地完成目标起着至关重要的作用。一旦人们在现实中遭遇各种矛盾、挑战和难题，它能够激发出敢于超越、敢为人先的志气，逢山开路、遇水架桥的勇气，激发人们更快地找到破解方法并走向成功。奋斗精神作为一种实践精神，鼓舞人们以奋发向上的精神状态改变现实，是推动人们为实现伟大理想而不懈努力的精神支柱。

---

① 《马克思恩格斯选集》（第1卷），人民出版社，2012，第136页。

(三) 创新性

马克思指出:"而且生产者也改变着,他炼出新的品质,通过生产而发展和改造着自身,造成新的力量和新的观念,造成新的交往方式,新的需要和新的语言。"[①] 奋斗精神在生成、演进的不同阶段,适应时代和社会的发展,因时而进、因势而新,从实然、应然再到必然的过程,始终表现出创新的理论品格。一方面,伴随我国广泛而深刻的社会变革进程,奋斗精神的内涵也在与时俱进地创新,其表现内容发生改变。如新中国成立前,为了救亡图存表现为不畏艰险、不怕牺牲;新中国成立后,为了国富民强体现为吃苦在前、甘于奉献的精神;进入新时代,为了民族复兴彰显出百折不挠、勇于斗争的品质。这些昂扬向上的进击姿态彰显出奋斗精神与时代同向同行,不甘平凡、勇于超越的价值追求。另一方面,创新必然会和僵化封闭的陈旧观念发生摩擦,甚至遭到传统力量的抵制。这意味着要从习惯思维、狭隘视界的羁绊中解放出来,需要奋斗者用智慧去求新求变、不断突破,以创新的奋斗理念、奋斗思路、奋斗举措、奋斗方法抛弃旧思想、旧事物,创造更长远的奋斗前景,使奋斗更有效也更高效。所以,奋斗的过程也是创新的过程。

(四) 传承性

奋斗精神是人类的传统美德和文化精华,是人类实践取得成功的精神财富。我国五千多年的辉煌历史,是一部中国人民奋斗不息、革故鼎新的民族发展史。作为中华民族的优良传统,奋斗精神的传承性体现在民族基因中。一方面,它继承了中华传统文化的精髓。古代中国,有屈原持之以恒洞中苦读、岳飞矢志不渝习武学艺、司马光警枕励志等众多奋斗故事;当代中国,不断涌现出长征精神、"两弹一星"精神、载人航天精神等一大批反映奋斗品格的精神结晶,表明中国的发展不是别人施舍和恩赐的,而是中国人民奋斗出来的。在中华民族的长期发展进程中,奋斗精神已然成为中国人民共同的精神坐标。另一方面,"人们自己创造自己的历史,

---

① 《马克思恩格斯文集》(第8卷),人民出版社,2009,第145页。

但是他们并不是随心所欲地创造，并不是在他们自己选定的条件下创造，而是在直接碰到的、既定的、从过去承继下来的条件下创造"。① 奋斗精神作为民族精神的一部分，传承了中华民族勇往直前、同心奋斗、自强不息、厚德载物、坚忍不拔的精神特质。中国人民筚路蓝缕、砥砺奋进，中华民族的复兴之路凝聚了无数仁人志士勇毅拼搏的心血和汗水，每一步都留下他们奋斗的印迹。面向未来，要始终保持这一宝贵的精神品格，并将其作为中华民族生生不息、亘古绵延的精神密码，鼓舞新时代奋斗者在不懈奋斗中不断凯歌前行。

第二节 对大学生奋斗精神的解析

国家的希望与民族的未来在青年。大学生作为青年群体的中坚力量，是党和国家培养的优质后备人才。结合对奋斗精神的论述，下面进一步解读大学生奋斗精神的时代内涵、基本特性与构成要素。

一 大学生奋斗精神的时代内涵

党的二十大报告提出，广大青年要"立志做有理想、敢担当、能吃苦、肯奋斗的新时代好青年"。这不仅是新时代向青年发出的冲锋号角，也为新时代青年大学生的茁壮成长指明了方向。大学生要想成为新时代好青年，"肯奋斗"是必要素质之一。大学生奋斗精神的时代内涵应对标新时代好青年的特质。具体而论：其一，在有理想层面，坚定的理想信念不仅关乎国家的未来，也是青年成长成才的精神支柱。青年学生要树立马克思主义信仰、中国特色社会主义信念，把爱国之情、报国之志当作崇高理想和远大抱负，将自己的青春梦融入"中国梦"，进而立志成为一辈子坚持为党和人民奋斗的有志青年，为更加美好的中国贡献青春的智慧和力量。其二，在敢担当层面，青年的担当敢为是国家兴旺发达的希望所在。事不避难、勇挑重担是新时代青年的鲜明特质，青年学生要练就担当本领

---

① 《马克思恩格斯选集》（第1卷），人民出版社，2012，第669页。

和能力，增强担当的态度、意志和韧劲，才能敢闯敢干地直面强国路上的各种艰辛和重大考验，进而在担当中磨砺、在尽责中成长，用实际行动扛起应负的青春责任，为党和国家的事业挥洒青春汗水。其三，在能吃苦层面，青年要在艰苦环境和艰巨任务中锻造百折不挠、刚健自强的品格，在条件艰苦的基层、国家建设的一线经受锤炼。这种"自找苦吃"的行为，既发扬了吃苦耐劳和勤俭朴素的我党优良传统，也是"把困难当财富、把吃苦当收获"的高尚品行表率。青年学生要认识到"温室大棚养不出参天大树"的道理，以不怕吃苦的恒心不断打开事业发展的新天地。其四，在肯奋斗层面，一代代青年接力拼搏、勇毅向前，凭借青春之我、奋斗之我建立重要功勋，创造光辉业绩，在"奋斗以成，实干为要"的思想引领下建设富强中国。青年学生要深知"永久奋斗"这一中国青年的好传统，下定"青春是用来奋斗的"决心，警惕当今社会出现的"躺平""摆烂""划水"等负面现象，以加强民族团结之奋斗力量不断奋勇搏击，托举未来之中国。可见，"有理想、敢担当、能吃苦、肯奋斗"这四个要素体现了奋斗精神的意涵。要成为新时代好青年，大学生应努力做到理想追求不能缺、担当作为不能少、吃苦耐劳不能怕、努力拼搏不能弱，即大学生只有具备奋斗的精神品格和意志品质，才能以昂扬向上、顽强拼搏的斗志堪当大任。正如习近平总书记在北京大学考察时强调的，"广大青年要培养奋斗精神，做到理想坚定，信念执着，不怕困难，勇于开拓，顽强拼搏，永不气馁"[1]。

在"奋斗精神"这一含义丰富的宏大概念基础上，本书探讨大学生奋斗精神。立足新时代的背景，聚焦"新时代大学生"这一青年群体，既揭示奋斗精神的内涵实质，也依据新时代大学生群体的特点，阐释奋斗精神在新时代大学生身上的体现。大学生奋斗精神的时代内涵，体现在以下几方面。

一是理想远大、信念坚定的爱国情怀。爱国主义流淌在中华民族的血液之中，是激励各族人民团结奋斗、自强不息的精神纽带。从戚继光"繁霜尽是心头血，洒向千峰秋叶丹"，到孙中山"做人最大的事情，就是要

---

[1] 《在北京大学师生座谈会上的讲话》，《人民日报》2018年5月3日，第2版。

知道怎么样爱国",从南开大学张伯苓校长的"爱国三问",到18岁陈祥榜烈士的"清澈的爱,只为中国"等,都凸显出"爱国,是人世间最深层、最持久的情感,是一个人立德之源、立功之本"。大学生的群体特质决定了其成长与国家的未来休戚相关,树立爱国信念、凝聚共同奋斗理想,既是自身发展的精神力量,也是奉献青春智慧、投身强国建设的主旋律。大学生应具有爱国主义情怀,接过先辈们的接力棒,坚持爱党、爱国、爱社会主义,将国家的进步和发展作为自己奋斗的指针,怀爱国之情、强国之志、报国之行,把自己的前途与祖国的命运紧密联系在一起,自觉做爱国主义的坚守者、奋斗者与开拓者,努力实现中华民族的伟大复兴。2019年习近平总书记在纪念"五四运动"100周年大会上强调:"新时代中国青年要听党话、跟党走,胸怀忧国忧民之心、爱国爱民之情,不断奉献祖国、奉献人民,以一生的真情投入、一辈子的顽强奋斗来体现爱国主义情怀,让爱国主义的伟大旗帜始终在心中高高飘扬!"①

二是敢于担当、脚踏实地的实干作风。担当是主动作为的姿态,体现了奋发向上的精神动力和肩负责任使命的精神状态。一方面,大学生是实现第二个百年奋斗目标、建设社会主义现代化强国的后备力量,身肩历史使命与时代重任,将个人的奋斗置于时代使命与历史重任的实践中,必须要敢于担当。而担当的本质就是立足于实践,脚踏实地、真抓实干,如此才能实现自我价值与社会价值的统一。所以,大学生担当时代使命不能停留在口号上,需要奋斗实践,即多务实功,勇于到艰苦的环境和基层一线去挑起重担。另一方面,大学生要牢记空谈误国、实干兴邦。伟大梦想一定是拼出来、干出来的。大学生既要有志存高远的担当意识,又应脚踏实地地勤恳实干。只有踏踏实实地干事,才能明确自己的位置,在实践中承担起应尽的职责,把自己的梦想融入民族复兴中,服务人民、奉献社会,用埋头实干交出无悔的人生答卷。正如习近平总书记强调的,"只要青年都勇挑重担、勇克难关、勇斗风险,中国特色社会主义就能充满活力、充满后劲、充满希望"②。

三是刻苦学习、勇于创新的拼搏精神。非学无以广才,非学无以明

---

① 《习近平谈治国理政》(第3卷),外文出版社,2020,第334页。
② 《习近平谈治国理政》(第3卷),外文出版社,2020,第335页。

识。一方面，大学生正处于学习的关键时期和黄金期，应把学习作为首要任务，孜孜不倦地学习，敏于求知，形成自己的见解，进而掌握本领、提高能力，为青春远航助力。在知识爆炸的时代，大学生要通过刻苦学习来积攒奋进的能量，在勤学过程中既要读有字之书，也要读无字之书，充分将所学的理论知识转化为自身的理解，科学运用于各种实践，在充满未知的道路上做出正确的奋斗抉择。另一方面，创新决胜未来。面对难以预料的国内外形势，大学生为社会主义事业建设拼搏时，除了把学习到的知识转化为解决问题的方法，还需开拓进取、创新求变，以理性批判思维应对新矛盾，以敢为人先、敢破敢立的创新精神打破陈规，于变局中开新局。开拓进取、勇于创新是国家兴旺发达的不竭动力，是大学生顺应时代发展理应具有的奋斗品质。习近平总书记强调："要勇于创新，深刻理解把握时代潮流和国家需要，敢为人先、敢于突破，以聪明才智贡献国家，以开拓进取服务社会。"[1]

四是勤俭节约、艰苦朴素的生活态度。勤俭节约、艰苦朴素是中华民族的传统美德。在今天，虽然中国人民的生活逐步富裕起来，物质水平得到极大提高，但勤劳节俭的精神品质和艰苦奋斗的精神风貌不应丢弃，这是每个人应具有的道德素养。大学生面对中华民族伟大复兴的历史机遇，生活于优越的社会环境中，应继续发扬艰苦奋斗的优良传统。因为"青年时代，选择吃苦也就选择了收获"[2]。应主动选择吃苦，将艰苦朴素、勤俭节约根植于思想观念中，形成一种自觉的行为习惯，同时使艰苦奋斗在社会上蔚然成风，激励人们传承这一优良品德，在新时代接续前人奋斗的征程，再创新辉煌。习近平总书记强调："不论我们国家发展到什么水平，不论人民生活水平改善到什么地步，艰苦奋斗、勤俭节约的思想永远不能丢。"[3]

五是百折不挠、乐观向上的顽强意志。"天下难事，必作于易；天下大事，必作于细。"（《老子》）大学生实现奋斗理想之路并不是一帆风顺

---

[1] 《习近平在清华大学考察时强调：坚持中国特色世界一流大学建设目标方向 为服务国家富强民族复兴人民幸福贡献力量》，《人民日报》2021年4月20日，第1版。

[2] 《习近平谈治国理政》（第1卷），外文出版社，2018，第335页。

[3] 《在参加十三届全国人大二次会议内蒙古代表团审议时的讲话》，《人民日报》2019年3月6日，第1版。

的，需要永不放弃的耐性、韧劲与忍受力。只有付出艰辛的努力，才能攻坚克难并到达胜利的彼岸。锤炼出百折不挠的坚韧意志，这也是践履大学生人生理想的精神保障。钢铁不是一天炼成的，大学生在学业、生活及事业的征途上必定会遇到重重困难，要想完成目标则必须毫不畏惧、不屈不挠地直面困难，以积极乐观的心态去面对挫折，葆有乐观向上的顽强意志，才能冲破阻碍化茧成蝶，在进取中成长成才。习近平总书记强调："坚定百折不挠的进取意志，保持乐观向上的精神状态，变挫折为动力，用从挫折中吸取的教训启迪人生，使人生获得升华和超越。"[①]

综上，本书中新时代大学生奋斗精神，是指为实现社会期望和个人追逐的理想目标，拥有爱国信念的奋斗情感，展现敢于担当的奋斗风貌，秉持不畏艰苦的奋斗态度，呈现百折不挠的奋斗意志，永葆乐观向上的奋斗状态。这些集中体现了大学生在奋斗层面认知、情感、意志、行为的有机统一。

二 大学生奋斗精神的基本特性

随着社会物质条件和社会实践的发展变化，大学生的奋斗精神既是理性认知的结果，也是体现情感体验和意志品质的过程。它是大学生付诸实践所体现的拼搏向前的精神支柱和克服艰难险阻的精神动力，具有与学生自身情况相符的一些特性。

（一）鲜明的继承性

1939年5月30日，毛泽东在延安庆贺模范青年大会上的讲话中向青年人发出了"永久奋斗"的号召。他说："什么是模范青年？就是要有永久奋斗这一条。"[②] 永久奋斗是中国青年运动的革命传统，大学生奋斗精神的本质内涵继承了永久奋斗精神。即大学生作为青年的佼佼者，他们的奋斗精神贯通历史、现实和未来，在实践上矢志为国家和民族不懈奋斗。作为各个时代的先锋力量，大学生把青春奋斗融入党和人民的事业，正是永

[①] 习近平：《在实现中国梦的生动实践中放飞青春梦想》（2013年5月4日），《习近平谈治国理政》（第1卷），外文出版社，2018，第54页。
[②] 《毛泽东文集》（第2卷），人民出版社，1993，第190页。

久奋斗精神激励着他们勇立潮头担使命。大学生奋斗精神继承了永久奋斗精神的内核，赓续了永久奋斗的好传统，同时在不同历史时期也有特定表征。革命战争年代，在国家蒙辱和人民蒙难的旧中国，奋斗精神表现为"浴血奋战、百折不挠"的牺牲奉献，是为争取民族独立、人民解放而奋斗；新中国成立后，为建立和完善社会主义制度，表现为"自力更生、发愤图强"的拼搏进取，是为推进社会主义建设而奋斗；改革开放以来，为坚定走中国特色社会主义道路，表现为"解放思想、锐意进取"的开拓创新，是为人民生活尽快富裕起来而奋斗；进入新时代，锚定实现"两个一百年"的奋斗目标，表现为"自信自强、守正创新"的历史主动，是为强国建设民族复兴而奋斗。可见，虽然表现形式不同，但不变的内在驱动力对大学生成长成才发挥着重要作用，指引着大学生积极践履时代责任和历史使命。大学生奋斗精神不仅继承和发扬了青年必须要有的永久奋斗精神，也回应了新时代大学生"为什么奋斗""为谁奋斗"的现实问题，成为激发大学生以奋斗姿态投身于国家建设的强大精神动力。习近平总书记指出："今天，我们的生活条件好了，但奋斗精神一点都不能少，中国青年永久奋斗的好传统一点都不能丢。"[①]

（二）明确的目的性

心理学家维克托·弗鲁姆（V. H. Yroom）在他的"期望理论"中提到，人们只有在预期自己的行动有助于达到某种自己希望的目标的情况下才会激励自我为实现这一预期目标而采取行动。目标是行动的动力和先导，目标对大学生奋斗精神的形成起着明方向的指引作用。大学生是最具活力、最有朝气的群体，是党和人民事业发展的先锋力量。大学生人生价值的实现应立足于党和人民的事业。大学生奋斗精神的内在品质体现了大学生的能动性，应以理性认识指导行动，推动大学生的实践活动指向中华民族伟大复兴的共同目标。一方面，大学生奋斗精神的产生离不开崇高的理想信念。理想信念作为人的精神世界的核心，是奋斗精神的源动力。理想信念坚定，奋斗才有根基和支柱，人在实践过程中才会有奋斗方向。大

[①] 习近平：《发扬五四精神，不负伟大时代》（2019年4月30日），《习近平谈治国理政》（第3卷），外文出版社，2020，第335页。

学生群体的特殊性决定了他们有坚定的理想信念对完成目标有重大影响。为此，要从中国共产党诞生、新中国成立、改革开放等不同阶段的重大事件、重要会议、重要文件、重要人物的奋斗历程入手，引导大学生深化对共产党执政规律、社会主义建设规律、人类社会发展规律的认识，使其坚定为实现中华民族伟大复兴奋斗终生的理想信念，彰显大学生奋斗精神的目标性。另一方面，大学生奋斗精神的目标导向只有付诸行动才有感召力，才能凝聚大学生的奋斗力量，促其在全面建设社会主义现代化国家的伟大实践中建功立业。为此，引导大学生要有不畏艰难的拼搏精神，脚踏实地、埋头苦干，到祖国的基层、一线中去接受锻炼，增强奋斗本领，磨砺奋斗意志，在条件艰苦的实践中为民族复兴做出应有贡献，使实现"中国梦"的目标在大学生驰而不息的接续奋斗中成为现实。习近平总书记指出："距离实现中华民族伟大复兴的目标越近，我们越不能懈怠，越要加倍努力，越要动员广大青年为之奋斗。"①

（三）明显的渐进性

渐进性是指奋斗精神是在长期的生活实践过程中逐渐形成的，是一个渐进的积累过程。大学生奋斗精神也不例外。一方面，大学生奋斗精神不是与生俱来的，会受到外部社会环境因素的影响，是一个无限发展的渐进过程。同时，由于不同时代大学生的思想在不断变化，有时会出现反复，使得大学生奋斗精神不可能一蹴而就，也不能企望"毕其功于一役"，这种反复性是大学生奋斗精神的形成具有长期性的一个表现。当然，反复并不是简单重复，而是根据新的时代发展情况，结合大学生这一主体的思想变化状况，使大学生在长期反复的受教育、被感染和磨炼中不断提高奋斗认识，形成符合大学生特点和奋斗品质的大学生奋斗精神。另一方面，大学生奋斗精神的渐进性还有一个表现就是与时俱进。大学生作为"现实的人"，其思想或价值观念，从根本上讲是可以通过教育和环境影响而改变的，但需要一个过程。即奋斗的优秀品质不是自然而然形成的，需要经过教育培养，也绝不是一经奋斗教育大学生就一定"立竿见影"地有奋斗精

---

① 习近平：《青年要自觉践行社会主义核心价值观》（2014年5月4日），《习近平谈治国理政》（第1卷），外文出版社，2018，第50页。

神。换言之，大学生要真正具备奋斗精神，必须经过多次教育引导和持续培养，日积月累、循序发展，即在与时进步的量变基础上才能产生质变，最终养成奋斗精神并用于指导行为。亦即"积土成山，风雨兴焉；积水成渊，蛟龙生焉；积善成德，而神明自得"（《荀子·劝学》）。只有坚持不懈地对大学生进行针对性教育，才能引导他们向奋斗的至高境界迈进，促其深刻感知和体悟奋斗精神的强大动力，逐步成长为具有奋斗精神的新时代青年。

（四）一定的阶级性

大学生接受过高等教育，属于知识分子，属于小资产阶级。但这里所说的小资产阶级，不是资产阶级，而是属于劳动者。奋斗精神是一定价值观的外在表现，也是一种积极的精神取向，古今中外都十分崇尚。为此，大学生奋斗精神就是体现大学生特点的一种意识，它既反映统治阶级的意志，也符合一定阶级的利益需求，即"人们为之奋斗的一切，都同他们的利益有关"[1]。"'思想'一旦离开'利益'，就一定会使自己出丑。"[2] 一方面，"统治阶级的思想在每一时代都是占统治地位的思想。这就是说，一个阶级是社会上占统治地位的物质力量，同时也是社会上占统治地位的精神力量。"[3] 无产阶级的统治意志强调人是现实的个体且有着决定性力量，为了全人类解放就是奋斗的利益追寻点，建设生态平衡、文明赓续、社会和谐的世界是其奋斗旨归。奋斗精神作为"代表先进阶级的正确思想，一旦被群众掌握，就会变成改造社会、改造世界的物质力量"。[4] 大学生奋斗精神所具有的阶级性，是以服从和服务于无产阶级利益为出发点和归宿的，根本在于服务人民，激励大学生为追求人民向往的美好生活而奋斗。另一方面，"在阶级社会中，每一个人都在一定的阶级地位中生活，

---

[1] 《马克思恩格斯全集》（第1卷），人民出版社，1995，第187页。
[2] 《马克思恩格斯文集》（第1卷），人民出版社，2009，第286页。
[3] 《马克思恩格斯选集》（第1卷），人民出版社，2012，第178页。
[4] 毛泽东：《实践论》（1937年7月），《毛泽东文选》（第8卷），人民出版社，1991，第320页。

各种思想无不打上阶级的烙印"。① 不同阶级的人们,思想观点必然会有差异。大学生这一群体在无产阶级领导下,其奋斗指向未来的幸福生活图景。大学生努力拼搏,是为了满足自身物质和精神的利益诉求。而奋斗精神能"共通"于物质和精神利益诉求,使人们由精神被动走向精神主动,在奋斗中追求并实现自由和解放。为此,大学生具备奋斗精神的实质,就是大学生立足自身的利益需求,兼顾个人和国家利益,使自身在实现个人利益的同时,最终通过奋斗行为来满足国家发展的需要。

三 大学生奋斗精神的构成要素

准确理解大学生奋斗精神,必须遵循人的精神形成和发展的一般规律,结合大学生群体的特征和国家对大学生奋斗精神培育的新要求进行全盘考虑。大学生奋斗精神是指,在大学生思想观念里形成奋斗意识,并促使大学生在实践过程中外化为相应的奋斗行为。从主体视角出发,大学生奋斗精神的内部构成是知、情、意、行四个维度相统一的过程,即大学生对奋斗精神的理性认知、情感体悟、坚定意志、外显行为四个要素。这四个要素高度融合,共同构成大学生奋斗精神。

第一,大学生对奋斗精神的理性认知。主要是指个体在日常生活过程中,通过外在的学习及信息获取形成的有关奋斗的思考、分析、理解,包括对奋斗理论与思想的掌握,对奋斗内容、功能、价值、目标等方面的理性认识和判断。通过理性认知,大学生确立了"为何要奋斗""为谁奋斗",最终从"要我奋斗"的被动认知转变为"我要奋斗"的主动意识。可见,理性认知是奋斗精神树立的基础。心理学者皮亚杰指出:"认识起因于主客体之间的相互作用,这种作用发生在主体和客体之间的中途,因而同时既包含着主体又包含着客体,但这是由于主客体之间的完全没有分化,而不是由于不同种类事物之间的相互作用。"② 可见,大学生对奋斗精神的认知不能自发产生,必须要通过接受教育及个体的学习实践才能实现认识的具体化。大学生拥有一定的基础知识和认知能力,需做到知其然更

---

① 毛泽东:《人的正确思考是从哪里来的?》(1963年5月),《毛泽东选集》(第1卷),人民出版社,1991,第283页。
② 〔瑞士〕皮亚杰:《发生认识论原理》,王宪钿译,商务印书馆,2011,第21~22页。

知其所以然，才会有相对稳定的奋斗精神认知，从而厘清奋斗与理想、幸福、责任等之间的关系，提高奋斗的自觉性和坚定性。所以，奋斗精神认知是培养大学生奋斗精神的前提，是培育过程的逻辑起点。

第二，大学生对奋斗精神的情感体悟。情感体悟主要是指主体对社会实践活动进行价值判断时引起的内在体验，揭示了主体对实践结果是否与期望相一致的内心感受。情感伴随认知而产生，以心理体验的方式反映主客体之间的价值关系，表达主体对客体的价值态度。奋斗心理既包括为奋斗过程中取得的成就感到欣慰、满意的主观肯定体验，也有因为过程的艰辛产生的怀疑、失落等主观消极感受。这些不同情感的错位交织对人的奋斗精神发挥调节和控制作用。马克思主义认为："激情、热情是人强烈追求自己的对象的本质力量。"① 作为一种内在的激发力量，奋斗情感对个体的奋斗行为产生重要影响，不同个体因需要差异会有不同的奋斗情感。比如一个具有乐观向上情感的大学生，在面对困难时会保持昂扬、奋发的精气神。这种以奋斗为荣的情感体验，又增强了大学生对奋斗本身的接纳和认同。奋斗情感还具有持久作用，所以，培育正面、积极的奋斗情感，可以推动个体在实际生活中产生主动的奋斗行为。大学生应将理智积极的情感因素融入奋斗目标，并在奋斗中加深对奋斗精神的认知和体悟。

第三，大学生对奋斗精神的坚定意志。主要是指主体为了维护既定目标的实现而自觉地支配自己的行动，主动迎难而上的一种心理意识过程。"就单个人来说，他的行动的一切动力，都一定要通过他的头脑，一定要转变为他的意志的动机，才能使他行动起来。"② 也就是说，个体意志的关键是主体在动机的作用下采取积极行为，同时，它制约着主体在具体行动中实现自己的价值追求和生活态度的可能性③。奋斗情感易受干扰，而奋斗意志则可以在人的实际活动中支撑和调控人的行为，有一定的导向、约束、调节、推动的作用，体现为认知的明确、情感的调节、行为的自觉和精神的高昂。所以，葆有坚定的奋斗意志和明确的目标十分关键，它能促

---

① 〔德〕卡尔·马克思：《1844 年经济学哲学手稿》，人民出版社，2014，第 104 页。
② 《马克思恩格斯选集》（第 4 卷），人民出版社，2012，第 258 页。
③ 赵言舟、王章贤：《思想学》，海潮出版社，1998，第 191 页。

使大学生认同奋斗价值、锚定奋斗方向，推进奋斗有效进行；纵然遭遇困难和考验，也能辩证地看待挫折和失败，并保持斗志昂扬、锲而不舍的精神状态，始终如一、勇往直前地采取行动，以保证目标的顺利完成。也就是说，人的目的"是作为规律决定着他的活动的方式和方法的，他必须使他的意志服从这个目的"①。反之，若缺少奋斗意志，奋斗认知再深刻和丰富也很难转化成奋斗行为。

第四，大学生对奋斗精神的外显行为。主要是指个体在奋斗认知、情感、意志等思想意识的统一支配下，外在表现出来的实际行为方式及习惯，它是奋斗精神形成并成熟的重要标志。奋斗行为是在个人认知的指导下由情感驱动、意志调节而产生的，外在表现为实践，是大学生奋斗精神得以实现的落脚点。实践是理解人与世界联系的原动力，人们在实践中加深对世界的认识，实践是认识发展的动力。奋斗精神发端于感性意识，这使实践一开始表现为机械式实施，体现出行为发端的被动性、行为发生的偶然性与行为频率的间歇性，因带有较大的随意性和盲目性，难以内化为人的稳定的思想意识。为此，通过外化践行，大学生对奋斗精神的认知感悟升华了，逐渐形成有关奋斗的思想观点、价值观念、道德规范，将奋斗精神真正内化于心并开展实践，形成奋斗行为和行为习惯。可见，要使大学生的奋斗之知更深刻、奋斗之情更强烈、奋斗之志更坚定，达到"知行合一"，离不开行为实践。同时，行为实践产生的反作用又能促进大学生对奋斗精神的认知和认同，不断在矛盾运动转化中强化和提升他们的奋斗本领和能力。这也是开展大学生奋斗精神培育的终极目的。

综上来看，理性认知、情感体悟、坚定意志、外显行为共同构成了大学生奋斗精神的基本要素。这四个构成要素之间是有机渗透、相互影响、密不可分的，形成了统一的整体。培养大学生奋斗精神，就是培育主体有计划、有目的地通过一定的方式和手段，使大学生产生奋斗的理性认知、情感体悟、坚定意志和外显行为的过程。具体而说，理性认知是情感体悟、坚定意志、外显行为的前提；情感体悟在一定的情境下促进理性认知水平提高，催生坚定意志；坚定意志丰富情感体悟和理性认知，调节和约

---

① 《马克思恩格斯全集》（第42卷），人民出版社，2016，第168页。

束外显行为,是通过一系列具体的外显行为表现出来的;外显行为则离不开其他三要素的共同作用,是理性认知、情感体悟、坚定意志的具体表征和外在表现,既可使奋斗的知、情、意得到检验,同时也有激励、强化的作用,能不同程度地加深和提高对奋斗的理性认知、增强情感体悟、磨炼坚定意志。四者形成了"理性认知—情感体悟—坚定意志—外显行动—理性认知……"的循环往复过程(见图1-1)。简言之,大学生奋斗精神始于正确的认知,在行为主体对奋斗深入理解、判断的基础上,催化出积极、高尚的奋斗情感,再经由坚定意志不断强化和监督,最终体现为一系列奋斗行为。

此外,这些环节在发展方向与发展水平上有时存在差异。这为大学生奋斗精神培育提供了客观的依据,启示我们要以具体的受教育者及其实际状况为中心,在知、情、意、行方面进行逻辑建构,使它们相互作用、辩证统一,取得发展方向上的一致和发展水平上的均衡,这有助于收到培育的最佳效果,最终推动奋斗精神深植于大学生的精神家园之中。

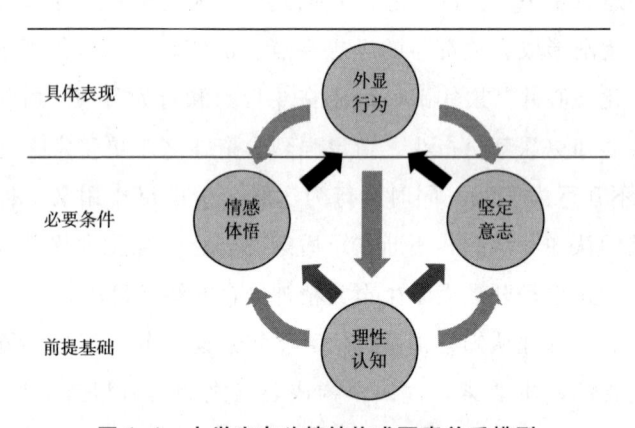

图1-1 大学生奋斗精神构成要素关系模型

第三节 大学生奋斗精神培育的释义

大学生是社会主义现代化强国的建设者,要实现中华民族伟大复兴,必须具备奋斗精神。由于大学生群体的特殊性与自身独有的特点，大学生奋斗精神培育也有别于其他社会群体的奋斗精神培育。

一 大学生奋斗精神培育的概念诠释

探讨大学生奋斗精神培育，需要弄清"培育"一词的含义。"培育"一词在词典中的语义阐述为："①指培养幼小的生物，使它发育成长。②培养，指按照一定目的长期地教育和训练使成长"。[①] 根据义项②，包括培养人的思想，使其成熟，有培养、教育之意。主要体现为：其一，"培育"强调环境的熏陶教化。生物学上在适宜的环境和条件下，阳光、土壤、肥料等多种因素共同作用令植物生长或繁殖。将"培育"引入教育学，则强调从深层次挖掘并整合各方力量，进行全方位的教育，克服传统教育在施行时常出现的"断层"现象，如受教育者所受教育与国家对高等教育人才培养的定位目标不一致，造成教育的错位。其二，"培育"重视受教育者内在的成长。这里所指的是大学生群体，他们个性鲜明、思维活跃、可塑性强，成长在信息化时代。"培育"具有过程性、建构性、目的性、主体性、客观性特征，不是一味地从外部施加影响，而是根据受教育对象的特殊性，遵循其身心发展规律，激发其潜能，以实现其自我教育和成长。因此，培育更多是聚焦教育的内容而不是单单传授纯粹的知识，是为了提升受教育者的修养。其三，"培育"更加关注结果或目标，发挥隐性浸染作用。培育所指的长期教育训练，就是需要兼收并蓄地运用多种手段、方式对受教育主体实施适宜的陶冶，突出培育的间接性、内隐性等特征，体现出主体对事物发展的影响。这不仅仅体现在特定场域中，还体现在各种物质性、精神性、行为性、制度性、文化性等"隐性载体"中，最终使受教育者自觉养成和发展。综上，"培育"内具广泛的内涵，从整体的角度审视它，尤为注重"育"和"导"。奋斗精神的特性决定了其适用于"培育"，因此本书使用"大学生奋斗精神培育"的表述。

奋斗精神培育是教育主体对人的一项教育实践活动，着眼于现实和未来的创新创造，既要以原有的奋斗精神为基础，更要在传承和发展的过程

---

① 中国社会科学院语言研究所词典编辑室编《现代汉语词典》（第7版），商务印书馆，2009，第984页。

中形成符合时代要求的新的奋斗精神。也就是说，人的奋斗精神不是与生俱来的，它依循人的发展规律，是人在社会实践活动中形成和发展起来的。只有紧跟时代面临的新问题与新任务，在新的奋斗实践中坚持与时俱进，奋斗精神培育才能使人的思想意识、价值观念与时代同频一致，彰显出奋斗的价值意蕴和时代气息。为更全面地厘清大学生奋斗精神培育的概念，下面进一步作阐释。

第一，大学生奋斗精神培育是高校思想政治教育的一项重要任务。思想政治教育指"社会或社会群体用一定的思想观念、政治观点、道德规范，对其成员施加有目的、有计划、有组织的影响，并促使其自主接受这种影响，从而形成符合一定社会、一定阶级所需要的思想品德的社会实践活动"[①]。可见，思想政治教育就是针对人的道德品质完善、塑造健全人格而施加影响的一种实践过程。也就是说，思想政治教育目的是推动人们的思想品德形成和发展。所以，本书探讨的奋斗精神培育，属于思想政治教育的重要内容之一。在思想政治教育视阈下，奋斗精神培育可阐释为：在一定时期内，教育者遵循人的思想的发展规律，以具体的教育方式对受教育者进行有目的、有计划、有组织的教育实践活动，使受教育者在认知、情感、意识、行为等方面形成奋斗精神品质的教育过程。因此，大学生奋斗精神培育，属于高校思想政治教育范畴，是对大学生这一群体进行有关奋斗精神的培育。

第二，大学生奋斗精神培育要基于对大学生这一群体的认识。不同社会群体因生长环境、接受教育层次、社会阅历、文化传统等方面均存在差别，导致奋斗精神培育的手段、内容、形式、途径、目标等都有差异。本书所说的大学生奋斗精神培育，以大学生为受教育对象，就是要在把握大学生现有的奋斗状况和自身特点的情况下，把大学生的奋斗精神从现有水平提高到社会要求的水平上。大学生作为青年群体中最具活力的先锋力量，要想接力完成中华民族伟大复兴的奋斗目标，接受奋斗精神培育是非常必要的。但由于现实条件以及他们的知识水平、社会角色及人生成长阶段等方面的特质，其奋斗精神培育内容等与其他社会成员定会有所不同，

---

① 陈万柏、张耀灿：《思想政治教育学》（第3版），高等教育出版社，2015，第4页。

必须把握他们自身的特点、遵循其思想形成发展的规律。此外，针对大学生的奋斗精神培育，还应确证：教育主体，即教育者，特指高校及属于思想政治教育工作范畴的组织、相关教师和思政工作者；教育客体，即受教育者，为高校在读全日制大学生；培育目标，是帮助大学生理性认识奋斗精神，形成奋斗品德，并能将这一精神动力转化为现实的行动力量，自觉指导行为，逐步形成"知、情、意、行"的有机统一，达到大学生德、智、体、美、劳全面发展及培养社会主义栋梁之材的目标。

思想政治教育学认为，社会在进步，对社会成员思想品德的要求也会与时俱进。因此，一定社会、一定阶级总是不断通过对人们施加意识形态的影响和教育，推动人们逐渐形成符合社会需要的思想品德。① 可见，思想政治教育是动态过程。而人们所要具备的思想品德，是在正确思想指导下达到社会要求的应有水平，并表现出较为稳定的心理特点、思想倾向和行为习惯等。

立足以上分析，本书对大学生奋斗精神培育的界定是：党和国家在一定时期内，根据治党治国和社会发展需要，充分针对大学生的思想、心理和行为等实际特点，组织高校思想政治教育者等运用适宜的培育手段和方式，有目的、有计划、有组织地对大学生施加以理想信念教育、爱国主义教育、中华优秀传统文化教育、中国革命传统教育等为主要内容的教育影响，使大学生的心理品格、思想情感、意志品质、价值取向和行为规范与奋斗精神的内在要求相一致，即将这种精神意涵内化于心、外化于行的实践过程。

总体来说，大学生奋斗精神培育是高校开展大学生思想政治教育的关键任务，其目标归旨是促进大学生的全面发展。其实质是在对大学生施展教育实践的过程中，培养大学生形成具有奋斗精神特质的思想意识，帮助大学生树立积极向上的价值观念和高尚的人生追求，促其能够用奋斗精神指导自己的行动，从而更加清晰地认识自身肩负的使命和重任，努力成长为与时代同行、具有奋斗精神的时代新人，矢志为强国建设、民族复兴而不懈奋斗。

---

① 张耀灿等：《现代思想政治教育学》，人民出版社，2006，第6页。

二 大学生奋斗精神培育的主要特征

大学生奋斗精神培育同其他类型的教育有着根本的不同，体现在教育对象、教育内容、教育目标等方面，在培育过程中具有自己的特殊性，呈现出以下特征。

（一）一般性与差异性的统一

马克思指出："动物只是按照它所属的那个种的尺度和需要来构造，而人懂得按照任何一个种的尺度来进行生产，按照美的规律来构造。"[1] 奋斗精神培育的对象是人，人本身的复杂性决定了在进行奋斗精神培育时，要充分找准不同层次大学生的思想、知识、能力等个体特点，以发展的眼光制定培育策略，坚持一般性与差异性相结合的原则。一般性与差异性在奋斗精神培育中是相辅相成、相生共融的，一般性以差异性为前提，差异性以一般性为方向。

一般性是指奋斗精神培育涉及面宽，即最大限度地扩大教育、宣传的覆盖范围以提升影响力，使大学生在春风化雨般的培育过程中增强对奋斗精神的认知与认同，自然而然地形成崇尚奋斗的思想观念、道德共识，并转化为行为实践。一般性是大学生奋斗精神培育的基石，针对大学生群体，尤其需要通过广泛性、一般性扩大辐射范围，才能发挥其强大的精神凝聚力。一方面，要扩大奋斗精神培育的受众范围。党的十八大以来，习近平总书记极力倡导奋斗精神培育，号召全国人民弘扬伟大奋斗精神，为中国特色社会主义这个共同的事业接续奋斗，不断扩大培育范围，拓展教育对象的广度，通过开展形式多样的普及、宣传活动，形成共同奋斗的局面，推动高校的大学生奋斗精神培育工作提质增效。另一方面，一般性不仅取决于受众范围的扩大，从根本上来讲，更取决于奋斗精神教育的感染力、影响力及契合度，使大学生在培育中产生愉悦的实际获得感。高校思想政治教育归根到底就是培育社会主义建设需要的有用人才，因此强调以学生为中心。注重运用有亲和力、针对性的一般性培育措施，使大学生

---

[1] 《马克思恩格斯选集》（第1卷），人民出版社，2012，第57页。

能够更为深刻地明白奋斗精神的内涵和意义，筑牢他们坚定奋斗的思想基础，使他们毅然树立起为远大理想和共同理想奋斗一生的信念和志向，不断在时代前进的浪潮中劈波斩浪、建功立业。

差异性是指在奋斗精神培育过程中要正视、尊重大学生在思想、行为、认知观念等方面的实际，不搞培育内容上、方法上的整齐划一或以一概全的"大锅饭"式教育，而是从不同对象的特点和要求出发，着力制订有针对性的培育方案，因人制宜、因势而新，以满足大学生日益增长的多层次和多样化需求，使奋斗精神真正转化为每个学生内在的精神品质。当前国内外环境复杂多变，暴露出的发展不平衡不充分的问题日益成为制约社会发展的主要矛盾，单纯依靠教育者的价值引导和外部灌输影响是有限的，再加上大学生的价值取向、生活环境、利益诉求等多样化，这些使得大学生的主体意识存在客观复杂的层次性。所以，高校的思想政治工作不能简单用同一衡量尺度教育所有大学生，而应按照差异给以区别对待，根据具体情况而有所层次区分。在培育过程中不仅要致力于有关奋斗精神本身的价值引导，还要注重采取分众化的方式，使大学生结合自身实际建构主体奋斗能力，增强对奋斗精神的体会等。纵观我国在各个发展时期的教育理念，都体现出重视思想政治教育过程中的差异性和选择性特征，能够有的放矢地予以差别对待，即因材施教、教无定法，认识到"任何有群众的地方，大致都有比较积极的、中间状态的和比较落后的三部分人"。[①] 在奋斗精神的培育过程中也要充分考虑大学生的年级、专业、政治面貌以及文化知识水平、思想道德素质等方面的差异性，在培育目标的选定、培育内容的选取、培育方法的选择上要有显著差别，体现出层次性和差异性，才能使大学生的奋斗意识觉醒，收到自愿生成、自主建构的效果。

(二) 引导性和多样性的统一

大学生奋斗精神培育的根本指向是，引导大学生的奋斗方向与社会主义现代化建设的要求相一致，其奋斗思想品德与我国社会发展需要相适

[①] 毛泽东：《关于领导方法的若干问题》(1943年6月1日)，《毛泽东选集》(第3卷)，人民出版社，1991，第898页。

应，以培养出为中国特色社会主义事业不懈奋斗的全面发展人才。

引导性是指具备引导、指引或引领某个目标或对象的特质或能力。在多元群体中找到共同价值观并促进和谐共处，是一个复杂而又重要的任务，譬如人们要为中华民族复兴的目标而奋斗，需要奋斗观念的引导。大学生奋斗精神培育的引导性，应反映主流价值取向，体现高校思想政治教育的先进性和方向性。一方面，发挥教育者的指导作用。大学生可塑性强，一直以来都是意识形态领域主要争取的对象。教育者要根据"为党育人、为国育才"的人才培养导向，设计有关奋斗精神培育的活动，精心筛选、加工、制作、传递奋斗精神的培育内容，运用符合客观需要的教育方法，尽心创设教育情境并参与整个教育过程，全方位保障奋斗精神培育的科学性，使大学生在教育者的方向引导下生成奋斗精神品格、奋斗观念，遵循与我国社会发展相适应的主流价值准则。另一方面，要明确高校和教师的引导方向，即从国家和社会的利益需求出发发挥示范作用，对大学生进行培养与塑造。如教师在培育过程中要充分与学生沟通交流，践行奋斗精神时做到言行一致、以身示范、为人师表。教师不仅要承担起培育示范的正向引导职责，也要让学生在教师的寓教于情、言传身教中真正感受到奋斗精神的理论说服力与实践驱动力。高校在校园文化建设中应加大以奋斗精神为主题的活动的教育引导力度，立足教学第一课堂、拓宽实践第二课堂、增加网络线上课堂，将奋斗精神培育工作落全、落细、落小，让奋斗精神滋养大学生的心灵。

多样性一般指坚持问题导向，内容和方法灵活多样，重在联系实际。大学生奋斗精神培育就是要克服教育内容单一化、简单化的弊病，在坚持问题导向的同时，采取有益的手段、吸收相关教育经验，以增强培育的丰富性、生动性与吸引力。一方面，要发挥家庭教育的启蒙教化功能。家庭是人生的第一所学校，父母长辈等家庭成员对子女直接的、正面的教诲与指导，家庭的文化传统、生活背景、语言思维习惯等，都会对子女的思想意识起春风化雨、润物无声的渗透作用。应树立顽强拼搏、爱国奋斗的良好家风，助力大学生建构奋斗意识。因为从个体接受教育的效果看，家庭教育影响的时间最长、程度最深。另一方面，要借助社会教育的多方支持，充分利用社会各种资源，为奋斗精神培育提供保障。在社会教育中可以通过显性和隐性的多样手段，如以奉献和服务社会为主要培育内容，将奋斗的真正目的明确告知，使大学生认清奋斗精神教育的宗旨，明白自身奋斗的意义是为了奉献社会、服务群众，体现人生价值。隐性方式具有教育情境的愉悦感，使大学生在不知不觉中将奋斗精神培育内容转化为内心追求和行为选择。如充分运用活动载体，组织大学生走进基层，参与国情、社情调查，参加"三下乡"志愿活动等，通过这种间接方法使之对周围环境中所包含的奋斗因子有一种"在场"的感悟与欢乐愉快的体验，达到启发心智、触动情感的目的，让大学生的抗压能力和解决问题的能力获得提升，自觉塑造奋斗向上的健康心态。

三 大学生奋斗精神培育的时代意蕴

党的二十大报告擘画了全面建设社会主义现代化国家、全面推进中华民族伟大复兴的宏伟蓝图。新时代，大学生作为实现中华民族伟大复兴"中国梦"的主体力量，是中国特色社会主义事业的接力奋斗者。应培育好大学生群体的奋斗精神，使之坚定地以奋斗者的姿态担负起时代赋予的重任。

（一）大学生奋斗精神培育的价值

今天的我们处在一个纷繁多变的新时代。随着生活条件更加优越，价值取向也更为多元。一些人在开放的外部环境浸染下产生了享乐主义、拜金主义等带有功利性的观念，不能理性看待物质层面的各种诱惑。尤其对于人生观、价值观和世界观尚未成型的大学生而言，不劳而获等思想的冲击会严重影响其正确的人格塑造与精神家园建构，这就亟须一个精神目标的支撑和一种精神的定力。奋斗精神是一种积极向上的精神品质和精神态度，培育大学生奋斗精神对于大学生强化认识"为什么要奋斗"和"为什么而奋斗"的深刻意蕴具有重要意义。

1. 回应大学生"为什么要奋斗"

"培养担当民族复兴大任的时代新人"是我国高等教育的任务和要求。作为青年群体中的先进分子，大学生应成长为时代新人，才能在新的历史方位肩负起时代使命。

首先，应对世界百年未有之大变局需要大学生奋斗。环顾全球，百年未有之大变局加速演进，世界正以前所未有的变革方式快速发展。在这样纷繁复杂的世界格局新变化中，充满了各种不确定性因素，风险日益增多，挑战层出不穷。在经济领域，经济全球化潮流不可逆转，这促使世界各国的经济联系更加紧密，各国间互利合作不断走实。但新冠疫情和俄乌冲突带来的巨大冲击，重创全球多边贸易体系，助长"逆全球化"潮流，导致世界经济复苏进程受阻，影响我国经济持续发展所需的稳定的外部环境。在政治领域，国际力量对比正发生深刻调整，多极化的政治趋势对世界格局的多元化发展有积极作用，符合世界人民对和平、稳定、繁荣的共同意愿和利益。但单边主义、保护主义泛起，强权政治、霸道主义依然存在。我国在维护国家利益和国家安全问题上面临的压力、风险与挑战更为复杂。在文化领域，世界各地区、各民族多样文化的交流、交融之势前所未有，为我们从世界文化宝库中汲取"营养"带来了良机，为我们自身文化的创新并发扬光大提供了有益资源。但欧美发达国家利用先进的传媒技术和媒介工具，长期向我国宣扬他们的价值取向，企图通过文化渗透削弱中国的主流意识形态，威胁我国意识形态安全，意识形态领域的斗争形势严峻。此外，国际安全中不稳定性因素增加，不确定性风险上升，如恐怖主义、难民危机、气候变化、信息安全风险、重大传染性疾病等非传统安全威胁的频繁发生，使人类又一次站在历史的十字路口。

为此，在波谲云诡的世界格局中和复杂多变的国际环境下，有必要通过奋斗精神培育，使大学生成为为国家发展繁荣笃志奋斗的人才力量，迎接各种挑战、完成艰巨任务。正如习近平总书记强调的，"当前，我们既面临着重要发展机遇，也面临着前所未有的困难和挑战……实现我们的发展目标，需要广大青年锲而不舍、驰而不息的奋斗"[1]。

其次，国家新发展格局的形成亟待大学生奋斗。习近平总书记指出："新发展阶段就是全面建设社会主义现代化国家、向第二个百年奋斗目标

---

[1] 习近平：《在实现中国梦的生动实践中放飞青春梦想》（2013年5月4日），《习近平谈治国理政》（第1卷），外文出版社，2018，第52页。

进军的阶段。"① 新发展阶段，我国发展面临更为棘手的复杂矛盾和问题。一方面，改革开放四十多年的奋斗历程，已然推动我国的经济实力跃上新台阶，社会生产力得到快速提升，人民的生活质量不断提高改善，我国也成为当今世界第二大经济体，现正按照既定目标全力推进实现民族复兴大业。青年是实现第二个百年奋斗目标的突击队，肩负着为实现"中国梦"而奋斗的大任，亟待在新时代抓住人生机遇，继续为强国建设目标的实现孜孜不倦地努力奋斗。另一方面，随着中国改革步入新阶段，要解决在攻坚期和深水区阻挡向前发展的问题，必须拿出敢"啃硬骨头"、敢"涉险滩"的决心，以壮士断腕的勇气妥善解决教育、医疗、就业、养老等领域长期存在的问题。加之社会转型期我国社会主要矛盾发生了根本性转化，不仅对党和国家的工作提出了许多新要求，也是推动中国式现代化建设不断前进的重大考验。可见，"中华民族伟大复兴绝不是轻轻松松、敲锣打鼓就能实现的，也绝不是一马平川、朝夕之间就能到达的"。②

为此，需要通过奋斗精神培育，使大学生奋斗同我国在新时代的经济、政治、文化等建设相联系，使大学生明白自身奋斗对于全面建成社会主义现代化强国的重要性。习近平总书记强调："中国共产党从来都把青年看作是祖国的未来、民族的希望，从来都把青年作为党和人民事业发展的生力军。"③

最后，加强党的自身建设要求大学生奋斗。党的自身建设关系重大、决定全局。党的自身建设强，才能更好地巩固长期执政地位。党从诞生之日起就将青年视作党的事业发展中至关重要的先进力量，可以说大学生是党和国家事业的接班人和建设者。但随着我国对外开放日益扩大，西方各种社会思潮大量涌入，不同程度地对大学生的思想和行为产生影响，有的大学生呈现出理想信念缺失、品德修养缺乏、正确价值观缺位等迹象。大学生自身能否健康成长，关乎党的自身建设能否坚强有力，也关乎党的执

---

① 习近平：《新发展阶段贯彻新发展理念必然要求构建新发展格局》，《求是》2022年第17期，第3页。
② 《国家主席习近平发表2022年新年贺词》，《人民日报》2022年1月1日，第1版。
③ 习近平：《在实现中国梦的生动实践中放飞青春梦想》（2013年5月4日），《习近平谈治国理政》（第1卷），外文出版社，2018，第50页。

政地位能否长期保持。党和国家对青年是爱护和期待的。我们党历来都把培养青年一代作为一项重大战略任务，将一代代青年人视作提高党的建设水平的关键。因此，党把青年团结起来、组织起来、动员起来，紧紧依靠青年组织的力量，引导他们认清历史使命，让其在民族复兴征程上发挥主力军作用，勇当先锋、顽强奋斗，促使党的先进性得到加强，党的执政基础得到夯实，党的执政地位进一步巩固。此外，伴随科学技术飞速发展，大学生接收外来思潮和观点的载体更为多样，思想更为开放，视野更为开阔，思想观念在彼此交流交融中趋于多元化发展。由于敌对势力的渗透颠覆，自私自利、无信仰等功利主义的充斥，利益分化加剧，一些大学生偏离正确的价值观念，陷入价值认知困惑。这不仅使大学生难以实现人生理想和远大抱负，阻碍其发挥推动社会发展进步的重要作用，也给党的自身建设带来了极大风险，动摇党的执政地位。

为此，从大学生被历史赋予的使命和责任看，其奋斗与否关系到党的未来发展。开展奋斗精神培育，可以有效抵制大学生群体中出现的"佛系"价值观念，破除"只想出彩，不想出力"的错误思想，帮助大学生继承艰苦奋斗等党的优良传统。这不仅对于加强党的自身建设十分必要，也是党长期执政的有力保证。习近平总书记强调："代表广大青年，赢得广大青年，依靠广大青年，是我们党不断从胜利走向胜利的重要保证。"[①]

2. 激励大学生"为什么而奋斗"

大学生要成长为好青年，具备奋斗精神是必备的素质之一。大学生奋斗精神培育的目标归旨，不仅仅在于使大学生保持锐意进取、奋发有为的精神状态，更在于激励他们为民族复兴、社会主义事业发展和人民幸福生活而付诸实际行动。

首先，大学生要为担当中华民族复兴重任而奋斗。

习近平总书记指出："实现中华民族伟大复兴的中国梦，需要一代又一代有志青年接续奋斗。"[②] 这表明青年是担当民族复兴重任的主力军。青年只有强烈意识到自身切实肩负的使命和责任，深刻认识到实现民族伟大复兴是我们最伟大的梦想，才能用实际行动践履新时代党赋予青年的奋斗

[①] 《在同团中央新一届领导班子集体谈话时的讲话》，《人民日报》2013年6月20日，第2版。
[②] 习近平：《论党的青年工作》，中央文献出版社，2022，第122页。

任务和使命。

"时代总是把历史责任赋予青年。"① 中华民族伟大复兴是一次新的出发。在新时代青年得到更为舒适的发展环境，拥有更多施展才华的机会，前景也更为光明。然而，在民族复兴道路上，还会遇到难以预料的风险挑战，不少"雪山""草地"还需跨越，崭新的"娄山关""腊子口"横在眼前要征服。这就意味着青年要以"我将无我、不负时代"的奋斗和奉献，责无旁贷地肩负起民族复兴的重任，接好时代的"接力棒"。一方面，青年担负着社会主义建设的职责，需增强爱国奋斗的意识，主动把个人奋斗的"小规划"融入国家建设的"大目标"，为祖国的发展做出自己的贡献。用"功成不必在我、功成必定有我"的责任担当为祖国建设添砖加瓦，才能充分发挥先锋作用，不断建立新功勋、创造新业绩。另一方面，青年要大有作为，必须勇于担当时代赋予的"追梦"使命，树立强国建设的大志向，把理想和抱负熔铸在奋斗征程中，把民族梦想和个人梦想结合起来，为完成2035年远景目标凝聚奋进力量，用青春奋斗为实现社会主义现代化铺路架桥，在新的"赶考"之路上继续交出优异答卷。为此，青年作为社会主义事业的建设者和接班人，要始终牢记民族复兴的历史使命，闯新路、创新业，砥砺奋进，创造无愧于党和国家的新功勋，使中华民族伟大复兴在一代代青年的接力奋斗中实现。

其次，大学生要为中国式现代化建设而奋斗。

习近平总书记指出："要把青年一代团结凝聚在党的周围，为推进强国建设、民族复兴伟业接续奋斗。"② 大学生只有胸怀"国之大者"，立足现实国情踔厉奋发，才能在全面建设社会主义现代化强国的火热实践中彰显青年的担当。

中国式现代化是社会主义现代化，在中国式现代化建设过程中凝聚着一代代青年具体实在的不懈奋斗。一方面，青年要深知，中国式现代化是对中国特色社会主义的坚持和发展，是实现民族复兴的康庄大道。改革开放以来，青年在经济特区、沿海港口城市建设的主战场上做出巨大贡献，

---

① 习近平：《论党的青年工作》，中央文献出版社，2022，第6页。
② 《切实肩负起新时代新征程党赋予的使命任务 充分激发广大青年在中国式现代化建设中挺膺担当》，《人民日报》2023年6月27日，第1版。

在国防安全、乡村振兴、疫情防控、科技攻关领域留下了拼搏身影,等等,这些都是青年在推动中国式现代化建设中创造的新业绩、展现的新作为,足见青年在中国特色社会主义建设中扮演了重要角色,社会主义事业取得的历史性成就离不开青年的奋斗,因为中国共产党百余年来所取得的伟大成就中凝结着青年的热情和奉献。另一方面,青年应明白个人奋斗与中国式现代化建设的关系,坚定不移地投身于中国式现代化建设,笃定信念跟党走社会主义道路。青年的个人奋斗与中国社会主义建设的伟大实践紧密联系在一起,因此要将个人的理想追求同祖国的前途和民族的命运相结合,锚定中国特色社会主义的方向坐标,努力在平凡的岗位上、急难险重的任务中以及基层一线奋斗奉献,充分发挥生力军的先锋作用。要使奋斗青春与伟大事业同频共振,将人生奋斗汇入建设中国特色社会主义事业的历史洪流,不断以中国式现代化全面推进民族复兴、强国建设的伟业。

再次,大学生要为实现人民的幸福生活而奋斗。

习近平总书记指出:"同人民一道拼搏、同祖国一道前进,服务人民、奉献祖国,是当代中国青年的正确方向。"[1] 青年一代要以此为前进方向,增强为实现人民幸福生活而奋斗的积极性、坚定性和创造性。

人民拥有美好幸福生活是中国梦的重要内容。青年大学生作为实现"中国梦"目标的奋斗主体,要在为人民谋幸福上努力奋斗,帮助人民过上所向往的美好生活。一方面,大学生要认识到,人是现实的个体,人的本质是一切社会关系的总和。它决定了人是"社会存在物",即个人不能脱离社会,只有在社会关系中才能感受到幸福的存在。而人民幸福是针对每一个人的,这就体现出个体幸福和人民幸福的统一关系。青年大学生只有将个人幸福融入人民幸福,通过奋斗这一实践去创造幸福,才能使自己获得想要的幸福,并实现人民期盼的幸福,在为人民幸福而奋斗的光荣实践中实现理想、书写出彩人生。另一方面,人民幸福绝不是轻轻松松就能实现的,需要共同的奋斗。作为与时代同向同行的青年中的优质群体,大学生要牢记中国共产党的初心和使命,既将实现人民幸福作为自身奋斗的

---

[1] 习近平:《给河北保定学院西部支教毕业生群体代表的回信》(2014年5月),中共中央文献研究室编《习近平关于青少年和共青团工作论述摘编》,中央文献出版社,2017,第50页。

起点,又当成终点,把个人幸福划归人民幸福之中,擘画实现个人奋斗理想和人民幸福生活的蓝图,在奋斗中维护人民的利益、增进人民的幸福感,与人民一起追求美好生活。同时,当今中国经济社会迅猛发展,提升了人民追求幸福的能力和获得幸福的信心,这是我们党长期奋斗所创造的历史机遇。大学生应紧跟党的步伐,把握人生机遇,以人民的幸福就是自己最大幸福的信念,心无旁骛地为了人民幸福而奋斗、追逐幸福未来,实现奋进新征程上的宏伟目标。

(二) 大学生奋斗精神培育的意义

习近平总书记指出:"广大青年应该在奋斗中释放青春激情、追逐青春理想,以青春之我、奋斗之我,为民族复兴铺路架桥,为祖国建设添砖加瓦。"[①] 在"两个大局"相互交织和激荡的背景下,我国既迎来了重要发展机遇,又面临前所未有的困难和挑战。新时代加强大学生奋斗精神培育,有利于大学生凝聚奋斗共识、提升奋斗认同,引导他们坚定奋斗意志和信念,从而激发他们接力奋斗。

1. 推动社会主义现代化强国建设的必然要求

新时代新征程上,党确立了建成社会主义现代化强国的时间节点,部署了建成文化强国、教育强国、人才强国、体育强国、健康中国的战略目标,指明了全体人民共同富裕的方向。这张宏伟蓝图,要求我们务必着力培养大学生的奋斗精神,使大学生把稳奋斗方向,矢志共同奋斗、接力奋斗和顽强奋斗,在为党和人民事业的拼搏奋斗中绽放青春光彩。

首先,推动社会主义现代化强国建设要靠共同奋斗。共同奋斗是党和人民群众的共同理想、共同意志和共同心愿的集中反映。习近平总书记强调:"我们进行的事业是前无古人的伟大事业,我们正在从事的中国特色社会主义事业是全体人民的共同事业。"[②] 这就需要大学生团结一心矢志奋斗,汇聚奋力实现"中国梦"的磅礴力量,使个体奋斗汇入时代大潮,让伟大"中国梦"在个人竞相奋斗中成为现实。

---

① 《在北京大学师生座谈会上的讲话》,《人民日报》2018年5月3日,第2版。
② 习近平:《在庆祝"五一"国际劳动节暨表彰全国劳动模范和先进工作者大会上的讲话》,人民出版社,2015,第2页。

其次，推动社会主义现代化强国建设要靠接力奋斗。接力奋斗是对奋斗历史进程的把握和不间断的努力。"奋斗是长期的，前人栽树、后人乘凉，伟大事业需要几代人、十几代人、几十代人持续奋斗。"① 每个时代都有独特的主题，每一代人都肩负着历史赋予的特定使命。大学生要始终围绕共同目标持续奋斗、接力追梦，才能谱写出顺应时代发展的青春乐章。

再次，推动社会主义现代化强国建设要靠顽强奋斗。顽强奋斗指的是不畏艰难困苦、不屈不挠、敢于斗争，有"啃硬骨头"的必胜信念。亦即，奋斗的道路从来都不会一帆风顺，往往是荆棘丛生、充满艰辛和坎坷的。大学生要继承革命精神，应从党的奋斗故事中解读共产党人奋斗的基因密码，淬炼意志品格，练就过硬本领，在党和国家的事业中顽强拼搏、笃行不息。

2. 培养堪当民族复兴重任的时代新人的迫切要求

"没有广大人民特别是一代代青年前赴后继、艰苦卓绝的接续奋斗，就没有中国特色社会主义新时代的今天，更不会有实现中华民族伟大复兴的明天"。② 中国青年在实现民族复兴大任的进程中一直扮演重要角色。战争年代，有志青年救亡图存、舍生取义；社会主义革命和建设年代，有识青年奋发图强、奋勇搏击；改革开放以来，有为青年开拓奋进、锐意创新，奏响新时代的奋斗旋律。培育奋斗精神需要立足青年这一群体。踏上新征程，青年大学生要深刻感知和体悟奋斗精神的强大动力，牢记"为中国人民谋幸福，为中华民族谋复兴"的初心使命，将其铭记于心并转化为行动，争做可堪大任的新时代奋斗者。

首先，大学生处在中华民族伟大复兴的最好时期，生逢盛世，肩负着"青年一代要为实现中国梦而奋斗"③ 的大任。要用民族复兴的使命激励他们珍惜这一时代机遇、勇担重任，以时不我待的使命感和实干真干的责任感立志成为有深厚家国情怀、有远大理想抱负、敢闯肯干的"奋斗一族"。大学生要潜心为国家事业做好每一件小事、完成每一项任务、履行每一项

---

① 习近平：《青年一代有担当 国家就有前途——给华中农业大学"本禹志愿服务队"的回信》，《人民日报》2013年12月6日，第2版。
② 习近平：《发扬五四精神，不负伟大时代》（2019年4月30日），《习近平谈治国理政》（第3卷），外文出版社，2018，第335页。
③ 《在2018年春节团拜会上的讲话》，《人民日报》2018年2月15日，第1版。

职责，靠奋斗展现青春的亮丽底色。

其次，大学生要认识到奋斗的过程必定布满荆棘、充满艰辛。要将永久奋斗的理想信念融于心、化于行、凝为神，苦练"内功"，加强自身的知识储备和能力素养，练就过硬本领，以熔铸出奋斗特质。大学生要深深领悟我们党由嘉兴南湖红船上探寻曙光的摆渡人成长为驾驭世界第二大经济体的引航者的奋斗荣光，坚定"四个自信"，服务人民、奉献社会，力争做出新的更大贡献，不断书写奉献青春的时代篇章。

再次，大学生有"担当"是对奋斗的深刻认识。奋斗是行动，也是能力。民族的命运、国家的前途、人民的幸福都与奋斗紧密相连。青年勇挑重担、勇克难关、勇斗风险，党和国家事业必是充满希望和有着光明未来。大学生要自觉将个人奋斗与中国特色社会主义伟大事业相结合，敢于担当、善于担当、不断奋斗。这样，才能回答好"请党放心、强国有我"的时代考卷，以青春之我创造青春之中国。

3. 深化新时代高校思想政治教育的应然之举

中国特色社会主义进入新时代，我国社会主要矛盾已发生变化，个体应更多地将眼光聚焦于提高国家的经济实力、提升国家地位和实现自我价值上。与此同时，社会上"伪奋斗""丧文化""艰苦奋斗过时论"等不良价值观盛行，这些都严重影响了青年大学生对奋斗精神的认知。在新的历史方向上倡导和高扬奋斗精神仍然必要。高校是培养社会主义栋梁之材的主阵地，面对新时代主客观环境的变化，要着眼于青年大学生精神品质的培育塑造，积极营造传承与弘扬奋斗精神的教育氛围，使"奋斗的青春最美丽"的理念在校园里蔚然成风，促使大学生领悟并践行"有信念、有梦想、有奋斗、有奉献的人生，才是有意义的人生"。[①]

首先，发挥先进典型的示范教育作用。在社会发展的各个时期，涌现出一大批为党和国家事业终生奋斗乃至献身的先进人物，他们拥有忠诚、执着、朴实的品格和事迹，是崇尚奋斗的旗帜。高校要加强榜样引领教育，宣扬先进人物"舍小我，顾大局"的奋斗精神，为大学生"扣好人生第一粒扣子"，引导他们把奋斗观烙印于思想深处。要不断激发奋斗的内

[①]《在北京大学师生座谈会上的讲话》，《人民日报》2014年5月5日，第1版。

生动力，使大学生自觉地将"小我"融入"大我"，把个人理想融入国家和民族的奋斗目标，让蓬勃青春与国家发展同向同行。

其次，倡导社会主义核心价值观教育。"培养什么人、怎样培养人、为谁培养人"是高校教育的根本问题。高校要弘扬社会主义主流价值观，引导大学生树立奋斗精神，"内化于心，外化于行"，在面对各类错误思潮时能够果断"亮剑"。要让"爱党、爱国、爱社会主义"等观念成为大学生奋斗的航标，助推他们不断砥砺志气、淬炼骨气、筑牢底气、奋斗拼搏，不负革命先辈的期望、无愧于历史和人民的嘱托，不断开拓创新，创造美好的未来。

再次，加强党史教育。历史是最好的教科书。大学生要从党史这部厚重典籍里理解中国共产党不懈奋斗的价值，深刻认识奋斗之于国家、民族和人民的时代意义。高校要丰富传播手段、拓展奋斗场域，推介党史中内含奋斗精神的教育资源，使大学生沉浸式学习我们党的光辉历程，帮助他们了解历史事实、理清历史脉络、把握历史规律，在坚定历史自信中增强奋斗自信，让青春奋斗之"火"在实现民族复兴、国家富强和人民幸福的进程中绽放耀眼"光芒"。

4. 引导大学生树立奋斗幸福观念的实然之需

习近平总书记指出："只有奋斗的人生才能称得上幸福的人生。"[①] 价值取向是个人在面对或处理各种矛盾、冲突和关系时所持的基本立场，它对人的行为有直接导向作用。倡导大学生树立奋斗幸福观，可以引导他们端正价值取向。伴随多元文化和价值的冲击，为大学生"扣好人生的第一颗扣子"显得越发重要，"00后"大学生的心智还处于未成熟阶段，极易受到外界各种价值观念的影响，在面对社会上关于"不奋斗""反奋斗"等敏感问题时，其所持有的价值观念会直接左右他们能否正确看待、处理矛盾问题，以及解决的方式。为此，引导大学生树立奋斗价值观，可以促使其正确看待人生价值与奉献，抓住幸福的精髓，从而构筑起个人奋斗的精神家园，不断增强自身奋斗的精神动力。

一方面，培育大学生奋斗精神就是帮助他们树立奋斗的价值取向，以

[①] 习近平：《在2018年春节团拜会上的讲话》，《人民日报》2018年2月15日，第2版。

规避因看到贫富差距而产生"奋斗无用"思想、因贪图安逸而倾向于"享乐主义"价值观或被利益诱惑所左右，导致奋斗精神稀释、缺失。大学生步入社会会发现，理想与现实相差很大，生活的幸福与苦恼时常接踵而至，这容易使其在成长过程中出现思想波动，造成自主奋斗意识模糊，对奋斗幸福观念持怀疑态度等。因此，个人奋斗应瞄准国家富强和民族复兴的奋斗方向，应以实现社会主义共同理想为远景目标，把个人的奋斗成长融入人民和祖国的发展目标中，这样大学生在遇到各种阻碍幸福的困难艰险时，才能一直保持百折不挠、锐意进取的奋斗精神状态，激发出敢于创造、追求创新的向上精神力量，矢志不渝地朝向奋斗目标勇往前行。另一方面，精神家园的构筑是个体将理想信念、精神文化等价值取向内化的结果。大学生只有认清奋斗的自我价值是与社会责任使命相统一的，才能在实现崇高理想的奋斗中实现自己的幸福，绽放人生的绚丽光彩。但部分大学生的精神家园中也存在奋斗成就观扭曲、奋斗信仰模糊、奋斗价值追求淡化等问题，使得培育工作亟须引导大学生深刻体悟中华奋斗文化的内涵和意义，促使大学生形成对奋斗的知行合一，即提高自身的奋斗意识和奋斗能力，以提升他们对奋斗创造幸福的认知高度和价值认同感。要点燃大学生的奋斗热情，使其奋斗行动符合为国为民的要求和社会期待，推动奋斗贯穿大学生的生活和学习中，进而不断增强他们的奋斗动力，自觉为实现中华民族伟大复兴的宏伟目标贡献青春力量。

第二章
新时代大学生奋斗精神培育的理论溯源

习近平总书记指出:"只有学懂了马克思列宁主义、毛泽东思想、邓小平理论、'三个代表'重要思想、科学发展观,特别是领会了贯穿其中的马克思主义立场、观点、方法,才能心明眼亮。"① 马克思主义的丰富理论深刻影响着中国。中国共产党坚持把马克思主义作为指导思想和行动指南,形成和发展的马克思主义中国化理论成果也指引中国在革命、建设、改革中不断创造奇迹。客观梳理马克思恩格斯和列宁关于奋斗精神培育的思想,考察中国共产党历代主要领导人关于奋斗精神培育思想的相关论述,再汲取中华优秀传统文化中包含的奋斗思想,不仅能为深入的探讨和分析提供科学立场、观点和方法,也有助于提升理论的指导力,推动新时代大学生奋斗精神培育。

第一节 马克思主义经典作家关于奋斗精神培育的基本理论

马克思恩格斯、列宁虽然没有系统提出关于奋斗精神及其培育的理论学说,但他们一生在为实现共产主义而奋斗。其将实践(劳动)与教育相结合以及为共产主义而奋斗等思想,"为人民谋利益"和"人的自由全面发展"等相关论述,闪烁着奋斗的思想光芒,为奋斗精神的传承、创新与

---

① 习近平:《依靠学习走向未来》(2013年3月1日),《习近平谈治国理政》(第1卷),外文出版社,2018,第474页。

发展提供了价值遵循和方法论指导,也奠定了大学生奋斗精神培育的理论基石。

一 马克思恩格斯有关奋斗的论述

虽然马克思恩格斯对奋斗精神培育的直接论述较少,但他们主张从"现实的人"的生存境遇出发,通过实践活动着力促进社会发展和人的发展,体现出为全人类幸福而奋斗的思想。这种立足现实世界,领导人民同资产阶级斗争、建立无产阶级专政的革命实践过程,彰显出奋斗精神的内涵与作用,对大学生奋斗精神培育具有重要的理论指导意义。

(一) 关于革命实践的思想

"如果斗争只是在机会绝对有利的条件下才着手进行,那么创造世界历史未免就太容易了。"① 马克思很早就对革命的艰辛性有所判断,认为革命者要做好长期奋斗的心理准备。恩格斯在总结革命经验时也表示:"如果我们被打败了,那么我们除了从头干起之外再无别的办法。"② 尤其在马克思旅居伦敦后,极端贫困的现实生活让他常常喘不过气来,但仍不能阻止他思考人类社会的发展。他始终关注革命运动,以顽强的革命意志为世界被压迫的民族和人民奋斗不息,阐发重要的革命实践思想,为世界无产阶级的解放事业指明了方向。历史证明,革命的胜利是在失败—奋斗—再失败—再奋斗的反复斗争和奋斗实践中取得的,马克思恩格斯为无产阶级推翻旧世界、建立新世界立下奋斗誓言,一生坚定为谋求全人类的彻底解放而付出不懈努力,这为奋斗精神培育提供了科学的立场观点和方法论指导。

第一,在奋斗主体上,马克思恩格斯号召全世界无产阶级与其他进步阶级进行联合。他们在《共产主义者同盟中央委员会告同盟书》中强调:"为了要达到自己的最终胜利,他们首先必须自己努力:他们应该认清自己的阶级利益,尽快采取自己独立政党的立场。他们的战斗口号应该是:

---

① 《马克思恩格斯文集》(第 10 卷),人民出版社,2009,第 354 页。
② 《马克思恩格斯选集》(第 1 卷),人民出版社,2012,第 566 页。

不断革命。"① 可以看出，这不是个人奋斗的实践活动，而是以无产阶级为主体的共同奋斗，即："我们将忠实地同我们的全世界工人同志们站在一起，为无产阶级共同的国际事业而奋斗！"② 一方面，马克思主义厘清了个人奋斗与阶级奋斗的关系。个人奋斗是个人走向成功的先决条件，而人的本质是社会性，个人获得发展并得到认可才有价值。换言之，个人应当自觉将无产阶级的奋斗指向作为个体奋斗的基础，才能以奋斗精神矢志改造世界，实现自身的进步和解放，进而推动社会发展进步。另一方面，肯定青年在社会发展中的奋斗主体作用，主张加强对青年一代的革命历史教育，使青年们明白个人奋斗与社会的关系。如恩格斯认为："回忆过去的运动对青年是有益的，否则他们会认为，一切都应该归功于他们自己。"③他还十分关注青年学生是否具有奋斗精神，因为对革命实践来说，"它的使命是在即将来临的革命中同自己从事体力劳动的工人兄弟在一个队伍里肩并肩地发挥重要作用"④。这些主张青年学生要进行革命斗争的教育思想，为奋斗精神培育提供了历史借鉴，使青年在奋斗中建立起新的世界观，并创造出属于全人类的社会新形态。

第二，在奋斗目标上，通过无产阶级的革命实践首先建立社会主义，最终实现共产主义。恩格斯于《在马克思墓前的讲话》一文中写道："因为马克思首先是一个革命家。他毕生的真正使命，就是以这种或那种方式参加推翻资本主义社会及所建立的国家设施的事业，参加现代无产阶级的解放事业"⑤。历史证明，马克思恩格斯的奋斗思想贯穿革命斗争实践的全过程。一方面，马克思主义的产生和发展就是把"改变世界"当成奋斗任务，即"哲学家们只是用不同的方式解释世界，而问题在于改变世界"⑥。在远大理想和革命信念的催生下，产生出源源不断的奋斗动力。"共产主义对我们来说不是应当确立的状况，不是现实应当与之相适应的理想。我

---

① 《马克思恩格斯文集》（第2卷），人民出版社，2009，第199页。
② 《社会民主工党委员会宣言。致全体德国工人！》，载于《人民国家报》第73号，1870年9月11日。
③ 《马克思恩格斯全集》（第34卷），人民出版社，1972，第239页。
④ 《马克思恩格斯选集》（第4卷），人民出版社，2012，第301页。
⑤ 《马克思恩格斯文集》（第3卷），人民出版社，2009，第602页。
⑥ 《马克思恩格斯选集》（第1卷），人民出版社，2012，第140页。

们所称为共产主义的是那种消灭现存状况的现实的运动。"① 另一方面，马克思一生追寻的目标是为人类求解放，建立理想社会。这一目标只有通过无产阶级革命斗争和不断实践创造才能逐步实现。通过长期奋斗实践，不仅能建立一个没有压迫的理想社会，也可以促进人本身的改变、成长和发展。个体奋斗理想与全人类解放的目标相一致，这为奋斗精神培育指明了方向和目标。马克思指出："无产阶级的运动是绝大多数人的，为绝大多数人谋利益的独立的运动。"②

第三，在奋斗情感上，革命的奋斗激情和奋斗热情是马克思主义的人文情感样态之一。"激情、热情是人强烈追求自己的对象的本质力量"③，能够推动社会变革实践。一旦人们对某种情感认知上升到认同，就能轻而易举地提升实践动能。马克思和恩格斯对无产阶级有着充满终极关怀的大爱情感，这激励着他们即便革命道路上艰苦卓绝、荆棘密布，仍然无怨无悔地主动将其一生献给全世界无产阶级解放事业。恩格斯说："没有这种革命的义愤填膺的感情，无产阶级的解放就没有希望。"④ 比如，马克思既是一位顶天立地的伟人，也是一位热爱生活、重情重义的常人。为了取得无产阶级革命斗争的胜利、到达理想的彼岸，马克思从不计较个人得失和名利。他耗费毕生心血、精力创立科学理论，就是因为对所奋斗的事业倾注了超越国界的情感力量。正如恩格斯在评价马克思时所说："千百万革命战友无不对他表示尊敬、爱戴和悼念，而我可以大胆地说：他可能有过许多敌人，但未必有一个私敌"。⑤

（二）关于教育与生产劳动相结合的思想

教育与生产劳动相结合是马克思教育理论的一项基本原则，也是马克思恩格斯教育思想的组成部分。马克思理解的教育是在生产劳动中产生的："人通过人的劳动创造了整个世界的历史"⑥。教育也是在劳动中产生

---

① 《马克思恩格斯选集》（第1卷），人民出版社，2012，第166页。
② 《马克思恩格斯选集》（第1卷），人民出版社，2012，第411页。
③ 《马克思恩格斯文集》（第1卷），人民出版社，2009，第211页。
④ 《马克思恩格斯全集》（第1卷），人民出版社，1995，第269页。
⑤ 《马克思恩格斯选集》（第3卷），人民出版社，2012，第1004页。
⑥ 马克思：《1844年经济学哲学手稿》，人民出版社，2018，第89页。

的:"为了吃饭,必须劳动,不仅要用脑劳动,而且也要用双手劳动"①。劳动是人类社会生存和发展的重要实践活动,而奋斗精神则可以认为是劳动者在改造客观世界、推动人类社会发展进步中形成的。马克思指出:"教育将使年轻人能够很快熟悉整个生产系统"②,即可以通过提高劳动者的素质来促进生产力发展。他在《给临时中央委员会代表的关于若干问题的指示》中提出实现教育与生产劳动相结合:"我们把教育理解为以下三件事:第一:智育。第二:体育。第三:技术培训,这种培训要以生产各个过程的一般原理为内容,并同时使儿童和少年学会各种行业基本工具的实际运用与操作。"③他主张"把有报酬的生产劳动、智育、体育和综合技术培训结合起来",发挥教育的作用,使人们学会劳动技能、培养劳动思想、提升劳动能力,从而"把工人阶级提高到比贵族和资产阶级高得多的水平"④。所以,马克思主义的教育与生产劳动相结合的思想是现代大工业发展的客观需要,工人阶级在劳动与教育中得到多方面发展,即:"最先进的工人完全了解,他们阶级的未来,从而也是人类的未来,完全取决于正在成长的工人一代的教育。"⑤

马克思提出:"未来教育对所有已满一定年龄的儿童来说,就是生产劳动同智育和体育相结合,它不仅是提高社会生产的一种方法,而且是造就全面发展的人的唯一方法。"⑥"生产劳动给每一个人提供全面发展和表现自己的全部能力即体能和智能的机会。"⑦可见,人得以全面发展离不开教育与生产劳动的结合,这也为造就全面发展的人提供了现实途径,揭示了现代教育发展的基本原理。此外,某种意义上说,教育的最高境界是精神的感召,真正的教育是用精神来承载的。而精神属于社会意识范畴,实践性为意识形态最基本的属性。奋斗精神作为一种意识,需通过实践来彰显其内在品格和巨大作用。而开展大学生奋斗精神培育就为主观见之于客

---

① 《马克思恩格斯全集》(第21卷),人民出版社,2003,第269页。
② 《马克思恩格斯选集》(第1卷),人民出版社,2012,第308页。
③ 《马克思恩格斯全集》(第21卷),人民出版社,2003,第270页。
④ 《马克思恩格斯全集》(第21卷),人民出版社,2003,第271页。
⑤ 《马克思恩格斯全集》(第16卷),人民出版社,1964,第217页。
⑥ 《马克思恩格斯文集》(第5卷),人民出版社,2009,第556~557页。
⑦ 《马克思恩格斯文集》(第9卷),人民出版社,2009,第311页。

观的实践，大学生在实践中能更深入地理解奋斗精神的内涵，激发对奋斗精神的认知，促成行动自觉。

值得注意的是，马克思主义关于教育与生产劳动相结合的思想，对我国开展大学生奋斗精神培育影响至深。新中国成立初期国家就鼓励大学生从事生产劳动，通过勤工助学、办职业教育等途径来培养他们的奋斗精神。现今落实国家关于全面加强新时代大中小学劳动教育的决策部署，要求在劳动教育中涵养奋斗精神。对大学生开展劳动教育，不仅使他们把所学应用于实际，提升自己的知识技能水平，也使大学生在践行劳动中激发奋斗热情，从而培养奋斗意识、开启奋斗人生。因此，坚持教育同生产劳动相结合已然是我国教育方针的重要内容，这为大学生奋斗精神培育指明了方法和途径。

（三）关于人的全面发展理论

人的全面发展理论从属于马克思主义人学思想。唯物史观认为，人是现实的个体，但绝不限于"某个人"或者"少数人"，而是包括社会历史中的"每个人"。可见，人是马克思主义的出发点。马克思恩格斯终其一生都在关注人的现实生存和发展并为共产主义奋斗，他们始终坚持通过奋斗实践建成人能够自由全面发展的人间理想社会。

"个人的全面发展"是马克思恩格斯在《德意志意识形态》中提出的，即"全面地发展自己的一切能力"，"只有全面发展的个人才可能占有它们，即才可能使它们变成自己的自由的生活活动"。[①] 之后他们又在《共产党宣言》和《资本论》等著作中提到，"代替那存在着阶级和阶级对立的资产阶级旧社会的，将是这样一个联合体，在那里，每个人的自由发展是一切人的自由发展的条件"，"共产主义是以每个人的全面而自由的发展为基本原则的社会形式"[②] 等，明确把个人的全面发展同社会生产力发展、废除私有制、共产主义理想紧密联系在一起。而人具有社会性，是社会关系的总和，所以马克思为人的未来发展而设计的理想目标，需通过人的奋斗实践才能逐步地实现。可见，促进人的全面发展，是马克思恩格斯关于

[①] 《马克思恩格斯全集》（第3卷），人民出版社，1960，第330、516页。
[②] 《马克思恩格斯全集》（第3卷），人民出版社，1972，第649页。

未来社会的本质要求和终极奋斗目标。

人的全面发展理论具有丰富的含义。其一，在价值性上，马克思将人的全面发展设定为人类社会发展的最高理想和价值目标，致力于建设"更高级的、以每一个个人的全面而自由的发展为基本原则的社会形式"[①]。也就是摆脱非社会主义属性的生产模式，最终每个人都无可争辩地有权全面发展自己的才能。其二，在独特性上，马克思认为全面发展的人是扬弃了异化的具有自由个性的人。每个人不断完善道德品质、能力素质等，使自由个性充分发挥、个人才能自由展现，人类才能在不断超越现实中追求理想境界。其三，在实质性上，马克思指出个人的全面发展不仅是个人在精神层面和道德层面尽可能广泛、充分地得到发展，还应实现脑力劳动和体力劳动相结合，使人人都成为全面发展的劳动者。质言之，在认识世界和改造物质世界的过程中，只有通过奋斗才能实现人及其能力的全面发展，真正达到个人"自由劳动"和自我自由发展，这也是为共产主义奋斗的根本要求。

对人进行奋斗精神培育，是人的精神成长中一个重要方面。马克思主义的个人全面发展思想来源于空想社会主义，其萌芽早在1845年之前就开始孕育了。马克思在《1844年经济学哲学手稿》中对资产阶级政治经济学进行批判，揭露私有制的罪过，指出劳动者要从异化劳动中解放出来，实现"人向自身、向社会的即合乎人性的人的复归"，达到"人以一种全面的方式，就是说，作为一个总体的人，占有自己的全面的本质。"[②] 马克思从资本主义社会中人的发展的"异化"层面予以考量，分析了异化劳动的实质，将人的异化和发展都归于劳动范畴，人的发展理论正是在这种宝贵思想上发展起来的。依据此主线，马克思恩格斯进一步在以后的论著中系统阐释了私有制、分工同个人全面发展的关系。随着社会生产力水平不断提高，人将有更多时间在各领域里自愿、自主地充分发展，以获得人格完善、知识技能提升等诸方面的全面发展。这就需要人的奋斗实践。因为实现"人的自由全面发展"是一个长期的、动态的过程。人类在这样的奋斗实践过程中得以持续发展。

---

① 《马克思恩格斯文集》（第5卷），人民出版社，2009，第683页。
② 《马克思恩格斯全集》（第3卷），人民出版社，2002，第297、317页。

奋斗精神培育是思想教育的一种，对于提高人的思想道德素质、促进人走向全面发展具有重要作用。奋斗精神中蕴含了不畏艰难、顽强拼搏、积极进取、坚韧不拔等品质，这些向上的精神内容具有特殊功用，能够有效提高大学生的思想品格和道德素养，促进他们全面发展。杜威说："教育的意义的本身就在改变人性以形成那些异于朴质的人性的思维、情感、欲望和信仰的新方式。"[①] 而人的全面发展理论正是开展社会主义教育的理论基础。所以，要开展好高校思想政治教育中的奋斗精神培育，一方面，在教育内容上应涵盖智育、德育、体育、美育、劳育等方面的培养；教育途径上注重理论与实践的有效结合，不能忽视自我教育和个性教育；还要创造好的社会环境，帮助大学生增强各种能力，提升奋斗的幸福感。另一方面，开展奋斗精神培育要深挖奋斗精神的正能量并通过实践传递，用奋斗精神激励大学生，使他们自觉形成奋斗思想；要尊重大学生的主体地位，鼓励、督促、引导他们将自我成才与内化、践行奋斗精神联系起来，增进对奋斗精神的认知和认同，从而不断提升自身的奋斗品质。这也是大学生精神生活全面发展的重要方面。

（四）关于精神实践性思想

奋斗精神是一种进步的精神状态。奋斗精神的产生、发展、变化最终都离不开实践，即人通过"实践—意识"环节实现由物质到精神的转化，又通过"意识—实践"环节实现由精神到物质的转化，实践在其中发挥桥梁纽带作用。

奋斗呈现出实践特性，是实践的一种表现形态，是历经艰苦的探索过程，是为达到预期目标而进行的具有创造性的实践劳动。一方面，"奋斗"作为"实践""劳动"等唯物史观核心概念的时代化、中国化、大众化表达，是可以超越现存生活状态而达到更高层次生活状态的一种途径。奋斗精神的实践性主要体现为一个民族对自强不息的信念、锐意进取的态度、不屈不挠的意志、不畏艰难的品行等向上精神品质的追求。只有在培育奋斗精神的实践中才能真正形成一个民族顽强拼搏、奋斗不息的整体素质。另一

---

① 〔美〕杜威：《人的问题》，傅统先等译，上海人民出版社，1966，第115页。

方面，奋斗体现出马克思主义实践观的重要特质。马克思主义认为，实践是人类能动地改造世界的客观物质性活动，是人之所以为人的本质属性之所在。从根本上说，实践是"现实的人"特有的活动。

人的奋斗本质上是创造美好生活的实践，是人的主观能动性在实践活动中的重要体现。其一，奋斗精神是人在实践中非知识性因素的重要内容。作为实践主体的人，其能力包括自然能力和精神能力。精神能力除了以理论知识和经验知识为主的知识性因素外，还包括情感和意志等非知识性因素。以奋斗精神为主要内容的非知识性因素，在实践中的作用不可或缺。其二，奋斗精神在人的需要层面、劳动层面和社会关系层面相互联系和作用，实质上体现了三个层面的统一。现实社会不仅是人投身于实践活动的客观存在，也是人们绘制未来社会美好愿景的模板，孕育着实现未来目标的现实条件。人在实践活动过程中能够理性认识现实存在，并意识到不合理因素而决定寻求突破，朝着理想社会不断开拓，实现对客观世界和主观世界的改造，都离不开奋斗精神重要作用的发挥。在劳动实践中改造客体，并把自己的主观意识内化于客体之中，使之发生合乎人的目的的变化，通过发挥奋斗力量奔向理想生活，这也是追求人类幸福的过程中实现个人的生命意义与人生幸福的途径。

二 列宁的奋斗精神培育思想

列宁是继马克思恩格斯之后又一位无产阶级革命领袖。在他卷帙浩繁的著作中提出了如何建立社会主义国家的一系列理论思想。他在领导俄国布尔什维克党和俄国人民进行革命实践过程中提出共产主义道德教育，为我们培育大学生奋斗精神提供了重要思想指导。

（一）关于共产主义道德教育的思想

列宁提出的共产主义道德教育思想中蕴含了奋斗观念。他认为，共产主义道德是无产阶级道德最高层次的体现，它源于并服务于无产阶级阶级斗争和利益，其宗旨就是为了实现并稳固共产主义。人们能不能养成坚定的共产主义道德修养，直接关系到是否可以为共产主义事业忠诚奋斗，能否成为以无产阶级根本利益为出发点的实践者。"为巩固和完成共产主义事业而斗争,这就是共产主义道德的基础。"① 可见,无产阶级奋斗的目标就是实现共产主义。无产阶级政党要做好青年一代的共产主义道德教育工作,将其培养成具有韧性、顽强意志和百折不挠等奋斗品格的共产主义者,矢志为巩固和完成共产主义事业而无私奉献终身。这同时能促进全体社会成员自由全面发展。

第一,列宁十分重视把青年培养成共产主义接班人。他认为,在培养青年的共产主义道德的实践过程中,一方面,应通过培养、教育和训练帮助青年领会共产主义理论学说,以使青年在追求共产主义的过程中实施正确的奋斗行为。如他在《青年团的任务》一文中指出,青年团的任务就是"使青年在学习、组织、团结和斗争的过程中把自己和自己所领导的一切人都培养成共产主义者。应该使培养、教育和训练现代青年的全部事业,成为培养青年的共产主义道德事业"②。这也反映出培养青年的共产主义道德,是使其成为合格的共产主义者的关键环节。另一方面,列宁认为,青年一代应努力掌握现代知识,青年要在复杂的环境中建设祖国,必须要有科学文化知识,同时离不开艰苦奋斗和实践创造。要加强对青年的理论知识教育,因为高素质的劳动者是革命和建设取得胜利的根本保证。"每个青年必须懂得,只有受了现代教育,他才能建立共产主义社会,如果不受这种教育,共产主义仍然不过是一种愿望而已。"③ 可见,培养青年拥有共产主义道德,成长为共产主义事业接班人,才能使之熔铸完整而彻底的马克思主义世界观以及为共产主义奋斗的精神,最终成为理想信念坚定的共产主义者,义不容辞地承担起建设共产主义社会的责任。

第二,列宁重视发挥榜样的作用。对于培养青年的共产主义道德,他十分倡导要推崇榜样的引领示范作用。他认为,执政党不仅要不怕进行自我教育、自我改造以及公开承认自己素养不够、本领不大的弱点,勇于直面不足,还应注重发挥党员的典型示范作用,以身示范、挺身向前、奋勇争先,以克服在与资本主义斗争中产生的多数困难,做"真正的共产主义

---

① 《列宁选集》(第4卷),人民出版社,2012,第292页。
② 中共中央马克思恩格斯列宁斯大林著作编译局编《列宁专题文集·论无产阶级政党》,人民出版社,2009,第284~285页。
③ 《列宁选集》(第4卷),人民出版社,2012,第287页。

劳动即无报酬劳动的榜样"①。同时，他还极力主张："要把全体青年都组织和团结起来，要在这个斗争中作出有教养和守纪律的榜样"②。即共产主义者的责任就是用榜样的力量带动共产主义道德的构建。发挥榜样的作用是列宁共产主义道德建设的鲜明特点，这也为奋斗精神培育提供了有效方法和有益经验。

（二）关于培养青年奋斗的思想

第一，培养青年投身于革命斗争与共产主义社会建设。建立共产主义社会，也是列宁的崇高理想。作为一名忠实的马克思主义者，他深知进行革命斗争并取得成功不是一朝一夕的事，需要正确思想的指引和不懈奋斗。一方面，他认为青年是进行革命斗争的主力军，因为在"十月革命"和保卫苏维埃政权的武装斗争中，青年都发挥了先锋作用，取得斗争胜利是通过奋斗实践的方式。所以要提高青年对奋斗的认识，使之清晰地认识到自身奋斗对于巩固苏维埃政权的重要作用，以及"真正建立共产主义社会的任务正是要由青年来担负"③。另一方面，列宁认为共产主义社会建设需要青年奋斗。因为在革命斗争后虽然建立了无产阶级政权，但国家的各项事业百废待兴，尤为需要在经济建设等方面着重发力。因而要鼓励青年继续奋斗，对他们进行通过奋斗创造共产主义社会的引导和教育，使之在思想观念和行为表现上进一步坚定，承担起在新的社会结构下进行建设的时代任务。

第二，强调重视和加强学习是青年成长为共产主义奋斗者的有效途径。列宁认为，文化教育在革命和建设中的作用很重要："在一个文盲的国家里是不能建成共产主义社会的"，"只有了解人类创造的一切财富以丰富自己的头脑，才能成为共产主义者"④。除了学习现代知识，他主张还要侧重动员青年一代深入学习"主要由马克思创立的共产主义理论，共产主义科学，即马克思主义学说"。他说，"可是我们的主权应当使青年获得基

---

① 《列宁全集》（第37卷），人民出版社，2017，第371页。
② 《列宁全集》（第39卷），人民出版社，2017，第342页。
③ 《列宁选集》（第4卷），人民出版社，2012，第281页。
④ 《列宁选集》（第4卷），人民出版社，2012，第294、285页。

本知识，使他们自己能够培养共产主义的观点"①，从而树立起严整的革命人生观，成长为具有良好政治素养的一代新人，积极投身于共产主义革命运动。"第一是学习，第二是学习，第三还是学习，然后是检查，使我们学到的东西真正深入血肉，真正地完全地成为生活的组成部分，而不是学而不用，或只会讲些时髦的词句。"② 他说："我们不需要死记硬背，但是我们需要用对基本事实的了解来发展和增进每个学习者的思考力。"③ 他还认为学习的一个好方法是要把书本与生活实践结合起来，不能一味地对青年进行书本灌输，而要下功夫进行实践创造，用行动说话，即按共产主义的真正要求去行动，才能找出真理，助力无产阶级事业奋斗目标的实现。

第三，注重青年教育的方式方法。列宁依据马克思主义的教育思想，坚持和发展了教育同生产劳动相结合的原则："没有年轻一代的教育和生产劳动的结合，未来社会的理想是不能想象的：无论是脱离生产劳动的教学和教育，或是没有同时进行教学和教育的生产劳动，都不能达到现代技术水平和科学知识现状所要求的高度。"④ 这明确揭示出教育必须与生产劳动相结合，这是社会主义学校教育的一个基本原则。列宁所主张的生产劳动与教育相结合的思想表现为人人都要接受知识教育，同时又必须参加劳动实践，只有将教育同生产劳动有机结合，才能奋力建设社会主义现代化国家。另外，他认为对青年的理论教育不能与实际生活脱离，应教育青年通过实践的方式来开创共产主义事业。为此，他鼓励青年从小就要热爱劳动，他所倡导的"星期六义务劳动"，实施的是综合技术教育的手段，使青年在参加社会劳动的实际锻炼中自觉地接受教育、掌握知识、增长才干，养成正确的劳动观，以适应国家发展的需要，成为具备共产主义思想觉悟的共产主义新人。正如他在《青年团的任务》一文中提出的："因此共产主义青年团必须把自己的教育、训练和培养同工农的劳动结合起来……只有在与工农的共同劳动中，才能成为真正的共产主义者。"⑤ 理论

---

① 《列宁选集》（第4卷），人民出版社，2012，第284、293页。
② 《列宁专题文集·论社会主义》，人民出版社，2009，第368页。
③ 《列宁选集》（第4卷），人民出版社，2012，第285页。
④ 《列宁全集》（第2卷），人民出版社，2013，第463~464页。
⑤ 《列宁选集》（第4卷），人民出版社，2012，第295页。

知识教育与社会实践有机结合的方法，对于引导当代大学生在实践中发扬奋斗精神大有裨益。

第二节 中华优秀传统文化中关于奋斗精神的思想

习近平总书记指出："中华文化源远流长，积淀着中华民族最深层的精神追求，代表着中华民族独特的精神标识，为中华民族生生不息、发展壮大提供了丰厚滋养"。① 在中华文化的历史长河里，出现了诸如"天行健，君子以自强不息"、"克勤于邦，克俭于家"、"志当存高远"和"绳锯木断，水滴石穿"等反映自强自立、矢志拼搏、毫不懈怠内涵的奋斗思想，凝结出节俭节约、百折不挠、勤劳勇敢、不懈努力的奋斗精神。这表明中华民族自古就有推崇奋斗、赞美奋斗的文化传统。正是因为有中华优秀传统文化为奋斗精神提供养分支撑，中华文明才在筚路蓝缕中得以草创并绵延发展、光辉灿烂。奋斗精神也因此成为中华民族文化基因中的重要构成，成为中国人民不可或缺的一种优秀品质，激励无数中华儿女通过奋斗不断前行。可以说，"中国人民的理想和奋斗，中国人民的价值观和精神世界，是始终深深植根于中国优秀传统文化沃土之中的"②。

中华民族是一个充满奋斗精神的民族，奋斗精神深深根植于民族的文化基因中并被一直弘扬和传承。中华优秀传统文化中深藏的自强不息、崇勤尚俭、志存高远、锲而不舍等奋斗思想资源，不仅为大学生深入认识和传承奋斗精神提供了思想源流，也为开展新时代大学生奋斗精神培育奠定了思想根基。

一 自强不息的奋斗品格

"自强不息"是中华优秀传统文化的精髓，最早见于《周易·乾·象

---

① 《把培育和弘扬社会主义核心价值观作为凝魂聚气强基固本的基础工程》，《人民日报》2014年2月26日，第1版。
② 习近平：《在纪念孔子诞辰2565周年国际学术研讨会暨国际儒学联合会第五届会员大会开幕会上的讲话》，人民出版社，2014，第13页。

传》中:"天行健,君子以自强不息。"这是用"自强不息"的概念形容"於穆不已"的天道,从宇宙论意义上阐释乾健不已的奋斗思想。① 这表明古时人们已意识到要想修己成人、达到君子的境界,就要像天宇运行那样刚强劲健、永不停息,竭尽所能达到长久的进步,摆脱惰性的束缚。现代对"自强不息"的释义为:自己努力向上,永远不松懈。通俗地说,就是不依赖别人而自觉地、永不懈怠地向上奋斗,努力使自己变得强大。几千年来,中华民族正是因为秉承自强不息的奋斗精神,才能历经无数沧海桑田的变迁依旧巍然屹立不倒。具体而论,其一,自强不息蕴含着个人对国家前途的深切关注。"修身、齐家、治国、平天下"(《礼记·大学》),"为天地立心,为生民立命,为往圣继绝学,为万世开太平"(张载语),"先天下之忧而忧,后天下之乐而乐"(范仲淹《岳阳楼记》),等等,这些名言所体现的家国情怀,不仅是奋斗的终极目标,也是中华儿女坚守的奋斗信念和理想抱负,凸显出对国家富强的责任感和人民幸福的归属感。只有将"爱家"和"爱国"的奋斗追求和担当融入人生价值,才能在改造自然界与人类社会的斗争中所向披靡、永远向前。其二,自强不息体现出中华民族独立自主、奋发向上、积极进取的精神。夸父逐日、精卫填海、愚公移山、铁杵磨成针等神话传说和寓言故事,体现出人们为了理想而永无止境、笃行不怠的精神追求。自强不息的民族精神在不同历史时期能够因时而变、随时世制,塑造出与时俱进的开拓意识和独立自主的优秀品格,为中华民族发展壮大聚拢了强劲动力,是中华文明源远流长、繁衍生息、不断顺应时代发展完善的根本原因之一。其三,自强不息对于个人发展有重要作用。"自人君公卿至于庶人,不自强而成功者,天下未之有也"(《淮南子·修务训》),"天将降大任于斯人也,必先苦其心志,劳其筋骨,饿其体肤"(《孟子·告子下》)等,说明人要不断锤炼内心的奋斗意志,保持发愤图强的精神态度,才能成为堪当大任的杰出人才。"闻道有早莫,行道有难易,然能自强不息,则其至一也"(《四书章句集注·中庸》)、"学者自强不息,则积少成多"(《四书章句集注·论语集注》),指出做学问的人应该有自强不息的奋斗精神,埋头苦干,才能真正悟

---

① 董振华等:《奋斗》,中共中央党校出版社,2018,第46页。

"道"和行"道",做出一番成就。自强不息的精神品格已深烙在人的内心,成为人们不断追逐幸福生活的精神信条。

二 崇勤尚俭的奋斗作风

在中华优秀传统文化中,勤劳和节俭紧密相连,成为一种价值标准。早在《左传》中就有"民生在勤,勤则不匮"的记载,意在鼓舞人们保持勤奋,通过奋斗劳作创造财富并安心享用,避免衣食等物质的匮乏。"俭,德之共也;侈,恶之大也。"则说明奢侈是严重的罪恶品行。勤劳奋斗、俭朴节约是中华民族的传统美德,也是中国人民所称颂并遵守的基本道德规范。正是基于这种价值理念,我们才书写出一幅国家昌盛、家庭兴旺和人民富足的美好历史画卷。具体而论,其一,勤俭是人们修身养性的原则之一。所谓"静以修身,俭以养德",就是阐明个人应懂得有效约束言行、克服欲望,培养出修身克己的生活作风,进而知之愈明、行之愈笃,达到"君子以俭德避难"的道德境界。俭朴的生活作风对于个人修身成德也十分重要。《论语》曰:"奢则不孙,俭则固。与其不孙也,宁固。"旨在劝诫后人在生活中应保持内心的安稳平和,摒弃世俗的荣华,不要过分追求物质享乐。此外,《墨子》中有"赖其力者生,不赖其力者不生",是说只有经过辛勤劳动的人,才能真正体会勤与俭的关系。《朱子家训》:"一粥一饭,当思来处不易;半丝半缕,恒念物力维艰。"寓指既要热爱劳动,又要珍惜劳动成果,这才是崇勤尚俭的真谛。其二,于国家和家庭而言,背离勤俭风尚,往往容易招致国家灭亡和民族衰败。李商隐在《咏史》中道出了"历览前贤国与家,成由勤俭破由奢"的兴亡规律。欧阳修在《新五代史·伶官传序》中深刻剖析了后唐庄宗李存勖败亡的教训,即"忧劳可以兴国,逸豫可以亡身"。"克勤于邦,克俭于家",就是主张统治者在治国理政上应勤恳为民、勤于政务,百姓在家庭生活方面应勤俭持家,这样国家才能长久兴盛,民族才会壮大,家庭才会幸福美满,百姓才能够过上丰衣足食的好日子。司马迁言:"治国之道,富民为始;富民之要,在于节俭。"(《史记·平津侯主父偃列传》)事实证明,古往今来,对奋斗精神的崇尚总是同反对懒惰奢靡、提倡勤俭的思想联系在一起。坚持奋斗、反对奢侈腐化是强国立世之本,是兴家守家的传家宝。因此,崇勤克俭的思想不管是对于国家发展、家庭和睦还是个人进步而言都有积极的指导作用，它是一切事业成功的保证。在当今社会，我们应当自觉地继承这一传统，使其更加发扬光大。

三　志存高远的奋斗志向

"志"，在中国传统奋斗思想中占据重要地位。陈淳认为："志者，心之所之。之犹向也，谓心之正面全向那里去。……一直去求讨要，必得这个物事，便是志。"（《北溪字义》）古代名言中也有很多关于"志"的阐述。如"三军可夺帅也，匹夫不可夺志也"（《论学·子罕》），是指人要坚定志向、矢志不渝，这是每个人都应该具备的。"有志者事竟成"，说明要想成事，拥有坚忍不拔的志向是充分必要条件。可以看出，人们通常把"志"释义为志向，理解为目标和愿望，也就是人决心有所作为的方向，但需要通过一定的努力奋斗才能实现。而立志，则是人的某个远大目标和理想确立的过程。简言之，一旦确立了远大的志向，行动便有了清晰的方向，促使人们不畏艰难地奋斗，并取得成功。反之，"志小则易足，易足则无由进"（张载《经学理窟·学大原下》）。志存高远是说人能成就多大事业，在很大程度上取决于这个人树立多大的志向。只有将之作为奋斗的精神支撑，才可能如愿。具体而论，其一，立志是一切事业的前提。要充分将人的聪明才智发挥出来，但具有智慧不代表一定可以成就事业，还需对达到理想目标有强烈的志向，因"志不强者智不达"（《墨子·修身》）。苏轼在《晁错论》中写道："古之立大事者，不惟有超世之才，亦必有坚忍不拔之志。"纵观中华民族的发展史，华夏儿女始终坚定民族复兴的理想信念不动摇，面对一次次挫折和困境，以"天下兴亡，匹夫有责"的志向和毅力奋勇向前，中华民族才能够生生不息、薪火相传。其二，立志要讲究淡泊名利。在中华传统伦理文化中提倡重义轻利，并将其作为指导人的行为的一种规范准则。儒家思想中关于这方面的阐述较为理性。《论语·里仁》曰："士志于道，而耻恶衣恶食者，未足与议也。"是说一个人如果声称自己有志于追求做人做事、齐家治国的理想，却对简朴的生活感到羞耻，那么是没有必要和他谈论真理的。诸葛亮也认为"非淡泊无以明志，非宁静无以致远"（《诫子书》），告诫人们树立志向应在恬淡寡欲的环境下，才能有不为名利所累的明确方向，致达奋斗的深远境地。总之，只有坚定自己的志向而不为功名利禄所束缚，不为眼前小利所迷惑，才能在实现理想的道路上踔厉奋发、披荆斩棘。

四　锲而不舍的奋斗意志

成功不是一蹴而就的，不仅要经历艰辛的奋斗过程，更需要持之以恒、驰而不息的精神。在中华优秀传统文化中，体现锲而不舍奋斗态度的警句和故事众多，可以认为，锲而不舍的精神是奋斗精神的主要显现。如荀子在《劝学》中言："锲而舍之，朽木不折；锲而不舍，金石可镂。""骐骥一跃，不能十步；驽马十驾，功在不舍。"锲而不舍的重要性不言而喻。这告诉我们在面对坎坷挫折和风险挑战时不要轻易放弃，应以不为困难压倒的勇气和决心去不懈奋斗，才能突破藩篱、创造奇迹。具体而论，其一，人们无论是做事、学习还是工作都要有不怕困难、百折不挠的韧劲，这也是奋斗时理应凸显的意志。在学习上需要有刻苦的精神，一门心思地踏实努力。《劝学》中有"学不可以已"，是说学习是无止境的，所谓活到老、学到老。倘若没有锲而不舍、久久为功的埋头苦干，那么学习定会浅尝辄止，想要获取更为广博的知识、成为圣贤只能是天方夜谭。"为之，则难者亦易矣；不为，则易者亦难矣。"（彭端淑《为学一首示子侄》）是说再远大的理想、再瑰丽的梦想，都取决于一步一个脚印的坚实奋斗，坚持不懈地把事做实、做细，定能有所成就。正所谓："世上无难事，只要肯登攀。"（毛泽东《水调歌头·重上井冈山》）其二，锲而不舍讲究贵在有恒。古有云："千里之行，始于足下。"（《老子》）"人生万事须自为，跬步江山即寥廓。"（范椁《王氏能远楼》）"道虽迩，不行不至；事虽小，不为不成。"（《荀子·修身》）这些话语诫勉人们：一件事无论大小，要想成功，必须经过一点一滴的扎实积累，要有毅力和耐心，才能登高致远，进而达到光辉的顶点。《礼记·中庸》说："人一能之，己百之；人十能之，己千之。果能此道矣，虽愚必明，虽柔必强。"此外，理想目标的实现过程中会有很多不确定因素和险恶环境，这就需要敢于牺牲、勇于奉献的精神。"士不可以不弘毅，任重而道远。"中华文明赓续至今，正是有无数中华儿女甘为人梯的奉献担当、慎始敬终的负重前行和坚忍不拔的笃行实干，才换来现在的岁月静好。历史启示我们，实现中华民族伟大复兴梦想的道路上不会铺满鲜花，只有锲而不舍地奋斗，才可以闯过新发展阶段的"娄山关""腊子口"，才能行而不辍、未来可期，切实让中国人民过上期待的幸福美好生活，使中华民族勇立世界民族之林。

第三节　中国共产党人关于奋斗精神培育的理论成果

中国共产党自成立以来就一直将奋斗精神运用于实践中。在中国革命、建设、改革、复兴等各个阶段的征程上，中国共产党人团结带领中国人民始终朝着所提出的目标和方向而顽强奋斗。可以说，中国共产党的百余年发展彰显了共产党人的奋斗实践和艰辛探索，展现了共产党人坚定理想、百折不挠的奋斗精神。可以说，奋斗精神是共产党人的精神特质。党的历代主要领导人也在继承中华民族传统奋斗文化基因、把马克思主义基本原理同中国具体实际相结合的基础上，形成了具有鲜明特色的奋斗精神培育思想。这是中国共产党人在不同时代对奋斗精神特质的展现和传承，为大学生奋斗精神培育提供了理论指导。

一　毛泽东关于奋斗精神培育的重要观点

毛泽东同志毕生都在为民族振兴而奋斗。他把马克思列宁主义奋斗思想同中国革命和建设的具体实践相结合，在中国革命和建设的实践进程中创立了毛泽东思想。其中不少关于奋斗精神及其培育的论述，被用来指导革命斗争和社会主义建设，也为当代大学生奋斗精神培育提供了理论指南。

第一，推崇艰苦奋斗精神。毛泽东将艰苦奋斗作为党发展和壮大的传家宝，并要求用艰苦奋斗精神来推动中国革命并改造人的精神世界。他反复强调："共产党也有他的作风，就是：艰苦奋斗！这是每一个共产党员，每一个革命家的作风。"[①] "但根本的是我们要提倡艰苦奋斗，艰苦奋斗是

---

① 毛泽东：《在陕北公学第二期开学典礼上的讲话》（1938年4月1日）。

我们的政治本色。"① 在毛泽东有关奋斗的思想里，艰苦奋斗占据核心地位，它是每个人一生都应具备的优秀品德，对共产党而言是必须坚持和弘扬的好作风。一方面，毛泽东无论在个人生活还是工作中都保持艰苦奋斗作风，将厉行节约、反对贪污和铺张浪费作为践行艰苦奋斗的标准。比如，在土地革命时期的苏区，面对残酷的军事斗争情形和物质匮乏的生存环境，毛泽东与普通同志们一起吃酸菜、糙米饭，厉行节俭，同甘共苦、勤劳奋斗。1945 年，他指出："建立这种根据地，不是轻而易举的事，必须经过艰苦奋斗。"② 并告诫革命者，"节省每一个铜板为着战争和革命事业"，"贪污和浪费是极大的犯罪"。党的革命之路在重重困难下得以延续发展，可以说，是艰苦奋斗作风为中国革命积累了巨大力量，不仅点燃了革命火种，也提振了革命者的精气神，巩固了共产党人的革命信念及革命崇高理想，使我们党一直深受人民爱戴、拥护和支持。所谓"得民心者得天下"，这是中国革命取得最后胜利的有力保障。毛泽东指出："没有坚定正确的政治方向，就不能激发艰苦奋斗的工作作风；没有艰苦奋斗的工作作风，也就不能执行坚定正确的政治方向。"③ 中国共产党的性质是中国工人阶级的先锋队，同时也是中国人民和中华民族的先锋队。党以实现共产主义为最高奋斗目标，这是我们党不懈奋斗所坚持的政治方向。显然，革命斗争取得成功的过程必然是漫长艰辛的，社会主义建设同样会遇到各种艰难险阻。中国的革命、建设和改革不仅要有不畏一切艰难困苦的精气神，更要有迎难而上的决心和斗志。这就需要共产党人保持并时刻发扬艰苦奋斗的优良作风。党坚持正确的政治方向是弘扬艰苦奋斗作风的前提，而艰苦奋斗是落实好党的路线、方针、政策的保障。也就是说，只要坚持艰苦奋斗，不管遇到什么困难和事情，都可以达到目的。历史表明，在异常艰难的革命和建设道路上，艰苦奋斗已成为党的政治本色和精神追求。共产党人至今仍然秉持并践履毛泽东 1949 年进京"赶考"时的善醒，即

---

① 毛泽东：《艰苦奋斗是我们的政治本色》（1956 年 11 月 15 日），《毛泽东文集》（第 7 卷），人民出版社，1999，第 162 页。
② 毛泽东：《建立巩固的东北根据地》（1945 年 12 月 28 日），《毛泽东选集》（第 4 卷），人民出版社，1991，第 1179 页。
③ 毛泽东：《国民精神总动员的政治方向》（1939 年 5 月 1 日），《新中华报》1939 年 5 月 10 日。

"务必使同志们继续地保持艰苦奋斗的作风"①。"我们以后对工人、农民、士兵、学生都应该宣传艰苦奋斗的精神。"② 为此,在大学生的成长发展过程中继续弘扬艰苦奋斗作风,能够为大学生成长成才提供精神动力和实践目标。

第二,高度重视青年成长。毛泽东十分关注青年的成长发展,尤其是对青年进行奋斗教育。1939 年,他在延安庆贺模范青年大会上指出:"什么是模范青年? 就是要有永久奋斗这一条。……奋斗到什么程度呢?……总之一句话,要奋斗到死,没有死就还没有达到永久奋斗的目标。"③ 这是毛泽东对模范青年的期许。唯物辩证法认为,矛盾存在于一切事物中,并贯穿事物发展的始终。矛盾是时刻存在的,奋斗也应是连续的。也就是说,美好的理想不会轻易实现,任何胜利也不是经过一两次奋斗就可以取得的。革命人士为了救国图存需保持不懈奋斗的精气神。同时,他认为"打倒日本帝国主义和中国反革命势力的事业,不是一天两天可以成功的,必须准备花费长久的时间"④,即应当发扬永久奋斗的优良作风。但要保持"永久"是很难的,必须加强对青年的学习教育,使之通晓马克思主义理论,并能灵活运用于实践,成为"又红又专"的人才。要使他们对革命运动等有清醒的认识,学会在艰难时不畏艰苦地努力,在胜利在望时继续不骄不躁地拼搏,进而"为中华民族的解放,为建设新中国而永不退缩,勇往直前,要坚决地为全国四万万五千万同胞奋斗到底"⑤。如在毛泽东主导下开展的"向雷锋同志学习"活动,以全心全意为人民服务为道德教育内容,引导青年为党和人民的事业奋斗,彰显出培育青年奋斗精神的意涵。正如他所言,"无论工厂、农村、军队、学校的革命事业,没有青年就不能胜利"⑥。

---

① 毛泽东:《在中国共产党第七届中央委员会第二次全体会议上的报告》(1949 年 3 月 5 日),《毛泽东选集》(第 4 卷),人民出版社,1991,第 1439 页。
② 毛泽东:《在普通教育工作座谈会上的讲话》(1957 年 3 月 7 日),《毛泽东文集》(第 7 卷),人民出版社,1999,第 246 页。
③ 《毛泽东选集》(第 2 卷),人民出版社,1993,第 190~191 页。
④ 《毛泽东选集》(第 1 卷),人民出版社,1991,第 172 页。
⑤ 《毛泽东文集》(第 2 卷),人民出版社,1993,第 193 页。
⑥ 《毛泽东文集》(第 6 卷),人民出版社,1999,第 276 页。

第三，青年要同人民群众共同奋斗。青年是社会力量中最积极的力量，不仅自身要永久奋斗，更应团结、依靠工农群众一起奋斗。毛泽东衡量模范青年"只有一个标准，这就是看他愿意不愿意、并且实行不实行和广大的工农群众结合在一块"①。他认为青年知识分子存在主观主义、个人主义的倾向，倘若青年们没有真正同工农群众结合，便难有真正深入中国社会特别是广大农村了解真实情况的机会，导致其思维必然是固化的，视野肯定是局限的，实现既定目标遥遥无期。青年要密切联系群众，才不会一事无成。要与工农群众结合并一起进行生产劳动，才能充分地"唤醒"中国四万万国民起来共同奋斗，才能攻破敌人的坚固阵地，才能攻破敌人的最后堡垒。他还指出："没有工农这个主力军，单靠知识青年和学生青年这支军队，要达到反帝反封建的胜利，是做不到的。所以全国知识青年和学生青年一定要和广大的工农群众结合在一块，和他们变成一体，才能形成一支强有力的军队。"② 可见，团结工农群众等一切可以团结的力量，是"永久奋斗"的核心原则和坚实保障。青年要拜人民为师，进行广泛的实践学习，努力获得广大群众的支持，汇聚奋进之力，才能使革命、建设等事业的憧憬成为现实。这为大学生奋斗精神培育明确了方向，即赓续为人民永久奋斗的传统。

二 邓小平关于奋斗精神培育的重要观点

邓小平同志是奋斗精神的忠实践行者。党的十一届三中全会以来，中国进入了改革开放新时期。在市场经济的驱动下，国内迎来了"创业潮"，也面临着国外社会思潮的冲击。在改革开放和现代化建设新时期，邓小平紧扣"什么是社会主义、怎样建设社会主义"的根本问题，多次强调要传承并发扬艰苦奋斗的优良传统，提出了许多为建设社会主义而奋斗的相关论述，使得奋斗精神的内容得到进一步拓展。这些论述蕴含着丰富的奋斗精神培育的理念，有效推动了社会主义事业实现跨越发展。

第一，在社会主义现代化建设中，邓小平清晰地认识到经济恢复和发展有一个相对长的过程，也会遭遇各种困难。他依据中国的国情指出：

---

① 《毛泽东文集》（第 2 卷），人民出版社，1993，第 523 页。
② 《毛泽东选集》（第 2 卷），人民出版社，1991，第 565~566 页。

"中国搞四个现代化,要老老实实地艰苦创业。我们穷,底子薄,教育、科学、文化都落后,这就决定了我们还要有一个艰苦奋斗的过程。"① 可见,实现社会主义现代化这个伟大事业,需要几代人甚至几十代人坚持不懈的顽强奋斗,要有长期奋斗的决心,还要有艰苦奋斗的创业精神。邓小平同志认为,我国处于社会主义初级阶段,要解决我国的主要矛盾,"我们要走的路还很长,任务还很艰巨"②,搞好中国式现代化必须要依靠艰苦奋斗的精神。邓小平同志指出:"如果不提倡艰苦奋斗,勤俭节约,这个目标不能达到。"③ 他将"艰苦创业"作为党的基本路线的重要组成部分。正是在党的艰苦奋斗优良传统的引领下,才形成了"敢闯敢试、敢为人先、埋头苦干"的特区精神,"改革创新、敢为人先、敢于奋斗"的小岗精神等。在奋发有为的精神领航下,中国大地上呈现出万马奔腾干事业的新气象,进而逐步实现"三步走"的战略目标。

第二,在党员干部教育上,邓小平尤为注重奋斗精神教育。他告诫党员干部不能丢掉艰苦奋斗的传统,否则必将脱离群众走向腐化堕落。改革开放以来,一些干部滋生出腐朽享乐思想,以权谋私,大搞特权、特殊化,出现官僚主义、宗派主义、形式主义等不良作风。这些不正之风引起人民群众的强烈不满,不仅严重影响党的干部队伍建设,更损害党的威信。邓小平指出:"这不单是一个党风问题,而且形成了一种社会风气,成了一个社会问题。"一方面,他指出:"要教育全党同志发扬大公无私、服从大局、艰苦奋斗、廉洁奉公的精神,坚持共产主义思想和共产主义道德。"④ 即党员干部应以身作则地发扬艰苦奋斗传统,消除特权习气,才能在端正党的作风上起到示范作用,使党保持清正廉洁、艰苦奋斗的政治形象,既防止党变质变色,又以艰苦奋斗的优良党风引领社会风气。另一方面,他要求党员干部要加强对马克思主义理论的学习领悟,持之以恒地提高思想认知和鉴别能力,抵御各种错误思想的负面冲击,认识到改革和创新是我们党获得前进力量、永葆活力的重要法宝。此外,他还要求党员干部把

---

① 《邓小平文选》(第2卷),人民出版社,1994,第257页。
② 《邓小平文选》(第2卷),人民出版社,1994,第251页。
③ 中共中央文献研究院编《邓小平年谱(一九七五—一九九七)》(下卷),中央文献出版社,2004,第785页。
④ 《邓小平文选》(第2卷),人民出版社,1994,第216、367页。

"精神武装"放在首位,坚持革命乐观主义精神,排除万难争取胜利,身体力行地履践共产主义思想,不畏困难地勇"闯"新路。

第三,在思想政治工作层面,邓小平说:"要加强对人民进行思想政治工作,提倡艰苦奋斗。这是中国从几十年的建设中得出的经验。"① 在改革开放的红利刺激下,随着经济迅猛发展,人们的生活方式趋于多样化,物质生活水平得到了极大提高。但社会上滋生的拜金主义、享乐主义和个人主义等思想,不同程度地腐蚀着人民,不仅阻碍了社会主义精神文明建设,也不利于培养有理想、有道德、有文化、有纪律的社会主义"四有"新人。邓小平在总结社会主义建设经验时认为,对人民"最大的失误是教育方面……最重要的一条是在经济得到可喜发展,人民生活水平得到改善的情况下,没有告诉人民,包括共产党员在内,应该保持艰苦奋斗的传统"。因此,他要求对艰苦朴素教育严抓不懈,时常认为"我们的国家很穷,很困难,任何时候不要忽略这个问题"。② 要杜绝各种形式的破坏和浪费,做到合理高效地利用人才和物资,警醒人们"如果现在再不实行改革,我们的现代化事业和社会主义事业就会被葬送"。③

第四,在青年思想教育层面,他特别关心对青年一代的教育培养,明确要求"青年积极参加建设社会主义的劳动",养成"热爱劳动、助人为乐、艰苦奋斗"的道德素养④,认识到艰苦劳动创造幸福生活,明白幸福生活源自奋斗实践。一系列有关奋斗精神培育的举措,及时抵住了社会上存在的恶劣风气,使艰苦奋斗作风辐射到全体人民包括全体青年中去,引导青年学生把奋斗当作最崇高的理想信念,立志为国贡献,积极投身于中国特色社会主义的伟大实践,为祖国的繁荣昌盛和民族的永续发展而奋斗终生。

三 江泽民关于奋斗精神培育的重要观点

党的十三届四中全会后,我国坚持解放思想、实事求是的思想路线,

---

① 《邓小平文选》(第3卷),人民出版社,1993,第290页。
② 《邓小平文选》(第3卷),人民出版社,1993,第290页。
③ 《邓小平文选》(第1卷),人民出版社,1994,第268页。
④ 《邓小平文选》(第2卷),人民出版社,1994,第68、106页。

继续坚定走中国特色社会主义道路。江泽民同志高度重视奋斗精神的力量，以代表最广大人民群众的根本利益为立足点，在中国特色社会主义建设中创新地提出了一系列奋斗精神的相关论述，深化了奋斗精神的内涵。他指出："伟大的事业需要并产生崇高的精神，崇高的精神支撑和推动着伟大的事业。"① 这个"崇高的精神"就是为国家发展、民族进步而奋斗的精神。

第一，在生活方式上，江泽民极力反对贪图享乐、奢靡腐朽的生活作风，认为这不是小事，需高度重视。随着改革开放的深入，一些党员和干部沉溺于物质享受，过着金迷纸醉的生活。他尖锐地指出："奢侈浪费既是消极颓废的表现，也是腐败问题得以产生和蔓延的温床。"② 他常常警醒共产党员及领导干部，要展现吃苦在前、享乐在后的精神风范，树立正确的世界观、人生观、价值观、地位观、利益观，才能"保持共产党人的高尚情操和革命气节，追求积极向上的生活情趣，养成共产党人的高风亮节"③，才能做到立党为公、执政为民，成为群众的榜样，带头助力中国特色社会主义事业蓬勃发展。

第二，在管党治国上，江泽民毫不动摇地坚持走中国特色社会主义道路。在推进现代化建设事业进程中，他指出："任何时候都不能涣散革命意志、懈怠奋斗精神。"④ 党的性质和肩负的历史使命也决定了要继续发扬奋斗精神，因为实现党的崇高理想需要相当长的时间，要有勤俭建国的思想。他指出："坚持谦虚谨慎、戒骄戒躁、艰苦奋斗，反对享乐主义、骄奢淫逸，要作为当前加强和改进党的作风建设的一个重要内容。"⑤ 他还将艰苦奋斗作为加强和改进党的作风建设的一项重要内容，指出："我们要在全国形成艰苦奋斗的良好风气，首先党内要大兴艰苦朴素、勤俭节约之风。"⑥ 此外，江泽民同志与时俱进地提出了"六十四字创业精神"，就是对奋斗精神时代内涵的新概括。他结合中国正努力融入国际社会经济组织的

---

① 《江泽民文选》（第3卷），人民出版社，2006，第196页。
② 《江泽民文选》（第1卷），人民出版社，2006，第617页。
③ 《江泽民文选》（第3卷），人民出版社，2006，第330页。
④ 《江泽民文选》（第1卷），人民出版社，2006，第591页。
⑤ 《江泽民文选》（第3卷），人民出版社，2006，第329页。
⑥ 《江泽民文选》（第1卷），人民出版社，2006，第622页。

大背景，激励全党不能丢掉党和人民一以贯之的优良传统，号召全党、全社会应当大力宣传并弘扬奋斗精神，使中国特色社会主义巨轮在现代化建设中行稳致远。这表明，无论我国是现在处于社会主义初级阶段，还是将来发展到更高阶段，要实现国家的兴旺发达和民族的自强自立，奋斗精神必不可少。

第三，在对青年的思想教育上，江泽民要求青年学生要将实现自身价值与服务于祖国和人民相统一。同时，要加强对青年一代的爱国奋斗教育。他强调："越是搞现代化建设，越要教育我们的人民，教育我们的军队，尤其是教育青年一代，不断增强民族自豪感和责任感，把爱国奉献精神大大发扬起来。"① 这里提到的爱国奉献就是引导青年学生热爱祖国，增强对党、对人民、对国家、对民族朴素而强烈的热爱之情，提升做中国人的自豪感和底气，从而以永不懈怠的奋斗精神和坚毅前行的奋斗姿态为祖国的强大贡献青春力量。江泽民还特别重视对青年学生的历史教育，他指出："帮助青少年懂得中国曾经是怎样沦为半封建、半殖民地的，懂得在中国共产党领导下，我国人民经过几十年的革命和建设，把一个受尽帝国主义列强凌辱的旧中国建设成为一个初步繁荣的社会主义国家的事实，这样，他们希望祖国强大、要求赶上世界发达国家的愿望，就能建立在符合历史实际和中国国情的基础之上。"② 比如他在视察革命老区时提出"井冈山精神"的核心要义，对"长征精神"等高度赞扬，因为这些精神中体现的价值追求、思想理念和实践指向都含有奋斗的元素。此外，江泽民在中国共青团成立 80 周年大会上对青年一代提出"树立远大理想、坚持发奋学习、注重锤炼品德、不断开阔视野、勇于进取创新、始终艰苦奋斗"六点要求③，希望青年学生"坚持树立远大理想与进行艰苦奋斗的统一"④，这些都为奋斗精神培育提供了充足的理论支撑与实践诉求。

---

① 《在纪念抗战胜利 50 周年驻京部队老战士座谈会上的讲话》，《人民日报》1995 年 8 月 26 日，第 2 版。
② 《江泽民在广东考察中同华南师范大学附中的教职工交谈时的讲话》，《人民日报》1990 年 6 月 29 日。
③ 《江泽民文选》（第 3 卷），人民出版社，2006，第 483~485 页。
④ 《江泽民文选》（第 3 卷），人民出版社，2006，第 125 页。

四 胡锦涛关于奋斗精神培育的重要观点

进入21世纪,世界发生了广泛而深刻的变化,但我国仍处于并将长期处于社会主义初级阶段的基本国情没有改变。胡锦涛同志在邓小平理论和"三个代表"重要思想的基础上提出了科学发展观,并多次强调搞好中国特色社会主义伟大事业依然需要艰苦奋斗精神。这有力回击了艰苦奋斗"过时论"等错误观点,他指出"发扬脚踏实地、艰苦奋斗的优良作风具有很强的现实意义,我们正处于并将长期处于社会主义初级阶段,实现我们的奋斗目标,必须立足国情"。[①]

第一,在弘扬艰苦奋斗精神方面,全党同志要重温毛泽东关于"两个务必"的重要思想。2002年,胡锦涛在西柏坡考察时指出:"艰苦奋斗作为我们党的优良传统和作风,作为我们马克思主义政党的政治本色,是凝聚党心民心、激励全党和全体人民为实现国家富强、民族振兴共同奋斗的强大精神力量,是我们党保持同人民群众血肉联系的一个重要法宝。"[②] 这是对全党和全国人民的谆谆教诲,告诫人们要戒骄戒躁、增强忧患意识,要忆苦思甜,更要在继往开来中大力弘扬艰苦奋斗作风。2006年,他提出了以"以艰苦奋斗为荣,以骄奢淫逸为耻"为组成内容的社会主义荣辱观,更加明确了提倡艰苦奋斗精神的重要性。这不仅反映了人类文明发展进程的规律,也对保持党的先进性和纯洁性、党员干部的政治本色有启人深思的功用,从而使人们认识到:不管社会的经济文化获得了怎样大的发展,都不能丢掉艰苦奋斗精神,这也是健康的社会应提倡的精神风貌和风尚。

第二,在推动中国特色社会主义建设的进程中,奋斗精神是战胜前进道路上任何艰难险阻的宝贵精神财富。伴随中国经济实力不断提升,人民群众的生活水平得到了很大的改善,某些党员领导干部贪图安逸、追求享乐的思想倾向有滋长蔓延之势,一些人也觉得艰苦奋斗的精神已经过时。胡锦涛针对这些观点指出:"那种认为艰苦奋斗是老一套、已经过时了的

---

① 《胡锦涛总书记"七一"重要讲话学习读本》,人民出版社,2006,第87页。
② 中共中央文献研究室编《十六大以来重要文献选编》(上),中央文献出版社,2005,第81页。

想法是错误的，也是很有害的。"① 他强调越是形势好，越要保持清醒头脑，就越应坚持"艰苦奋斗、自强不息、与时俱进、开拓创新"的精神。要完成全面建成小康社会的历史任务与实现中华民族伟大复兴的奋斗目标不可能一帆风顺，更不能"毕其功于一役"，必须牢记空谈误国、实干兴邦，做到顽强奋斗、艰苦奋斗、不懈奋斗。中国特色社会主义事业需要全体中华儿女万众一心、团结奋斗，致力于开创中国特色社会主义事业新局面，推进党和人民的事业不断发展，奋斗精神也成为新时期实现各项目标的重要保障。

第三，在如何弘扬和培育奋斗精神上，要全面发力、深入持久地开展宣传教育，使之转化为人民的自觉追求。一方面，胡锦涛强调："社会风气是社会文明程度的重要标志，是社会价值导向的集中体现。"② 弘扬和培育奋斗精神作为思想宣传战线极为重要的任务，要求思想宣传工作者在社会主义的旗帜下宣传和弘扬艰苦创业、诚实劳动、开拓创新等内含奋斗精神品质的时代精神。他强调"要教育广大青少年树立社会主义荣辱观"，以社会主义核心价值体系为精神引领，形成正确的价值观，"大力倡导一切有利于国家富强、民族振兴、人民幸福、社会和谐的思想和精神"③，也就是推崇竞相奋斗的良好社会风尚和价值取向。另一方面，胡锦涛高度重视青年培养工作，希望青年一代通过努力学习奋斗而成长成才。他提出"引导大学生勤于学习、善于创造、甘于奉献"④，"坚定理想信念；勤奋刻苦学习；勇于艰苦创业"⑤，"坚持远大理想，坚持刻苦学习，坚持艰苦奋

---

① 胡锦涛：《坚持发扬艰苦奋斗的优良作风，努力实现全面建设小康社会的宏伟目标》（2002年12月6日），中共中央文献研究室编《十六大以来重要文献选编》（上），中央文献出版社，2005，第82页。
② 胡锦涛：《树立社会主义荣辱观》（2006年3月4日），《胡锦涛文选》（第2卷），人民出版社，2016，第430页。
③ 胡锦涛：《开创宣传思想工作新局面》（2008年1月22日），《胡锦涛文选》（第3卷），人民出版社，2016，第59页。
④ 《在同团中央新一届领导班子成员和团十五大部分代表座谈时希望广大青年勤于学习 善于创造 甘于奉献》，《人民日报》2003年7月26日，第2版。
⑤ 《在同团中央新一届领导班子成员和团十六大部分代表座谈时希望广大青年把青春奉献给中国特色社会主义壮丽事业》，《人民日报》2008年6月15日，第2版。

斗，坚持开拓创新"①，这些论述无不体现了青年一代通过奋斗推动祖国发展和社会前进的重要性，为大学生奋斗精神培育提供了理论指导与实践方向。

五 习近平关于奋斗精神培育的重要观点

党的十八大以来，习近平总书记多次阐述奋斗精神的重要作用。他在座谈、回信、调研和讲话中围绕实现中华民族伟大复兴的"中国梦"，对青年一代"为什么要奋斗、怎么样奋斗"等问题多次论及。这些关于奋斗精神培育的论述，不仅使我们充分理解新时代应当如何砥砺奋斗，也为大学生奋斗精神培育提供了思想启迪和价值遵循。

第一，习近平总书记指出："我们党在不同历史时期，总是根据人民意愿和事业发展需要，提出富有感召力的奋斗目标，团结带领人民为之奋斗。"② 党的百余年奋斗历程，是共产党人带领人民驰而不息地在逆境中奋发、在奋斗中自强的过程。"我们党从成立起就把为共产主义、社会主义而奋斗确定为自己的纲领，不断把为崇高理想奋斗的伟大实践推向前进。"③ 自建党之日起，我们党就把国家解放、民族独立和人民幸福确立为奋斗主题。一代又一代共产党人坚定理想信念、顽强奋斗，以奋斗精神创造民族复兴伟业。在奋斗实践中涌现出的视死如归的仁人志士、英勇奋斗的革命先烈、不怕牺牲的英雄模范等杰出人物数不胜数，书写了共产党人不懈奋斗的恢宏画卷。可见，共产党人饱受磨难、勇往直前的奋斗经验，"敢奋斗、能奋斗、善奋斗"的奋斗本领，以及为了实现伟大事业而"忘我的"奋斗精神密钥，源自持久的奋斗信念和永久奋斗的坚强意志，凸显了奋斗精神是共产党人不断勇往直前的精神支柱。习近平总书记关于奋斗精神的论述为更好地培育大学生奋斗精神提供了思想指引。

第二，习近平总书记指出，虽然身处不同时代的青年都面临不同的时

---

① 《在纪念中国共产主义青年团成立90周年大会上的讲话》，《人民日报》2012年5月5日，第2版。
② 习近平：《紧紧围绕坚持和发展中国特色社会主义 学习贯彻党的十八大精神》（2012年11月17日），《习近平谈治国理政》（第1卷），外文出版社，2018，第54页。
③ 习近平：《不忘初心，继续前进》（2016年7月1日），《习近平谈治国理政》（第2卷），外文出版社，2017，第34页。

代际遇，但对于个人成长而言，"奋斗本身就是一种幸福。只有奋斗的人生才称得上幸福的人生"。① 习近平总书记的七年知青岁月对他的奋斗精神培育思想的形成有着至关重要的影响。1969 年，不满 16 周岁的习近平背井离乡来到陕西延川县梁家河大队插队，面临的生活困境及精神压力可想而知。但他志存高远，锲而不舍地前前后后一共撰写了 8 份入团申请书和 10 份入党申请书，矢志不渝地追求进步并最终如愿。这诠释出他追求理想的毅力，以及成为中国共产党党员和为党奋斗终生的决心。担任大队党支部书记后带领村民干生产、搞建设，立志兴办沼气、铁业社、代销店等奋斗事迹，体现了青年习近平立志办大事的开拓精神和一心为民谋福祉的奋斗初心；从自觉适应新环境，与群众一道参加艰苦劳动，闯过"跳蚤关""饮食关""生活关""劳动关""思想关"五关，到逐渐成长为梁家河乡亲们口中的"好后生"，表现出他应对各种困难和挑战的从容，以及保持穷且益坚、不坠青云之志的奋斗进取姿态。青年习近平所立下的奋斗理想和奋斗事迹，离不开脚踏实地的奋斗实践。同时，习近平总书记认为，艰难困苦是砥砺青春的"磨刀石"，越是身处逆境，越能磨炼意志。青年学生在成长道路上遇到磨难在所难免，要披荆斩棘，离不开战胜艰难险阻的意志力和坚韧不拔的毅力。回望青年习近平在陕北插队的艰苦岁月，在贫困落后的黄土高坡上，不管多累多苦，他总是付出全部的热情和精力，一直拼命干，并且一干就是"白加黑""五加二"，在实践锻炼中完成人生的一次次升华，锤炼了坚忍不拔的意志品质。在梁家河的"吃苦"成长经历，锻造出他坚韧刚强的意志品质。习近平总书记后来倡导的奋斗观念，就是在他青年时期"吃苦奋斗"的实践中形成的。这为大学生奋斗精神培育提供了现实启示，指明了青年学生努力奋斗的方向。

第三，在治国理政的新思想和实践上，习近平总书记坚持"以人民为中心"的思想。他指出："人民对美好生活的向往，就是我们的奋斗目标。"②"实现我们的奋斗目标，开创我们的美好未来，必须紧紧依靠人民、

---

① 《在 2018 年春节团拜会上的讲话》，《人民日报》2018 年 2 月 15 日，第 2 版。
② 习近平：《实干才能梦想成真》（2013 年 4 月 28 日），《习近平谈治国理政》（第 1 卷），外文出版社，2018，第 424 页。

始终为了人民。"① 这凸显出我们党带领人民创造美好生活的初心使命，以及共产党人心系人民利益的根本立场和价值追求。一方面，习近平总书记提出"幸福是奋斗出来的"等价值观念，告诫人民要在不断的奋斗过程中寻觅幸福真谛、获得长远幸福。他提出"凡是有利于党和人民的事，我们就要事不避难、义不逃责，大胆地干、坚决地干"②。国家各项发展就是为了人民，而发展得好不好就是看能否解决好发展不平衡不充分问题和人民群众急难愁盼问题，让人民共享经济、政治、文化、社会、生态等各方面取得的发展成果。这都体现出他"以人民为中心"的发展思想和奋斗导向。另一方面，习近平总书记坚持人民是历史的创造者，坚守"人民至上"的政治立场，注重从人民群众中汲取奋斗营养和力量，与人民群众保持血肉联系。他要求党员干部忠诚地为人民服务，不辜负人民的重托，做出让人民满意的成绩；号召大学生能够到人民最需要的地方去，造福基层群众，投身于人民的伟大奋斗；等等。他还认为要树立同人民共同奋斗的价值理念，全体人民为社会主义事业共同奋斗，就能汇聚成实现"中国梦"的磅礴伟力。习近平总书记关于奋斗精神培育的思想体现了为人民的发展而奋斗的情怀，映照出其一以贯之为人民谋幸福的奋斗真谛和坚定决心。这些论述有助于青年学生摒弃利己主义思想，树立服务人民、奉献社会的人生追求，并将人民的美好生活需要作为干事创业的出发点，为大学生奋斗精神培育提供了价值遵循。

第四，在推进实现中华民族伟大复兴的实践中，习近平总书记认为新时代是奋斗者的时代。他在党的十九大报告和党的二十大报告中提到的"永不懈怠的精神状态和一往无前的奋斗姿态""艰苦奋斗、竞相奋斗、团结奋斗""奋斗精神"等核心语句，彰显出奋斗是新时代的主旋律，揭示了完成"四个伟大"目标需要奋斗精神的力量，需要保持中国共产党人的奋斗精神传统。一方面，强调艰苦奋斗的必要性。历史证明，艰苦奋斗是中华民族取得历史性成就的精神动力，是共产党人跨越"娄山关""腊子口"等阻碍，取得斗争胜利的重要法宝，是共产党人的本色，是我们党的

---

① 习近平：《实干才能梦想成真》（2013年4月28日），《习近平谈治国理政》（第1卷），外文出版社，2018，第44页。
② 习近平：《努力成为可堪大用能担重任的栋梁之才》，《求是》2022年第3期，第6页。

优良传统和精神动力。为此，要稳固筑牢艰苦奋斗的思想不松懈，发扬自力更生、不等不靠的自主创新精神，才能在承前启后、继往开来的新时代激发奋进力量，铸就新的伟大业绩。另一方面，提出接续奋斗是走好新的"赶考路"的重要保证。一切伟大成就都是接续奋斗的结果，要深刻理解第二个百年奋斗目标的实现不是一蹴而就的，而是一个漫长的历史进程。中华民族伟大复兴是一场新的长征，需要接续奋斗的思想并保持永久努力的精神斗志。即奋斗是长期和艰巨的，实现伟大事业需要几代人、十几代人乃至几十代人的持续奋斗。相关论述阐明了大学生奋斗精神培育的现实意义，即顺利实现中国梦的奋斗目标，迫切需要青年一代前赴后继地接力拼搏。

第五，做好新时代党的青年工作。习近平总书记高度关注青年这个奋斗主体对建设中国特色社会主义事业的巨大作用。他反复强调"青年强，则国家强"，认为青年一代的成长成才关系到国家的前途命运。一方面，他要求青年人"要励志，立鸿鹄志，做奋斗者"，这样才能将"小我"融入祖国和人民的"大我"中，在党和人民最需要的地方绽放绚丽之花并实现人生价值，从而勾画出青春奋斗底色，奋力推进社会主义现代化强国伟业不断向前发展。另一方面，他对青年一代寄予厚望，认为"实现第二个百年奋斗目标，实现中华民族伟大复兴，青年一代责任在肩"。[①] 作为青年群体中的先进分子，大学生要将奋斗作为成长的内生动力，并形成崇尚奋斗的价值取向、铸就永久奋斗的意志品格，主动担负起新时代的使命和重任，才能以昂扬向上的奋斗精神不断书写青春荣光。

值得一提的是，关于培育青年大学生的奋斗精神，习近平总书记对青年大学生提出要"永久奋斗、艰苦奋斗、砥砺奋斗"的要求，为他们应该如何奋斗指明了方向，为大学生奋斗精神培育提供了重要导引。具体而言，一是使其坚定理想信念的"永久奋斗"。习近平总书记指出："理想指引人生方向，信念决定事业成败。没有理想信念，就会导致精神上'缺钙'。"[②] 这一论述揭示出大学生唯有坚定理想、筑牢信念，才能不被利益

[①] 2021年3月22~25日在福建考察时的讲话。习近平：《论党的青年工作》，中央文献出版社，2022，第58页。

[②] 习近平：《在同各届优秀青年代表座谈会时的讲话》，《论党的青年工作》，中央文献出版社，2022，第19页。

所支配，不为诱惑所侵蚀，不为长期的艰难所困住，才能坚定不移地听党话、跟党走，怀抱梦想地为我们党的初心和使命"永久奋斗"。理想信念为大学生决定人生航向、提供奋斗动力，大学生拥有"为共产主义奋斗终生"的人生信念，才能为着"中国梦"的实现而永久奋斗。二是使其锤炼品德修为的"艰苦奋斗"。习近平总书记要求大学生："要锤炼品德，自觉树立和践行社会主义核心价值观，自觉用中华优秀传统文化、革命文化、社会主义先进文化培根铸魂、启智润心，加强道德修养，明辨是非曲直，增强自我定力，矢志追求更有高度、更有境界、更有品位的人生。"[1] 并从规划人生的层面要求："青年要把正确的道德认知、自觉的道德养成、积极的道德实践紧密结合起来，不断修身立德，打牢道德根基，在人生道路上走得更正、走得更远。"[2] 这些论述阐述了品德修为不仅对大学生成长有着不可或缺的基础作用，也为大学生艰苦奋斗提供了内在动力和价值支撑。大学生要奋发图强，迸发出矢志报国的决心，必须不断锤炼品德修为，树立正确的价值取向，才能在人生道路上走深走实、行稳致远，进而经受住国内外复杂环境的考验，自觉将自身奋斗与党和人民的事业紧密结合，以艰苦奋斗的方式升华人生境界、创造美好未来。三是练就过硬本领的"砥砺奋斗"。大学生要更好地为实现时代所赋予的使命任务砥砺奋斗，就要练就过硬本领，用技艺高强的本领改造世界。学习是成长的阶梯，所以大学生对待学习既要孜孜不倦、全神贯注，也要下一番静谧自怡、聚精会神的功夫，更要"像海绵吸水一样汲取知识"，通过不断学习掌握真才实学，增益其所不能，从而练就干事创业的过硬本领。同时，奋斗不只是一句响亮的口号，更是踏踏实实、久久为功的实际行动。习近平总书记要求大学生不能仅仅把学习到的知识装在脑袋里，更需落实到实际行动中。社会是个大课堂，要注重在社会实践中求真知、强本领，躬行实践地把知识转化为能力，做到以知促行、以行求知、知行合一。

---

[1] 习近平：《让青春在不懈奋斗中绽放绚丽之花》，《人民日报》2021年4月22日，第1版。
[2] 习近平：《给内蒙古自治区苏尼特右旗乌兰牧骑队员们的回信》（2017年11月21日），《论党的宣传思想工作》，中央文献出版社，2020，第291页。

第三章
中国共产党培育大学生奋斗精神的发展历程与基本经验

青年是社会进步的先锋力量，大学生是青年群体中的先进分子。中国共产党历来十分关注青年、关爱青年、重视青年，把培养大学生奋斗精神作为党领导高校开展思想政治教育的关键环节，并将此作为实践要求贯穿革命、建设和改革的各个发展时期，积累了在奋斗精神培育方面丰富的经验。本章回顾及梳理了中国共产党培育大学生奋斗精神的历史进程，旨在使我们以一种更开阔的视野和历史纵深感掌握奋斗精神培育的规律，总结以往的经验，更好地在新时代培养大批具有奋斗精神的时代新人。

第一节 中国共产党培育大学生奋斗精神的发展历程

以史为鉴，开创未来。中国共产党的历史，是一部在逆境中奋发、在奋斗中自强的奋斗史。正是在不同时期党团结带领人民为争取民族独立和国家解放不懈奋斗，才有中华民族站起来、富起来、强起来的历史性飞跃。这些成就的取得，是中国人民一以贯之奋斗精神的体现。思想政治教育是党的政治优势，贯穿党的发展历程，指导党在不同发展阶段的中心任务。开展党的思想政治教育，奋斗精神培育是核心内容之一。而大学生奋斗精神培育伴随着党的奋斗精神培育的形成和发展而产生发展，它作为高校思政教育的组成部分，与党的思想政治教育发展历程同步。

一 新民主主义革命时期

新民主主义革命时期，中国共产党带领华夏儿女历经北伐战争和土地革命战争、抗日战争和解放战争，最终取得新民主主义革命的胜利，实现国家解放。这一时期，中国共产党的发展尤为艰辛，既要抵御敌人侵略，又要寻求民族独立。为了培养中国革命斗争所需要的优秀人才，党十分重视对党员、军事人才、政治干部的奋斗精神培育，并在革命根据地创办了苏维埃大学、中国人民抗日红军大学等高等院校，将自力更生、艰苦奋斗和"自己动手、丰衣足食"的奋斗理念嵌入高校思想政治教育的内容体系。这些结合当时艰苦的形势而对青年人进行奋斗精神培育的工作效果显著，使他们逐步形成和树立了艰苦奋斗的意识，投身于救亡图存的革命实践之中。中国青年"永久奋斗"的精神传统延续至今。

（一）大学生奋斗精神培育的初步探索

大革命时期，我党有效利用第一次国共合作之机，积极在高等学校青年学生中宣传普及马克思主义，诸如在上海大学、黄埔军校等学校进行有关革命形势、中国共产党的革命主张和革命任务的教育。党的思想政治教育以马列主义为指导，将帝国主义、封建主义、官僚资本主义作为革命对象，致力于中华民族的独立与解放。李大钊、陈独秀等革命人士在高校宣传和介绍马克思主义理论，他们鲜明地提出中国社会要解决被压迫、被剥削的现实问题，必须运用马克思主义的社会革命论。同时，坚持教育为革命斗争服务，引导青年学生将从《共产党宣言》《资本论》等马克思主义经典著作中接受的概念和学说转化为自己的思考，完成从初步具有共产主义思想的知识分子向坚定的马克思主义者的蜕变，使青年学生明白要想推翻"三座大山"，唯有依靠革命斗争的奋斗实践。可见，奋斗精神在此时已萌发。但精神是一种意识形态，受到社会存在制约。当时围绕革命斗争而进行的青年运动等实践，为培育大学生奋斗精神提供了重要载体。而成立中国社会主义青年团（后称"中国共产主义青年团"）等组织，更加坚定了青年学生投身革命运动的奋斗意志，也为完成变革社会、民族解放的奋斗目标汇聚了强大力量。正如毛泽东指出的："现在又出现了第二条战线，这就是伟大的正义的学生运动和蒋介石反动政府之间的尖锐斗争。"[1]事实证明，大学生在中国历史舞台上扮演着重要角色。

在土地革命战争时期，中国红色政权和中国工农红军经历了由创建、发展到遭遇挫折失败，再到重新发展壮大的历程，可以看出中国人民有着顽强的奋斗意志。中国共产党因革命形势的发展而创办了苏维埃大学、中国人民抗日红军大学、马克思共产主义学校等高等院校。在异常艰苦的革命时期，办学条件十分简陋，客观上促使学校开始推行培养学员们艰苦奋斗精神的教育实践活动。如红军四次反"围剿"胜利后创办的苏维埃大学，只有草房、土墙、石凳、木桌等一些满足基本教学的设备。"反对贪污和浪费的斗争，过去有了些成绩，以后还应用力。节省每一个铜板为着战争和革命事业"[2]的号召铭记在学生心中。闲暇时学员们还积极参加收集粮食活动、查田运动，主动进行春耕生产、节省伙食等，以自己的行动来支持革命工作。艰苦的环境促使他们养成了艰苦创业、讲求效率、密切联系群众的优良品质，树立了早日完成学业以报效祖国的奋斗信念。同样，抗日红军大学和马克思共产主义学校在思想政治教育方面对学员也强调要自力更生、艰苦奋斗，要求学员参加劳动。学校以正确理论的"灌输"方法，以及与社会实践学习相结合的教学模式，为中国革命培养出一大批思想政治觉悟高、德才兼备的军事将领和政治干部。他们具备艰苦奋斗、不怕牺牲的意志品质，具有为国家和民族利益而英勇奋斗的精神，从而纵深推进了革命运动的发展。

（二）高校思想政治教育把奋斗精神培育作为重要内容

在抗日战争时期，革命形势异常严峻，但爱国有志青年参加抗日救国运动的热情未减。1940 年毛泽东在《论政策》一文中指出："每个根据地都要尽可能地开办大规模的干部学校，越大越多越好。"[3]中国共产党先后扩大和新办了中央党校、延安大学等十余所新型高等学校。这些高等学校

---

[1] 毛泽东：《蒋介石政府已处在全民的包围中》（1947 年 5 月 30 日），《毛泽东选集》（第 4 卷），人民出版社，1991，第 1224~1225 页。

[2] 毛泽东：《我们的经济政策》（1934 年 1 月），《毛泽东选集》（第 1 卷），人民出版社，1991，第 134 页。

[3] 《毛泽东选集》（第 2 卷），人民出版社，1991，第 769 页。

的建立使高校思想政治教育工作获得了较大发展。虽然这些高等院校主要集中在解放区的陕北地带，在教育的具体任务上各有不同，但重视对学生的思想政治教育是共同点，培养学生的艰苦奋斗精神是其重要内容。一方面，毛泽东在抗日根据地的大学里多次重申"坚定正确的政治方向，艰苦奋斗的工作作风，灵活机动的战略战术。这三者，是造成一个抗日的革命的军人所不可缺一的"[①]。将艰苦奋斗作风作为中国军人的必备素养，这有助于军队继承艰苦奋斗的传统，并推动学员在学习、工作中认识并践行艰苦奋斗精神。而坚持和发扬自力更生革命精神的教育内容是高校思政教育的关键一环。另一方面，在陕北公学等学校中，也相继对青年学生开展以艰苦奋斗、劳动教育、理想教育为核心内容的教学。张闻天在《论青年的修养》的演讲中就把要有艰苦奋斗的精神作为实现理想的首要条件。陕北公学的思想政治教育特别重视教育与生产劳动的结合，将组织学员参加生产劳动纳入教育计划范围，在劳动锻炼中培养学生对劳动人民的思想感情，锤炼其吃苦意志和工作能力。与此同时，鲁迅艺术学院也步调一致地坚持教育与生产贯通，为发挥艰苦奋斗的精神而推广集教学、劳动、创作于一体的教学实践，创作排演了《白毛女》《黄河大合唱》等文艺作品。延安大学为抗战服务，号召学员参加大生产运动。这既帮助师生解决了吃穿问题，提高了劳动技能和本领，也让其磨砺了意志品质，增强了为革命事业而努力奋斗的责任感和使命感。这种联系生产实践的教学方式逐渐应用于高校思想政治教育中，并在高校中得到推广，其自力更生的奋斗实践进一步激发了学员投身于革命以救国救民的爱国奋斗热情。

在解放战争时期，随着全面内战的爆发和政治经济危机的日益加深，青年学生又投入到争取和平民主、反对内战的洪流之中。历经前赴后继的英勇奋斗，中国革命的发展形势逐渐变好。尤其是毛泽东在西柏坡提出的"两个务必"思想，极大激励了中国人民争取最后胜利的斗志，使得艰苦奋斗的精神成为各地高校思想政治教育的核心内容。如东北军政大学通过把政治教育与社会实践、与课外活动相结合，通过对学员进行土地改革教育，宣传党的政治、组织建设，去前线慰问官兵等方式，加强艰苦奋斗教

---

① 毛泽东：《抗大三周年纪念》（1939年5月26日），《毛泽东文集》（第2卷），人民出版社，1993，第188页。

育。这些密切联系党群、军民的活动,激发了学员的革命热情,使之积极投身于革命斗争。华北大学培养学员"忠诚、团结、朴实、虚心"的优良作风,就是继承和发扬艰苦奋斗革命作风的具体体现。学校也很注重实践活动,时常组织学员到地道战遗址等革命圣地进行实地考察,增进其对革命者奋斗的认知,体悟共产党人抛头颅、洒热血的奋斗精神。西北人民革命大学继承它的前身延安大学所倡导的实事求是、艰苦朴素的革命校风,并以此为基础树立起"忠诚老实、实事求是、团结互助、艰苦朴素"的独特校风。这种坚持理论联系实际的教学方式,进一步团结、教育了青年知识分子和留用人员等,继而通过举办校内外活动的实践教学方式促其提高阶级觉悟,不断锻炼自己、改造自己,从而能够团结一心地为革命共同奋斗。可见,将奋斗精神培育与生产实践相结合已成为高校培养革命忠实者的有效途径。

毛泽东1945年在《论联合政府》中指出:"掌握思想教育,是团结全党进行伟大政治斗争的中心环节。"① 我们党在新民主主义革命时期培养出大批政治、经济、文化等方面的革命高级人才,特别是通过生产劳动、工农劳动和社会实践活动相结合的教育手段来培养学生的奋斗精神,使奋斗精神在具体斗争实践中得到进一步阐释和弘扬。这些卓有成效的实践育人工作,加深了他们对艰苦奋斗、自力更生革命传统的认识,提振了他们的爱国奋斗信心,也为新中国成立后我们党更好地丰富和发展以艰苦奋斗为内涵的奋斗精神,开展大学生奋斗精神培育工作奠定了思想和实践基础。

二 社会主义革命和建设时期

新中国成立之初,国家各项事业百废待兴。面对困难与挑战,党和政府号召全体人民继承发扬艰苦奋斗精神的优良传统。国家要建设和发展,教育是基石,人才是动力。基于党的工作重心转移,高校开始以培养符合国家建设需要的人才为使命,并把奋斗精神培育融入高校思想政治工作全过程,探索更加适应社会需求的培育体系,以提升大学生奋斗精神培育工作的规范性和实效性。这对巩固新生政权、激励大学生专心投身于社会主

---

① 《毛泽东选集》(第3卷),人民出版社,1991,第1094页。

义革命和建设任务当中有重要推动作用。

(一) 紧扣国情和党的中心任务开展大学生奋斗精神培育

在社会主义过渡时期，为了巩固党的执政地位，党和国家进行了一系列实践活动，完成了"三大改造"，社会主义制度基本确立。这一时期的高校思想政治教育体系正式建立，并依据国情和过渡时期"总路线"，通过开设政治理论课程和社会实践的方式，将培养大学生奋斗精神作为高校思想政治工作的重要内容。一方面，1950年，在教育部《关于高等学校政治课教学方针、组织与方法的几项原则》的文件中，社会实践活动正式被纳入大学生教育计划，通过在课程中加大实践教学的比重，提升大学生的实践能力，以使他们更好地适应社会主义建设。1951年高校中出现了"辩证唯物论与历史唯物论"、"新民主主义论"和"政治经济学"等课程，以增进学生对马克思主义理论的认识。1953年"新民主主义论"改为"中国革命史"。革命史教育能够让大学生更加熟知我们党奋斗的历程，引导其学习共产党人的奋斗精神。1956年，明确把马克思主义理论列入课程体系之中，这在一定意义上帮助大学生在思想上筑牢为社会主义、共产主义奋斗的意识，也体现出大学生奋斗精神培育的目标指向。另一方面，1949年颁布的《中国人民政治协商会议共同纲领》第42条指出："提倡爱祖国、爱人民、爱劳动、爱科学、爱护公共财物为中华人民共和国全体国民的公德"。[①] 1950年，第一次全国高校教育会议通过的《高等学校暂行规程》指出，高校培养人才必须紧密结合"爱祖国、爱人民、爱劳动、爱科学、爱社会主义"等"五爱"精神。各高校纷纷围绕"五爱"的基本道德准则，广泛开展形式多样、丰富多彩的教育活动，推动"五爱"教育融入大学生的学习和生活。如在国庆节活动中穿插爱国宣传教育，在劳动节请劳动模范做榜样报告，在五四青年节进行科学理论教育等。同时，学校还组织大学生到农村、工厂去参加劳动，以磨砺意志，增强劳动观念。这些教育实践不仅培养了大学生对共产党、国家和人民的热爱之情，并形成为新中国建设奋斗的情感、树立为人民服务的奋斗观念，也营造出全体

---

① 中共中央文献研究室编《建国以来重要文献选编》（第1册），中央文献出版社，1992，第11页。

人民通过奋斗创造新生活的良好社会风气。此外,高校还响应共青团的号召,创新对青年学生的思想教育工作,通过将主题教育活动与政治理论课、时事报告会结合,推荐《钢铁是怎样炼成的》《把一切献给党》等书籍的方式,引导他们成为对党和人民无限忠诚热爱的好战士,从而提高其为党的事业无悔奋斗的思想觉悟和情感认知,使大学生奋斗精神进一步得到强化。

(二) 大学生奋斗精神培育逐步走向规范化

在全面建设社会主义时期,我国的高等教育事业在曲折中发展。党的八大提出的理论纲领,为这一时期的高校思想政治教育指明了方向、提供了理论引导。毛泽东1963年指出:"我们的教育方针,应该使受教育者在德育、智育、体育几方面都得到发展,成为有社会主义觉悟的有文化的劳动者。"[1] 这里要培养造就的"劳动者",即社会主义新人,他们为社会主义奋斗。1958年,共青团中央在《关于在学生中提倡勤工俭学的决定》文件中提出:"实行勤工俭学,可以使学生在获得文化知识的同时,受到体力劳动的锻炼,掌握一定的生产技能,培养劳动习惯和艰苦朴素的作风,加强和劳动人民同甘共苦的思想感情。"[2] 由此,勤劳简朴、崇尚劳动在大学生中蔚然成风。同年3月,大学生们在"反浪费、反保守运动"中提出勤俭学习的倡议,高校也鼓励师生到工厂、农村参加生产劳动,用自己的双手和勤劳勇敢创造出一个富强的国家。虽然受"大跃进"的影响,学生将过多的精力投入到生产劳动上,导致文化课学习受到冲击,但也从侧面体现出大学生为社会主义革命和建设而努力拼搏的奋斗志向,亦即"社会主义制度的建立给我们开辟了一条到达理想境界的道路,而理想境界的实现还要靠我们的辛勤劳动"[3]。1961年,党中央下发《中华人民共和国教育部直属高等学校暂行工作条例(草案)》(简称"高教六十条"),修正了高校教育以往的偏差,摆正了教育与生产劳动的关系,明确了高校人

---

[1] 中共中央文献研究室编《建国以来重要文献选编》(第16册),中央文献出版社,1997,第228页。
[2] 龚海泉:《高等学校思想政治教育史》,武汉出版社,1992,第107页。
[3] 毛泽东:《关于正确处理人民内部矛盾的问题》《1957年2月27日》,《毛泽东文集》(第7卷),人民出版社,1993,第226页。

才培养工作的总体目标和主要任务。其中，"加强对青年进行艰苦奋斗建设社会主义的教育"，是让大学生明白我们的国家还很贫穷，要靠青年和全体人民的奋斗，大学生要向工农群众学习，也要积极参加劳动锻炼等。正是"高教六十条"这一高校思想政治工作的纲领性文件，使大学生奋斗精神培育工作更加规范化、固定化。

（三）大学生奋斗精神培育的深化发展

值得一提的是，从1963年毛泽东在《人民日报》上发表"向雷锋同志学习"的题词开始，全国掀起了声势浩大的学习雷锋活动热潮，"向雷锋同志学习"也成为高校思想政治教育的重要内容。开展学雷锋活动，学习雷锋全心全意为人民服务的先进事迹，以及勇于攻坚克难、克勤克俭和自觉服从祖国需要的精神品质等，使学生们都把"像雷锋那样生活、学习和战斗"作为自己成长发展的坐标。学雷锋活动在倡导努力学习并掌握专业知识的基础上，引导学习把所学的奋斗理论知识与为国奉献的行动统一，养成艰苦奋斗的思想品质和行为规范。学雷锋活动是一场生动的共产主义思想教育活动。随着活动的固定化，高校把弘扬"坚忍不拔""勤俭节约""毫不利己，专门利人"等崇高精神作为每年"学雷锋日"活动的主题。这种榜样示范的教育方法成效显著，为高校思想政治工作开了一扇新天窗。以此为标尺，之后各个高校又开展了学大庆、学"铁人"精神等活动，使大学生自觉把体现奋斗精神的道德品质内化于心，使得奋斗精神得到有力弘扬。这不仅提升了大学生奋斗精神培育的效果，而且在培养又红又专的人才上发挥了重要作用。

（四）大学生奋斗精神培育遇到挫折

这一时期，由于党在指导思想上曾犯了"左"倾错误，大学生奋斗精神培育工作也一度遭受挫折。1958年的"教育革命"中，由于学校过多安排劳动任务，学生无法保证对理论知识的学习。1963年，全国高校铺开社会主义教育运动，以阶级斗争为中心，违背了教育的发展规律。"文革"期间，高校的思想政治教育工作基本上陷入停滞状态，大学生教育受到了严重影响，知识青年"上山下乡"运动演变为一场"改造青年"的政治运动。虽然高校响应"到基层去、到劳动群众中去"的号召,鼓励大学生到基层参加劳动实践、接受锻炼,培养他们自力更生、艰苦奋斗、吃苦耐劳的优良思想品质,但由于"四人帮"反革命集团的误导,过于强调繁重的体力劳动,而忽视了培养大学生的综合素质,这割裂了社会实践与大学生成才的关系,给大学生带来的更多是思想观念的偏离和身心情感的伤害,也削弱了奋斗精神培育的实效。随着"文革"的终止以及针对教育战线的拨乱反正,一些违背教育发展和学生身心发展规律的人才培养做法被纠正,之前被片面理解和随意曲解的好传统、好方法得以恢复,并重新应用于高校思想政治教育工作中,大学生奋斗精神培育工作也从挫折中逐步走向成熟。

三 改革开放和社会主义现代化新时期

随着党的十一届三中全会的召开,我国进入了改革开放新时期,党和国家的工作重心发生变化,逐步转到社会主义现代化建设上来。高校对教育目标重新思考和定位,思想政治教育工作也进入恢复重建、稳步发展的新阶段,真正焕发出生机,统一了思想认识,朝着专业化方向有序迈进。

(一) 探索构建大学生奋斗精神培育的新途径

在改革开放初期,国际、国内环境纷繁复杂,各种价值观念交织碰撞,西方社会思潮逐渐进入校园,滋生了"共产主义渺茫论""一切向钱看"等不良思想倾向,对大学生的价值观建构造成了一定影响。1980年,邓小平告诫全党同志:"现在,特别是在青年当中,有人怀疑社会主义制度,说什么社会主义不如资本主义,这种思想一定要大力纠正。"[1] 1982年,"四项基本原则"被写进宪法序言,为党的思想政治教育明确了方向。1985年,我们党提出了在"四化"建设的伟大实践中培养和造就一代有理想、有道德、有文化、有纪律的"四有新人"口号。同年,党中央颁布的《关于教育体制改革的决定》指出,要培养热爱祖国、热爱社会主义,能为国家富强和人民富裕而艰苦奋斗的"四有"新人。高校思想政治教育则

---

[1] 《邓小平文选》(第2卷),人民出版社,1994,第250页。

契合"教育必须为社会主义建设服务"的要求,以培养社会主义新人为育人根本,建构了符合当时社会经济发展要求的大学生奋斗精神培育新格局。譬如,要求大学生向有着"80年代新雷锋""当代保尔"盛誉的张海迪学习,从她与病魔顽强斗争的感人事迹中感受自强不息、奋发向上的奋斗精神和助人为乐、服务社会的高尚情操,激励大学生不屈不挠地为理想奋斗。这种"寓教育于感动之中"的育人模式卓有成效,至今在高校思政工作中沿用。高校还把爱国主义教育放在突出位置,如1980年提出"振兴中华,从我做起,从现在做起"的励志口号,各大高校的学生也纷纷以"团结起来,振兴中华"为目标践行爱国奋斗行为。这些倡议在全国大学生中引起强烈反响,许多高校因势而动地积极引导大学生把理想付诸实践,为国家富强而矢志奋斗。高校还通过组织学生学习中华民族的历史、宣讲英雄人物的事迹和带学生参观革命遗址等方式,培养他们的民族自信心、自豪感和奋发图强的爱国奋斗精神。1987年,党中央作出《关于改进和加强高等学校思想政治工作的决定》,要求大学生"应当热心于改革和开放,有艰苦奋斗的精神,努力为人民服务,为实现具有中国特色的社会主义现代化而献身"[1]。此外,国家各部门出台相关文件,有组织地建立大学生社会实践基地、设置思想理论课程、开展社会实践活动、建设思政工作人员队伍等,进一步促进大学生奋斗精神的培育。

与此同时,资产阶级自由化的思潮也在青年中泛起。邓小平语重心长地指出:"十年最大的失误是教育,这里我主要是讲思想政治教育,不单纯是对学校、青年学生,是泛指对人民的教育。"[2] 他重申保持艰苦奋斗的传统和进行艰苦朴素教育是十分必要的,这为高校做好大学生思想政治教育工作明确了价值导向。

(二)着力推进大学生奋斗精神培育的科学化发展

党的十三届四中全会之后,高校组织开展了一系列教育学习活动,如坚持党的基本路线、反对资产阶级自由化等。这些遵循党的指导思想进行的思想政治教育,使得高校思政工作的开展呈现制度化、科学化特征,也

---

[1] 何东昌:《中华人民共和国重要教育文献(1976-1990)》,海南出版社,1998,第261页。
[2] 《邓小平文选》(第3卷),人民出版社,1993,第306页。

使大学生奋斗精神教育有了统一的思想认识和行动指南，更加具有现实针对性。在邓小平南方谈话和党的十四大精神指导下，党中央结合新形势和新任务发布了一系列关于教育的规划和文件，使高校思想政治教育的理论性和实践性进一步增强。其中，对大学生奋斗精神的培育成为《中国普通高等学校德育大纲》中的目标规定之一，培养学生的一项基本素质就是具有坚忍不拔的意志、艰苦奋斗的精神，并能以强烈的使命感、责任感而努力为人民服务。1998年江泽民同志在庆祝北京大学建校100周年大会上嘱咐青年："希望你们坚持树立远大理想与进行艰苦奋斗的统一。青年人要有理想，还要有实现理想的坚定信念和脚踏实地、百折不挠的奋斗精神。"[1] 2001年，江泽民在出席清华大学建校90周年大会上寄语青年："你们树立什么样的理想，学到什么样的知识，具有什么样的能力，对于祖国和民族的未来关系重大。你们要成为祖国和人民需要的人才，既要靠老师们的辛勤培育，更要靠自己的刻苦努力。"[2] 可以看出，这明确了培育目标、手段、内容、任务上的要求，也推进大学生奋斗精神培育逐步走向制度化、常态化、规律化的科学发展之路。

党的十六大以后，我国的市场经济加速发展，社会上也出现了一些不正之风和不良恶习，这给大学生的学习和生活带来一些不可忽视的负面影响，导致大学生出现艰苦奋斗精神淡化、开拓创新意识弱化等问题，高校思想政治教育工作面临新的严峻挑战。2004年，在《关于进一步加强和改进大学生思想政治教育的意见》这部纲领性文献中，将培养大学生具备勤劳勇敢、自强不息的精神，始终保持艰苦奋斗的作风和昂扬向上的精神状态作为主要任务。2005年，国家教委颁布的《普通高等学校学生管理规定》中明确要求，大学生应当树立爱国主义思想，具备团结统一、爱好和平、勤劳勇敢、自强不息的精神。2006年，党中央提出建设社会主义核心价值体系，其中就蕴含着奋斗精神的重要内容，这也为奋斗精神培育奠定了主流意识形态的思想基础。2007年，胡锦涛在给中国青年群英会的致信中，嘱咐青年人要"努力成为理想远大、信念坚定的新一代，品德高尚、意志顽强的新一代，视野开阔、知识丰富的新一代，开拓进取、艰苦创业

---

[1] 《江泽民文选》（第2卷），人民出版社，2006，第125页。
[2] 《在庆祝清华大学建校九十周年大会上的讲话》，《人民日报》2001年4月30日，第1版。

的新一代"①。这表达了中国特色社会主义事业建设急需可堪大用的栋梁之材,体现了我们党对青年一代所期寄的重托,即希望青年大学生不负时代,用奋斗谱写青春的篇章。2012年,教育部等7个部门联合下发《关于进一步加强高校实践育人工作的若干意见》,强调实践育人关乎学生服务国家、服务人民的社会责任感的增强,关乎创新精神的培养,关乎实践能力的提升,这为高校培养大学生奋斗精神提供了更多教育途径,让大学生在实践中培养品格、增长才干、锻炼毅力,进而以更强的奋斗意识与实践能力参与共建社会主义和谐社会。此外,新增的"中国大学生年度人物"评选活动,也对培养大学生奋斗精神有引导和示范作用,成为提升大学生奋斗自觉的"催化剂"。

四 中国特色社会主义新时代

党的十八大以来,中国阔步走进新时代。新征程上我们党面临的主要任务就是要实现"两个一百年"奋斗目标,这也是中国人民共同的奋斗夙愿。同时,高校思想政治教育工作也进入新的历史发展阶段,在改革发展创新中稳步前进,大学生奋斗精神培育工作不断优化与完善,开创了高校思想政治工作的新格局。

第一,以立德树人作为中心环节,推进高校思想政治教育改革创新。党的十八大提出立德树人是教育的根本任务。奋斗精神作为一种社会意识属于立德树人的内容,是立德树人的重要组成部分。立德树人是大学生奋斗精神培育的目标导向。党的十八大报告中提出,"用社会主义核心价值体系引领社会思潮、凝聚社会共识"②。社会主义核心价值体系内含民族精神和时代精神等组成内容,培育社会主义核心价值观也是弘扬奋斗精神的一种体现,而对奋斗精神加以培育能够更好地践行社会主义核心价值观。2013年,《关于培育和践行社会主义核心价值观的意见》颁布实施。2014年,习近平在与北大学生座谈时要求大学生自觉践行社会主义核心价值

---

① 本书编写组:《胡锦涛总书记在同团中央新一届领导班子成员和团十六大部分代表座谈时的重要讲话学习读本》,人民出版社,2008,第19页。
② 胡锦涛:《坚定不移沿着中国特色社会主义道路前进 为全面建成小康社会而奋斗——在中国共产党第十八次全国代表大会上的报告》,人民出版社,2012,第37页。

观。2016 年，习近平在全国高校思想政治工作会议上强调，高校要"引导广大师生做社会主义核心价值观的坚定信仰者、积极传播者、模范践行者"①。可见，高校开展社会主义核心价值观教育，提升了大学生奋斗精神培育科学化的新境界。在这一时期，党和国家相继下发了《关于进一步加强高校马克思主义理论学科建设的意见》（2012）和《普通高等学校马克思主义学院建设标准》（2019）等文件，要求高校将马克思主义作为必修课，"巩固马克思主义在意识形态领域的指导地位，巩固全党全国各族人民团结奋斗的共同思想基础"②。这不仅有利于高校落实立德树人的根本任务，也能够巩固高校思想政治教育工作在大学生奋斗精神培育层面的思想根基。此外，高校积极开展以"中国梦"为主题的教育实践活动，教育大学生形成家国情怀，并以此激发其奋斗热情。习近平在欧美同学会成立100 周年庆祝大会上鼓励大学生"把自己的梦想融入人民实现中国梦的壮阔奋斗之中"③，为实现"中国梦"而不懈奋斗，勇做与时代同心同向、与历史使命同生共进的奋斗者，在为祖国和人民的服务中奋斗拼搏，实现人生的最大价值，彰显大学生奋斗精神培育的实效。这也是"广大青年要坚定理想信念，志存高远，脚踏实地，在为人民利益的不懈奋斗中书写人生华章"④的应有之义。

第二，着力培养全面发展、堪当大任的时代新人，推进高校思想政治教育迈上新台阶，为高校思想政治工作明确了"培养什么样的人"的奋斗目标。习近平寄语广大青年："广大青年要坚定理想信念，志存高远，脚踏实地，勇做时代的弄潮儿，在实现中国梦的生动实践中放飞青春梦想，在为人民利益的不懈奋斗中书写人生华章！"⑤ 开展大学生奋斗精神培育已成为高校思想政治教育工作之重点任务。2019 年，习近平总书记在纪念"五四运动"100 周年大会上要求："中国青年要勇于砥砺奋斗，民族复兴

---

① 中共中央党史和文献研究院编《习近平新时代中国特色社会主义思想学习论丛》（第 3 辑），中央文献出版社，2020，第 68 页。
② 中共中央宣传部编《中国共产党宣传工作简史》（上卷），人民出版社，2022，第 17 页。
③ 《习近平谈治国理政》（第 1 卷），外文出版社，2018，第 58 页。
④ 习近平：《决胜全面建成小康社会 夺取新时代中国特色社会主义伟大胜利——在中国共产党第十九次全国代表大会上的报告》，人民出版社，2017，第 70 页。
⑤ 习近平：《决胜全面建成小康社会 夺取新时代中国特色社会主义伟大胜利——在中国共产党第十九次全国代表大会上的报告》，人民出版社，2017，第 70 页。

的使命要靠奋斗来实现，人生理想的风帆要靠奋斗来扬起。"① 这表明大学生的奋斗与实现民族伟大复兴密切关联。从大学生的成长时期看，他们正处在"恰同学少年"的青春年华；到2035年社会主义现代化基本实现时，刚到壮年；到2050年全面建成社会主义现代化强国时，才到中年。可见，他们的奋斗历程与国家富强、民族复兴、人民幸福的伟大征程是同步的，这也使大学生的奋斗有了精准的航标。2019年以来，众志成城的中国人民在抗击新冠疫情过程中涌现出众多"抗疫英雄"，2020年又如期取得脱贫攻坚战的全面胜利，所形成的"抗疫精神"和"脱贫攻坚精神"就是对奋斗精神的最好诠释。2021年，中共中央办公厅印发《关于在全社会开展党史、新中国史、改革开放史、社会主义发展史宣传教育的通知》，为大学生奋斗精神培育提供了教育资源和有力素材，使高校对奋斗精神内涵的挖掘、对奋斗精神的传承和培育体现出历史性、时代性和目标性特征，培育工作也更具系统性、创新性和针对性。2022年，党的二十大报告指出"全党要把青年工作作为战略性工作来抓"②，表明做好青年工作事关党的未来发展，青年一代的成长成才对党和国家意义深远。尤其是报告中提出的新时代好青年需要有"肯奋斗"的特质，这为大学生奋斗精神培育提供了根本遵循。为此，高校要立足党的事业后继有人这一根本大计，努力培养可堪大用、能担重任的时代新人，使之在推进社会主义强国建设中担当作为，用青春奋斗绽放绚丽光彩。

第二节　中国共产党培育大学生奋斗精神的基本经验

中国共产党的百年历史，就是一部波澜壮阔的奋斗史。高等院校对大学生奋斗精神的培育，伴随时代变迁、社会发展，经历了由自发到协同、由单一到多元的转变过程，认识不断深化、内容更加多元、工作机制日益

---

① 《在纪念五四运动100周年大会上的讲话》，《人民日报》2019年5月1日，第1版。
② 习近平：《高举中国特色社会主义伟大旗帜　为全面建设社会主义现代化国家而团结奋斗——在中国共产党第二十次全国代表大会上的报告》，人民出版社，2022，第71页。

规范,为培养社会主义有用人才做出了重要贡献,成效卓著。

一 坚持科学理论指导,锚定培育的正确方向

习近平总书记指出:"一个民族要走在时代前列,就一刻不能没有理论思维,一刻不能没有思想指引"[①]。实践证明,以马克思主义科学理论为指导,是我们立党立国、兴党兴国的根本所在。用马克思主义科学理论武装大学生的头脑,能够正确指引大学生奋斗精神培育的前进方向。只有把奋斗精神培育建立在对科学理论的深入认知与理性认同上,才能站在党和人民的事业薪火相传、后继有人的高度,深刻认识大学生奋斗精神培育的重要意义,自觉抵制"艰苦奋斗过时论""消费主义价值观"等错误思潮的干扰,理性看待"内卷""佛系""躺平"等消极言论,以正确的信仰信念为了"为人类求解放"的最高理想不懈奋斗。[②]

中国共产党历来重视思想政治教育,将其作为党的一切工作的生命线。党领导高校思想政治教育工作,毋庸置疑,也需要马克思主义这一科学理论的指导,这样对大学生奋斗精神的培育才不会偏离方向。早在中国进行革命的初期,青年学生中就有人在全国各类高校中接受马克思主义理论课程的学习,从中看到了革命前途、坚定了奋斗意志、激发了奋斗热情。新中国成立后,在高校思想政治教育中有"辩证唯物主义"与"历史唯物论"等课程的新设,不仅加强了学生的共产主义修养,深化了奋斗情感,也使得学生的政治认识有显著提高[③]。大学生思想政治教育的根本目标就是要培养"四有"新人,使之在马克思主义科学理论的引导下,成长为"认识到人民自己的利益并为之而奋斗的有坚定信念的人"[④],即有社会主义理想信念的人。1992年,党要求高校要组织开展好青年师生学习马克思主义青年读本和学习马克思主义理论的活动,这一做法逐渐在全国高校普遍地推广,不仅促进了大学生树立无产阶级世界观,也为奋斗精神培育

---

① 习近平:《在党史学习教育动员大会上的讲话》,人民出版社,2021,第11页。
② 《毛泽东文集》(第6卷),人民出版社,1999,第350页。
③ 全国普通高校"两课"教育教学调研工作领导小组组编《普通高校思想政治教育课程文献选编(1949—2003)》,中国人民大学出版社,2003,第16页。
④ 邓小平:《用坚定的信念把人民团结起来》(1986年11月9日),《邓小平文选》(第3卷),人民出版社,1993,第190页。

的深入开展提供了科学、全面的指导。同时,帮助学生从理论上分辨什么是真正的"马克思主义",使其从实践活动中拓展对奋斗精神的理性认识,形成全心全意为人民服务的奋斗信念、奋斗品格、奋斗价值观,进而将个人奋斗融入国家和民族的发展中。

习近平总书记指出,"马克思主义始终是我们党和国家的指导思想"[①]。它的思想理论体系会随着时代的发展而与时俱进。党的奋斗实践表明,遵循马克思主义科学理论并一以贯之应用于我国的实际,不断推进理论创新和实践创新,是我们党各项事业稳步向前的旗帜和保障。同样,为了完成新时代高校思想政治教育工作"为党育人、为国育才"的使命与任务,也要坚持依靠马克思主义科学理论的指引,贯彻落实党的教育方针,这样大学生奋斗精神培育才不会偏离航向,才能培养出大批用实际行动终身为党和国家的伟大事业奋斗的社会主义人才。

二 坚持促进青年成长,把稳培育的根本目标

在党的思想政治教育中,调动一切积极因素培育青年成长、造就可靠的接班人,是一项重要目标。作为其中关键环节的奋斗精神培育,根本旨归就是促进青年成长成才,实现其全面发展,从而能够肩负起时代赋予的使命与任务,并为之奋斗不息。一个有远见的民族,"总是把青年看作是推动历史发展和社会前进的重要力量"[②]。在中国共产党"救国、兴国、富国、强国"的不同历史时期,青年是党坚实可靠的支柱,发挥着不可估量的先锋带头作用,彰显出建设、创新的巨大活力。培育大学生的奋斗精神,既是党的思想政治工作不可或缺之内容,也明确了党"为什么培养青年、培养什么样的青年"。

中国共产党始终关心青年学生,在任何时期都将引领青年学生成长视作国家发展的战略性工程,极为重视对青年一代的思想政治教育,包括对青年学生奋斗精神的培育工作。譬如,革命战争时期,"救亡与启蒙"是当时的主题,对大学生奋斗精神的培育以引导青年学生参与包括抗议活动

---

① 习近平:《在纪念马克思诞辰200周年大会上的讲话》,人民出版社,2018,第15页。
② 胡锦涛:《赢得二十一世纪新的光荣》(1998年6月19日),《胡锦涛文选》(第1卷),人民出版社,2016,第327页。

在内的学生运动等为主,激发他们通过革命斗争的手段救国的意识。新中国成立后,曾开展"五讲四美三热爱"等教育实践活动,要求高校思想政治教育工作坚持"三个面向"的教育方针和培育"四有"新人"的教育任务,培育青年学生的拼搏精神,使他们在奋斗实践中了解我国社会主义建设取得的巨大成就,深刻认识到我国"兴国、富国"的历程均源自努力奋斗。进入新时代,大学生奋斗精神培育依循时代新人的培养目标,引导青年学生聚焦党史、新中国史、改革开放史、社会主义发展史,促其从历史中汲取奋斗的力量,进而激励青年学生把个人抱负和人生理想融入实现"中国梦"的伟大事业中,为建设社会主义现代化强国而接续奋斗。这些紧密结合社会发展特点和时代特征所开展的奋斗精神培育,目标就是引导青年学生成长为全面发展的"时代新人",促其矢志不渝地为党和国家的共同目标而砥砺奋斗。

正在接受高等教育的大学生成长在物质丰裕的新时代,他们有幸见证了党的第一个百年奋斗目标如期实现,共享全面建成小康社会所释放的红利和取得的成果。作为未来国家建设与发展的中流砥柱,新时代大学生所肩负的责任和使命,决定了他们要以一往无前的奋斗姿态积极投身到实现民族复兴的伟业之中。因此,要把奋斗精神有效地转化为大学生在思想和行动上的自觉,奋斗精神培育必须围绕促进青年学生全面成长成才,并且要始终不离育人的目标归旨,这既是我党进一步提升高校思想政治教育工作实效性的成功经验,也是我们党按期全面建成社会主义现代化强国的重要保证。正如习近平总书记在纪念"五四运动"100周年大会上所强调的,"没有广大人民特别是一代代青年前赴后继、艰苦卓绝的接续奋斗,就没有中国特色社会主义新时代的今天,更不会有实现中华民族伟大复兴的明天"。[1]

三 坚持守正创新,提升培育工作的水平

守正即坚守正道,坚守被历史和实践证明行之有效的正确方向、立场和道路不动摇。创新即开创新局,顺应时代和社会的发展变化不断开创理

---

[1] 中共中央党史和文献研究院编《十九大以来重要文献选编》(中),中央文献出版社,2021,第 31 页。

论与实践的新局面。守正是创新的前提,创新是守正的发展。中国共产党的历史经验表明,守正创新是党不断取得成功的制胜法宝。高校思想政治教育之所以取得很大的成绩,离不开守本革新、与时俱进的实践品格,这也使培育大学生奋斗精神有了重要指引和不竭动力。提升大学生奋斗精神培育的实效性,关键要合乎大学生的成长规律,因时而进、因势而新,创新培育的内容、形式、方法和载体,使培育工作始终保持生机活力,最终促成大学生形成奋斗精神。

大学生奋斗精神培育工作要坚持正确的指导思想不摇摆,契合党的中心工作和发展目标,服务经济社会的实际需要。奋斗精神的培育在不同历史时期的形式和方法有所不同,但本质和宗旨未曾改变。如在新中国成立之后,主要在"守正"上下功夫,我们党在培育方法上延续理论灌输法、实践锻炼法、榜样示范法等;在培育方式上着眼大学生的实际需要和不同特点,结合其思想觉悟,根据不同时代主题、发展任务和奋斗目标,先后推动英雄价值观教育、艰苦奋斗精神教育和劳动教育等,保证培育工作有效地开展,筑牢"社会主义建设者和接班人"的政治根基。党的十八大以来,我们党适时加强和改进大学生思想政治教育工作,积极推动马克思主义中国化时代化的理论成果进入教材、融入课堂、浸透头脑,明确"守正就不能偏离马克思主义、社会主义,但不是刻舟求剑"[1]的导向,确保在"培育什么人"的问题上不迷失方向、不站错立场、不偏离正道。

大学生奋斗精神培育既要"守住"传统奋斗精神培育的有用方式方法,也要努力克服过去片面理解、目标短期、内容空泛等问题,顺应社会变革和科技进步,与时俱进地创造新方法、开辟新途径。因为"时间不同了,条件不同了,对象不同了,因此解决问题的方法也不同"[2]。坚持改革创新是高校思想政治工作落地生根、开花结果的有力保障,对于奋斗精神培育工作来说亦是如此。培育大学生奋斗精神要把握大学生思想教育的规律,增进对马克思主义经典作家关于奋斗精神理论的理解,使大学生对奋斗精神的认知得到提升,在知其然又知其所以然中自觉践履奋斗行为,成

---

[1] 习近平:《思政课是落实立德树人根本任务的关键课程》,人民出版社,2020,第9页。
[2] 邓小平:《在全军政治工作会议上的讲话》(1978年6月2日),《邓小平文选》(第2卷),人民出版社,1994,第119页。

为坚定奋斗的青年马克思主义者；要创新培育方法，增加"第二课堂"的多维实践锻炼，使大学生在社会大课堂中养成奋斗的思维，在服务社会中体现人生的价值；要拓宽培育的载体，继续发挥传统线下的工作模式，同时丰富网络教育活动形式，有效运用新媒体技术，占领互联网阵地，打造立体的育人格局，使大学生"随时随地"都能接受奋斗教育。这些与时俱进的创新理念，使培育工作更加系统化、科学化，促使培育工作水平得到高质量提升。

四 坚持高校教育主体，构建培育的系统体系

大学生德智体美劳全面发展是我国高等教育人才培养的本质要求，也是高校履行为党育人、为国育才的首要任务。坚持以高校为主体，是由高校教育的独特地位所决定的。围绕促进大学生全面发展而实施奋斗精神培育，建构系统的培育体系，提高奋斗精神培育的效果，这也是高校实现高质量人才培养目标的有效手段。

高校育人有着独特的功能和作用。早在革命时期，中国共产党就在革命区建立了以苏维埃大学、抗日红军大学为首的一大批高等院校，将自力更生、艰苦奋斗的理念作为当时党在高校培养人才的重要内容，对青年学生进行革命奋斗精神教育，并在不同历史时期提出培育的理念和方针等系统内容，使不少青年学生成长为政治觉悟高、德才兼备、具备奋斗品格的军事将领和政治干部，为取得革命胜利奠定了人才基础。新中国成立后，我们党把大学生奋斗精神培育纳入高校教育全过程，不断改进思想政治教育工作，将奋斗精神教育作为高校思想政治工作的重要内容和基点，推动相关课程建设和师资队伍建设。所开设的课程、所下发的教育文件以及我国的《教育法》和《高等教育法》规定的培养目标，都对奋斗精神培育工作提出了明确要求。改革开放以来，我们党不断丰富和拓展奋斗精神培育的内容，创新培育方法、途径和载体，加大社会实践的力度，在高校中有针对性、分层次地开展奋斗精神培育，提升了大学生的奋斗认知，使之明确奋斗方向、增强奋斗本领、形成奋斗品格。同时，注重建构大学生奋斗精神培育体系，即运用多种资源、多种载体开展奋斗精神培育工作。进入新时代，党中央提出"三全育人"和"五育并举"的教育方针，为高校建

构大学生奋斗精神培育体系提供了根本遵循。需要强调的是，高校特别注重在国家重大庆典、重要历史事件纪念日等时间节点组织开展奋斗教育活动，还充分利用举办"中国大学生自强之星"评选活动、邀请优秀校友回校做报告等契机，运用新媒体技术手段和网络载体，将奋斗精神的丰富内容积极展现。采用大学生喜闻乐见的方式能够为奋斗精神培育工作赋能，从而构建起以高校教育为主体、家庭和社会等各方力量参与的大学生奋斗精神培育体系，把奋斗精神培育渗透到大学生的专业学习、社会生活等各方面，贯穿大学生思想道德养成和社会实践的全过程，使大学生以奋斗精神逐梦青春，实现人生价值，成就梦想。

第四章
新时代大学生奋斗精神培育的现实审视

大学生是与新时代同向同行、共同前进的一代。新时代要实现中华民族伟大复兴，一代一代人接力奋斗关系重大，因而培养具备奋斗精神的大学生十分必要。高校是社会主义人才培养的主阵地，正确审视新时代大学生奋斗精神培育的现状、成效、问题及原因，能够提升高校大学生奋斗精神培育工作的针对性和实效性。

第一节 有关大学生奋斗精神培育现状的调查分析

习近平总书记指出："调查研究是谋事之基、成事之道。没有调查，就没有发言权，更没有决策权。"[①] 本章以问卷调查的方式分析大学生奋斗精神培育工作的现状，以期更科学、直观地展现新时代大学生奋斗精神培育的现实样态，为找出并解决问题提供可行的对策与合理建议。

一 调研的基本情况概述

（一）调查问卷的编制思路

"研究必须充分地占有材料，分析它的各种发展形式，探寻这些形式

---

① 《加强对改革重大问题调查研究 提高全面深化改革决策科学性》，《人民日报》2013年7月25日，第1版。

的内在联系。"[①] 本章在充分查阅相关文献及研究素材的基础上，力求问卷设计得科学、合理和规范，经比对和修改后设计出《新时代大学生奋斗精神培育现状调查问卷》。

本调查问卷的编制是围绕调查对象的基本情况，了解当代大学生奋斗精神的现状及其培育的成效、不足及影响因素等。

根据研究需要，问卷设计共有49个题项，在调查内容上分三个部分：第一部分设计了9个题项，主要考察调查对象的真实信息，包括性别、就读的高校类型、年级、所学专业、政治面貌、生源地等；第二部分设计了29个题项，主要了解大学生奋斗精神的现状，包括调查对象对奋斗精神、大学生奋斗精神的认知等；第三部分设计了11个题项，围绕大学生奋斗精神培育的现状，了解培育方式与载体，以及在现实培育过程中会受到的内外部影响等。

（二）调查样本的选取情况

本调查选择福建省内大学生作为主要研究对象（测试群体）。主要原因是福建省的高等院校中，既有综合性大学，又有单科性院校，学科门类涵盖文、理、工、农、医、管理、艺术等各大类，基本与全国高等教育的总体布局相同。因此，我们抽取福建省10所高等院校[②]，其中包括国家"双一流"高校、省属重点和一般高校、普通民办高校等不同类型，涉及文史、理工、医学、艺术体育等不同学科类型。它们的专业设置基本包含自然科学、人文和社会科学等学科门类，招生范围也遍及全国各地，总体而言调查选取对象具有较强的代表性。值得一提的是，大学生群体根据学历层次，通常包括专科生、本科生和研究生。而此次调查将在读的统招大学本科生作为调查主体，是因为这部分学生是大学生的主体，人数最多，最能体现当代中国大学生的特点[③]。而且这些统招本科生都出生于21世纪，普遍是独生子女，并在物质条件相对好的背景下成长，喜欢通过新媒

---

① 《马克思恩格斯选集》（第2卷），人民出版社，2012，第93页。
② 调查高校选取福州大学、福建师范大学、福建医科大学、福建江夏学院、厦门工学院、福建理工大学、福建农林大学、闽江学院、闽南师范大学、三明学院等10所高校。
③ 朱志敏：《大学生中国精神认同力研究》，北京师范大学出版社，2013，第13页。

体接受多元文化和价值观念,某种意义上也造成他们抗挫能力不强、个性化追求明显、对幸福生活本质上是通过奋斗得来的这一点缺乏深刻认知等。因此,以这10所高校的统招本科生为调查对象有利于进一步找准问题、分析问题和解决问题。

根据样本量计算的保守公式 $n_0 = \left(\dfrac{t_\alpha/2}{2\Delta_n}\right)^2$,如果最大允许误差 Δ_p 为2%,置信度为95%,可以通过查表法的表达公式估算出样本量最多为2401个(见表4-1)。考虑到一般通行问卷有效回收率在80%作用,故将80%作为修正系数,最终样本总量 $= \dfrac{2401}{80\%} \approx 3000$ 个。[①] 在确定调查的总样本数后,根据各高校本科生总数、院校类型等,采用随机抽样和立意抽样方法在10所高校中发放问卷,总样本量为3000个。

表4-1　不同绝对误差下的最大样本量　　　　单位:个

P 的绝对误差	0.01	0.02	0.03	0.04	0.05	0.1
所需最大样本量	9604	2401	1067	600	384	96

(三) 调查工具与方法

本调查采取通过网络向施测对象派发电子问卷的方式,通过问卷星系统平台进行线上调查。向10所高校的在读本科生共计发放调查问卷3000份,经过分析并剔除无效问卷后,最终确定2810份问卷为有效,有效回收率为93.67%,随后运用SPSS 21.0软件进行统计分析。

(四) 调查对象的基本特征

本调查测试的群体为大学生,在2810个有效样本中,男生共有1041人,占37.05%,女生共1769人,占62.95%,女生比男生多25.9个百分点,这与本调查的高校多为文科类或综合类院校有较大关系。在年级方

---

① 沈壮海、刘晓亮、司文超等:《中国大学生思想政治教育发展报告2018—2019》,北京师范大学出版社,2020,第8页。

面，大一年级有 796 人，占 28.33%；大二年级有 906 人，占 32.25%；大三年级有 644 人，占 22.92%；大四年级有 464 人，占 16.52%。所选取的调查对象在年级分布上比较均衡，说明样本具有良好的代表性。在专业类别方面，文史类专业有 808 人，占 28.75%；理工类专业有 770 人，占 27.41%；艺术体育类有 636 人，占 22.64%；医学类专业有 268 人，占 9.54%；农林类专业有 277 人，占 9.86%；其他专业 51 人，占 1.81%。由此可见，调查对象的选取在相当程度上可以反映福建省在校本科生不同专业的全貌。调查对象的其他特征是根据研究需要科学设定的，具体情况如表 4-2 所示。

表 4-2 调查样本的基本情况（N=2810） 单位：人，%

项目	类别	人数	百分比
性别	男	1041	37.05
	女	1769	62.95
是否独生子女	是	742	26.41
	否	2068	73.59
年级	大一	796	28.33
	大二	906	32.25
	大三	644	22.92
	大四	464	16.52
专业	文史类	808	28.75
	理工类	770	27.41
	艺术体育类	636	22.64
	医学类	268	9.54
	农林类	277	9.86
	其他	51	1.81
政治面貌	中共党员（含预备党员）	230	8.19
	共青团员	2075	73.84
	群众	495	17.62
	其他	10	0.36

续表

项目	类别	人数	百分比
就读学校	国家"双一流"高校	201	7.16
	省属重点高校	1246	44.35
	省属一般高校	1291	45.91
	普通民办高校	72	2.57
是否担任过学生干部	是	1433	51.00
	否	1377	49.00
生源地	市区	705	25.09
	县城	772	27.48
	乡镇	378	13.45
	农村	955	33.99

二 调查问卷的主要分析

通过思想教育及实践活动不断强化大学生的奋斗精神，使之深刻认识奋斗的重要性，是影响青年以及国家未来走向的有力举措。本次调查以大学生奋斗精神培育为主线，同时为印证本问卷调查的有效性，结合《中国大学生思想政治教育发展报告》（沈壮海等著）得出一些分析结论。

1. 对大学生奋斗精神培育必要性的分析

国无精神不兴。在全社会推崇奋斗的风尚，是民族文明进步和国家发展壮大的精神支撑，是社会良好风气形成的力量之源。当问及"您认为加强新时代大学生奋斗精神的培育有必要吗？"时，有2001人选择"非常有必要"，占比71.21%；有722人选择"有必要"，占比25.69%；有53人选择"生活条件好了，必要性不大"，占比1.89%；有34人选择"没必要"，占比1.21%（见图4-1）。这说明绝大多数大学生认为奋斗精神培育十分重要，大学生应当有奋斗精神；但仍有一小部分学生认为其必要性不大或者没必要，给培育工作提出考验，这也是现阶段亟待解决的重要问题。

我们采用交互分析方法，根据人口学变量深入分析受测群体对大学生奋斗精神培育必要性认识的差异。分析显示，学校类型、政治面貌、是否担任过学生干部等都导致大学生对奋斗精神培育必要性的认识差异。从学

第四章 新时代大学生奋斗精神培育的现实审视

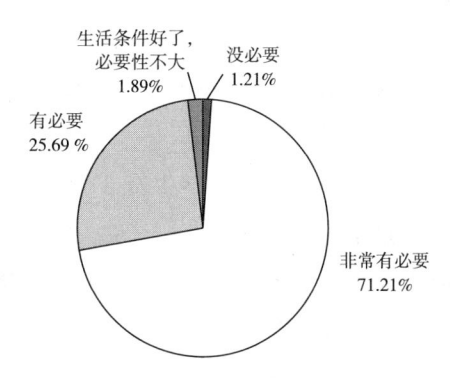

图 4-1 大学生对"您认为加强新时代大学生奋斗
精神的培育有必要吗?"回答的分布情况

校类型来看（$X^2 = 12.27$，$p<0.01$），就读于不同类型高校的大学生认为"加强新时代大学生奋斗精神的培育有必要和非常有必要"的比例分别为：国家"双一流"高校（93.53%）、省属重点高校（97.27%）、省属一般高校（97.14%）、普通民办高校（95.34%）（见图4-2）。

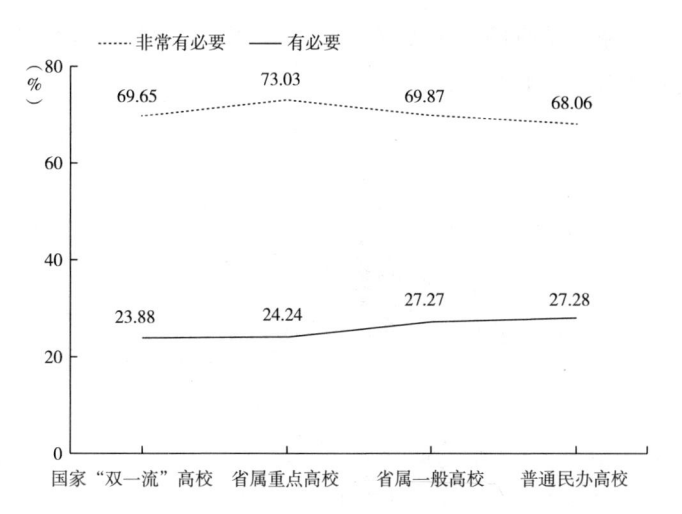

图 4-2 就读于不同类型高校的大学生对加强新时代
大学生奋斗精神培育必要性的认可度

从政治面貌来看，政治面貌为党员和团员的大学生对加强大学生奋斗精神培育必要性的认可度更高（$\chi^2 = 24.06$，$p<0.01$），比例分别达到 97.39%、96.77%，高于非党员和团员大学生的比例（80%）；党员和团员不赞同加强大学生奋斗精神培育的比例分别为 0.43%、1.35%，远低于非党员和团员大学生的相应比例（10%）。从是否担任过学生干部这点来看，有学生干部经历的大学生更认为加强大学生奋斗精神培育有必要性（$\chi^2 = 20.15$，$p<0.01$），担任过学生干部和没有担任过学生干部的大学生认为加强大学生奋斗精神培育有必要的比例依次为 97.91%、95.86%，而表示没必要的比例分别为 0.70%、1.74%。

2. 对大学生奋斗精神现状的分析

认知是行动的先导，精神是行为的动力。要有坚定的行为，必须先知晓事物。大学生认识并内化奋斗精神的状况，直接关系到培育大学生奋斗精神的效果。

当问及"您对奋斗精神的了解程度如何？"时，有 709 人选择"非常了解"，占比 25.23%；有 1661 人选择"一般了解"，占比 59.11%；有 367 人选择"不太了解"，占比 13.06%；有 73 人选择"不了解"，占比 2.60%（见图 4-3）。调查显示，了解奋斗精神的学生居多，这在一定程度上反映出大学生奋斗精神培育的效果良好，但继续加强对当代大学生奋斗精神的培育仍然是十分必要且重要的。

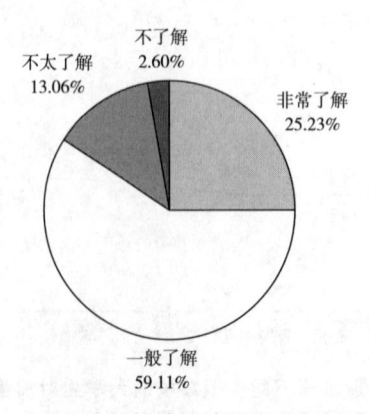

图 4-3　大学生对"您对奋斗精神的了解程度如何？"回答的分布情况

我们采用交互分析方法，根据人口学变量深入分析受测群体对大学生奋斗精神了解程度的差异。分析结果显示，学校类型、政治面貌、是否担任过学生干部等都导致大学生对奋斗精神的了解存在差异。从学校类型来看（$\chi^2=39.19$，$p<0.001$），不同类型高校的大学生对奋斗精神"非常了解"和"一般了解"的比例分别为：国家"双一流"高校82.09%、省属重点高校86.83%、省属一般高校82.11%、普通民办高校87.50%（见图4-4）。从政治面貌来看，党员和团员对奋斗精神了解的程度更高（$\chi^2=23.34$，$p<0.001$），比例分别达到87.37%、84.86%，高于非党员和团员的比例（60%）；党员中不赞同应加强大学生奋斗精神培育的比例为0.43%，远低于非党员的相应比例（10%）。从是否担任过学生干部这点来看，有学生干部经历的大学生了解奋斗精神的比例更高（$\chi^2=23.95$，$p<0.001$），担任过学生干部和没有担任过学生干部的大学生非常了解和一般了解奋斗精神的比例分别为87.51%、81.65%，不了解的比例分别为1.95%、3.27%。

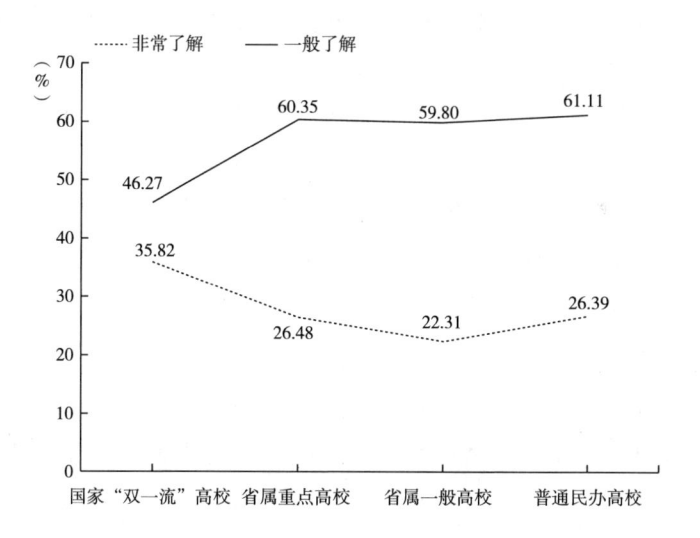

图4-4 就读于不同类型高校的大学生对奋斗精神的了解程度

此外，大学生对奋斗精神的认知包括理解其内涵。大学生奋斗精神是奋斗精神在大学生群体中的体现，因此，我们从大学生对"奋斗精神"及"大学生奋斗精神"两个内容的理解进行调查分析。当问及"您所理解的奋斗精神主要内涵是什么？"时，调查数据显示，大学生认为奋斗精神的内涵主要包括"艰苦奋斗，敢于拼搏"、"百折不挠，迎难而上"、"开拓进取，勇于创新"和"吃苦耐劳，甘于奉献"等，占比分别为：97.54%、96.48%、97.19%和97.08%（见图4-5）。

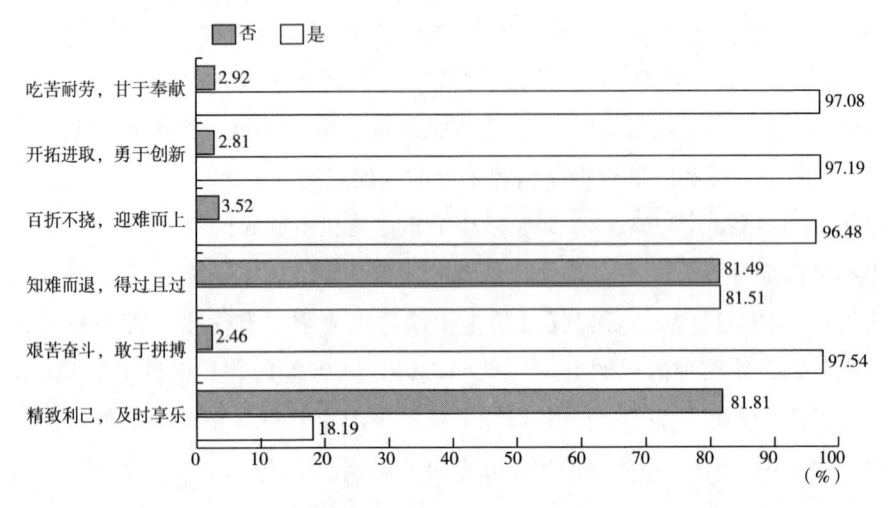

```
                  ■否    □是
吃苦耐劳，甘于奉献  ┃2.92
                          97.08
开拓进取，勇于创新  ┃2.81
                          97.19
百折不挠，迎难而上  ┃3.52
                          96.48
知难而退，得过且过          81.49
                          81.51
艰苦奋斗，敢于拼搏  ┃2.46
                          97.54
精致利己，及时享乐          81.81
                    18.19
              0  10 20 30 40 50 60 70 80 90 100
                                          （%）
```

图4-5　大学生对"您所理解的奋斗精神主要内涵是什么？"回答的分布情况

当问及"您认为大学生奋斗精神的基本内涵有哪些？"时，学生倾向于选择不畏艰辛的甘于奉献、勇于担当的踏实肯干、刻苦学习的敢于拼搏、不怕困难的开拓创新、勤俭节约的生活作风、百折不挠的顽强意志，其占比分别为92.85%、95.05%、95.02%、93.88%、88.72%、90.43%（见图4-6），说明绝大多数学生对大学生奋斗精神有较为清晰的认知与深入的理解。也有34.66%和17.01%学生分别选择"慈善主义的利他行为"与"不思进取的安于现状"，同样值得我们重视。

综上所知，大学生无论对"奋斗精神"还是"大学生奋斗精神"，都有较好的理解和认知。今后应在对二者的基本内涵有认知偏差的学生身上继续努力培育。

当问及"您对人生苦短应及时行乐的态度是？"，有249人选择"非常认同"，占比8.86%；有858人选择"比较认同"，占比30.53%；有1005人选择"说不清楚"，占比35.77%；有698人选择"不认同"，占比24.84%（见图4-7）。调查显示，超过三成的学生对奋斗精神认知有偏差，认同安逸享乐的生活态度，对错误观念没有较强的分辨能力。还有三成左右的学生持中立态度。这表明，迫切需要加强对大学生奋斗精神的培育，使学生拥有正确的价值取向，真正理解唯有奋斗的人生才是有意义的幸福人生。

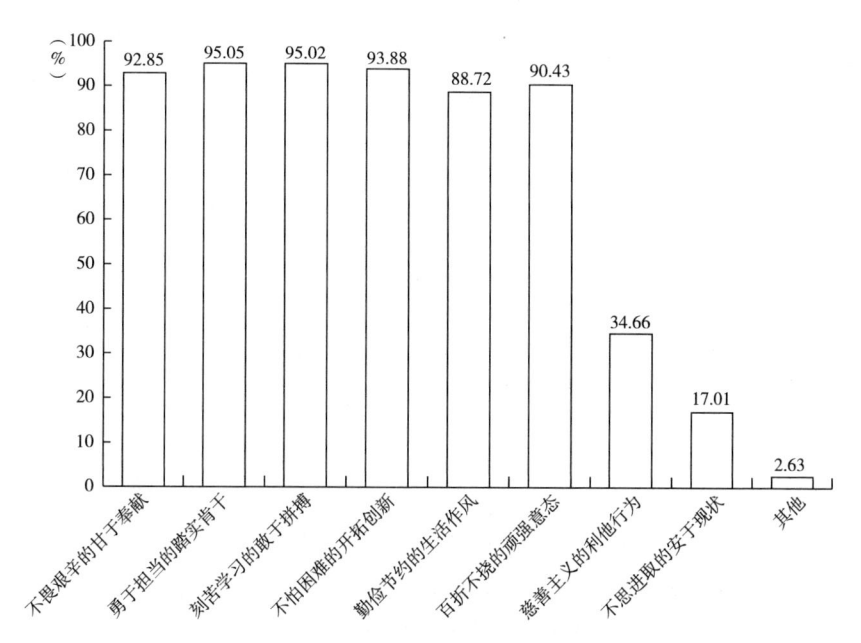

图 4-6　大学生对"您认为大学生奋斗精神的基本内涵有哪些？"回答的分布情况

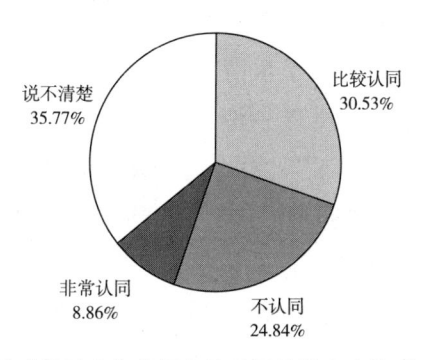

图 4-7　大学生对"您对人生苦短应及时行乐的态度是？"回答的分布情况

众所周知，作为求学阶段的最高荣誉，获得"国家奖学金"表明大学生品学兼优，在其身上体现出不惧困难敢于奋斗的精气神、积极进取顽强拼搏的精神品质和不屈不挠的求知韧劲。当问及"您看到同学获得了'国家奖学金'，会准备采取什么行动？"时，有 89.64% 的学生表示"自己加倍学习，坚持努力行动",1.89%的学生"想以走关系的方式下次评上",7.83%的学生有"未想过要获取,学分通过就行"的想法,0.64%的学生则会"向老师反映同学的不当行为"(见图4-8)。这说明绝大多数学生有强烈的奋斗情感,不仅高度肯定同学的奋斗行为,而且能够将这种积极的奋斗情感转化为个人实际行动。

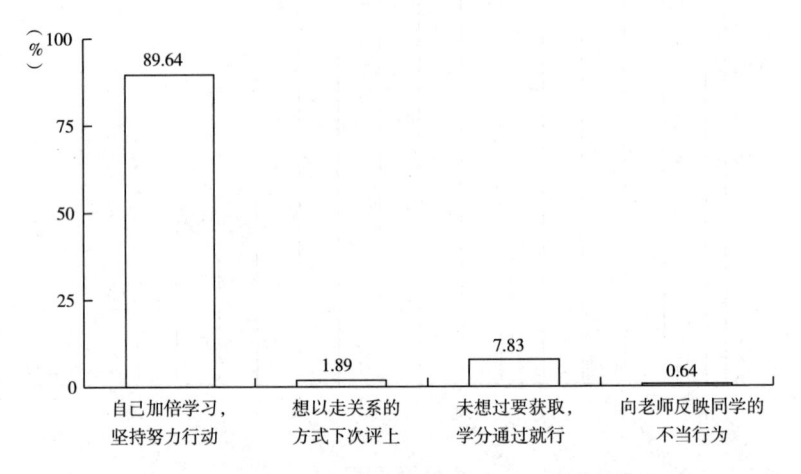

图4-8 大学生对"您看到同学获得了'国家奖学金',会准备采取什么行动?"回答的分布情况

当问及"您对'为中华之崛起而读书'这句话是怎么理解的?"时,有2004人选择"这是每个大学生的应有责任",占比71.32%;有720人选择"与自己密切相关,要尽一份力",占比25.62%;仅有68人选择"太遥远,与自己没太大关系",占比2.42%;有18人选择"其他",占比0.64%(见图4-9)。这说明大部分学生为国家富强和民族复兴奋斗的情绪高涨,有着浓厚的奋斗精神。

当问及"您在追求梦想的过程中遇到挫折时是什么态度?"时,有2507人选择"坚定意志地积极面对",占比89.22%;有199人选择"迷茫彷徨地消极面对",占比7.08%;有56人选择"逃避现实地放弃面对",占比1.99%;有48人选择"其他",占比1.71%(见图4-10)。这说明大多数学生在面对挫折时具有顽强的意志,能以坚定的奋斗意志克服困难。而持"放弃面对"和"消极面对"态度的学生累计占比将近10%,表明仍然有少部分学生缺乏奋斗的意志,这需要我们加以关注,在培育过程中有针对性地加大施策力度。

太遥远，与自己没太大关系 其他
2.42% 0.64%

与自己密切相关，要尽一份力
25.62%

这是每个大学生的应有责任
71.32%

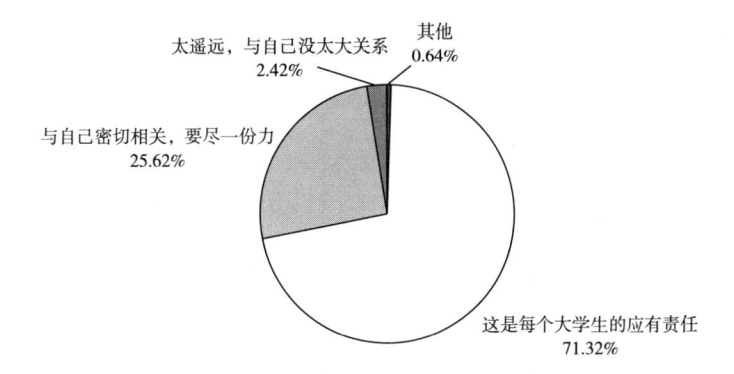

图 4-9 大学生对"您对'为中华之崛起而读书'这句话是怎么理解的？"回答的分布情况

逃避现实地放弃面对
1.99%
迷茫彷徨地消极面对 其他
7.08% 1.71%

坚定意志地积极面对
89.22%

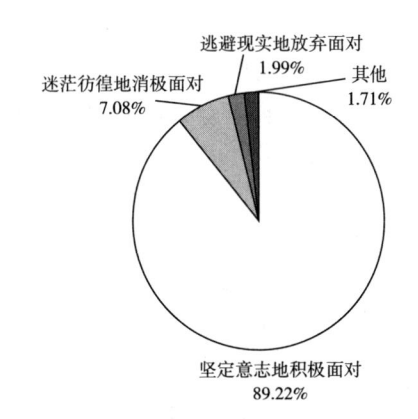

图 4-10 大学生对"您在追求梦想的过程中遇到挫折时是什么态度？"回答的分布情况

当问及"您对大学生抄袭剽窃、实验凑数据等学术不端行为是什么态度？"时，有 2465 人选择"不劳而获，十分鄙视"，占比 87.72%；有 178 人选择"个别现象，可以理解"，占比 6.33%；有 142 人选择"他人行为，与我无关"，占比 5.05%；有 25 人选择"其他"，占比 0.89%（见图 4-11）。这说明，大多数学生痛恨这种不劳而获的不良行为，而崇尚学习奋斗的意志品质。

当问及"您会为了破解'卡脖子'难题而投身国家科技攻关项目吗？"时，有 1439 人选择"非常愿意"，占比 51.21%；有 960 人选择"比较愿意"，占比 34.16%；有 363 人选择"说不清楚"，占比 12.92%；有 48 人

他人行为，与我无关
5.05%

其他
0.89%

个别现象，可以理解
6.33%

不劳而获，十分鄙视
87.72%

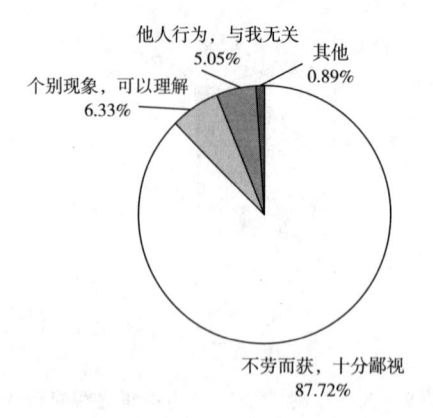

图 4-11 大学生对"您对大学生抄袭剽窃、实验凑数据等
学术不端行为是什么态度？"回答的分布情况

选择"不愿意"，占比 1.71%（见图 4-12）。这说明大部分学生面对外部的困难有自觉迎难而上的勇气，对国家发展有勇于奉献的主观意识，并以此支配出积极的自我奋斗行为。

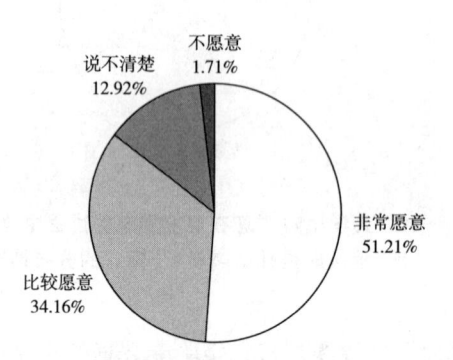

说不清楚
12.92%

不愿意
1.71%

比较愿意
34.16%

非常愿意
51.21%

图 4-12 大学生对"您会为了破解'卡脖子'难题而投身
国家科技攻关项目吗？"回答的分布情况

运用卡方检验发现，父母学历、家庭所在地、就读学校等因素对大学生是否会为了破解"卡脖子"难题而投身国家科技攻关项目的影响不大，但学生性别（$\chi^2=11.64$，$p<0.01$）、是否独生子女（$\chi^2=16.49$，$p<0.01$）、年级（$\chi^2=19.08$，$p<0.05$）、学科类型（$\chi^2=34.43$，$p<0.01$）、学生干部经历（$\chi^2=21.06$，$p<0.001$）、政治面貌（$\chi^2=29.42$，$p<0.01$）对大学生群体在该题的

回答上有显著影响。调查数据显示，在该问题上男女生的选择存在差异，男性选择"非常愿意"的比例更高。相较于独生子女，非独生子女更愿意"为了破解'卡脖子'难题而投身国家科技攻关项目"。此外，大一学生表示"比较愿意"和"非常愿意"的累计百分比为88.19%，超过了大二（85.54%）、大三（83.70%）和大四（82.54%）学生。大学生是中共党员（含预备党员）与共青团员的，表示"比较愿意"和"非常愿意"的累计百分比分别为90.00%、84.96%，远高于政治面貌为其他的（60.00%）。下面重点对不同学科和是否担任学生干部两个因素进行阐释。数据显示，不同学科的学生对此问题的选择有差异。理工类和医学类学生选择"非常愿意"的占比分别为53.70%、56.64%，高于其他学科的学生（见图4-13和表4-3），较符合专业特征。担任过学生干部的学生表示愿意的（88.52%）远高于未担任过学生干部的学生（74.55%）（见图4-14和表4-4）。但无论是否担任过学生干部，大多数学生对于投身国家科技攻关项目都有一定的奋斗意愿，说明培育大学生奋斗精神具有重大的时代价值和社会意义。综上可见，大学生参加以奋斗教育为主题的实践活动较为积极，其主动参与的意愿也更为强烈，但是不同类别的大学生在奋斗行为表征上存在一定的差异。

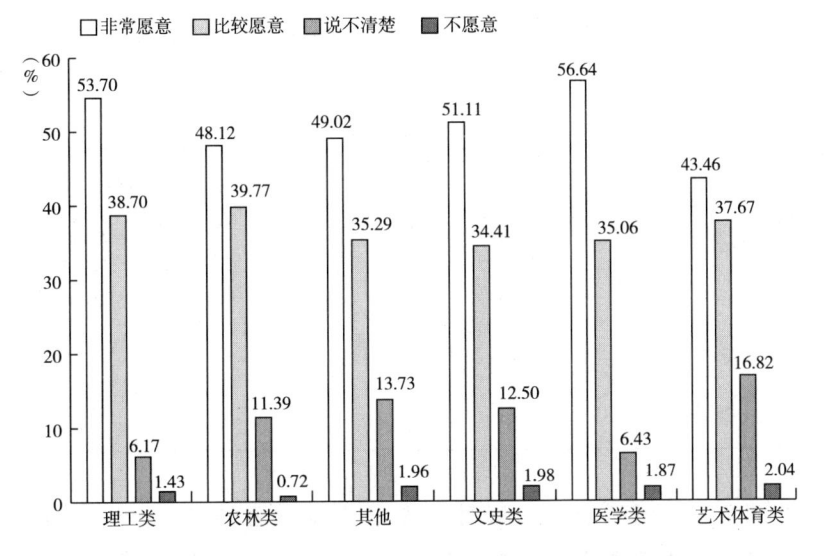

图4-13 不同学科学生对"您会为了破解'卡脖子'难题而投身国家科技攻关项目吗？"回答的分布情况

表 4-3　卡方检验

	值	自由度	渐进显著性（双侧）
皮尔森卡方	34.430ª	15	0.003
似然比	34.818	15	0.003
线性关联	0.970	1	0.325
有效个案数	2810		

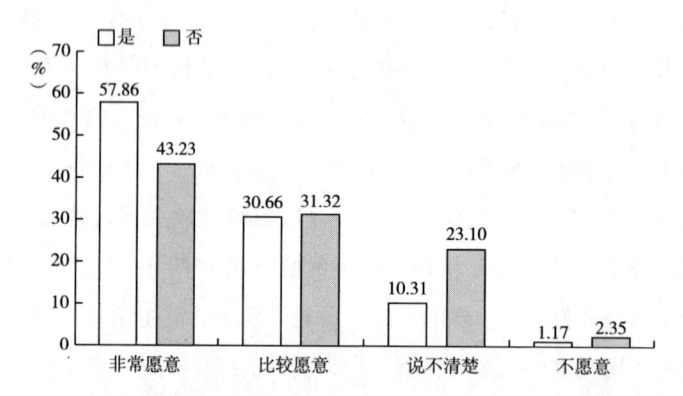

图 4-14　担任过和未担任过学生干部的大学生对"您会为了破解'卡脖子'难题而投身国家科技攻关项目吗？"的回答情况

表 4-4　卡方检验

	值	自由度	渐进显著性（双侧）
皮尔森卡方	21.059ª	3	0.000
似然比	21.119	3	0.000
线性关联	21.046	1	0.000
有效个案数	2810		

当问及"您愿意响应国家号召去艰苦地区的基层工作吗？"时，有1314人选择"非常愿意，积极报名"，占比46.76%；有1088人选择"不确定，需要征询家人意见"，占比38.72%；有263人选择"薪酬高的话可

以考虑",占比9.36%;有145人选择"不符合自己的职业规划,不愿意",占比5.16%(见图4-15)。这说明近半数学生可以不考虑薪酬等因素主动为国奋斗。数据显示,也有不少学生会征求父母的意见。

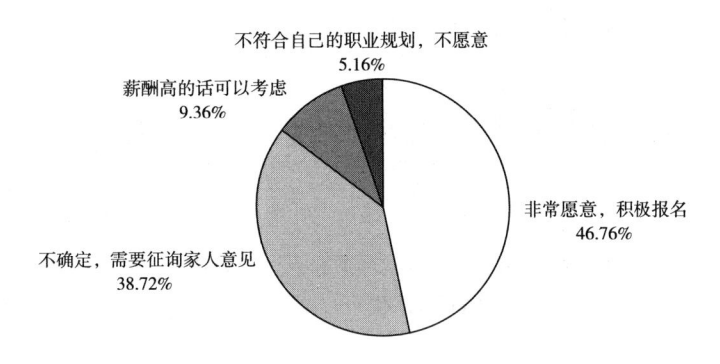

图4-15 大学生对"您愿意响应国家号召去艰苦地区的基层工作吗?"回答的分布情况

我们运用卡方检验分析发现,是否为独生子女对大学生是否愿意响应国家号召去艰苦地区的基层工作的选择影响不大,但性别（$\chi^2=63.32$,$p<0.001$）、年级（$\chi^2=20.43$,$p<0.05$）、学科类型（$\chi^2=25.32$,$p<0.05$）、政治面貌（$\chi^2=20.24$,$p<0.05$）、就读学校（$\chi^2=21.84$,$p<0.01$）、干部经历（$\chi^2=12.23$,$p<0.01$）、家庭所在地（$\chi^2=20.94$,$p<0.05$）、父母学历（$\chi^2=27.41$,$p<0.01$）等因素导致大学生群体对该问题的回答存在一定的差异。这里重点阐述年级和政治面貌因素对大学生是否愿意去艰苦地区的基层工作的影响。可以看出,不同年级的学生对国家的号召持积极态度,即接近一半的不同年级学生都非常愿意到艰苦地区的基层工作（见图4-16和表4-5）。而学生中中共党员（含预备党员）和共青团员因不符合职业规划而不愿意去以及考虑薪酬的占比都很低（见图4-17和表4-6）。这说明,高校对不同年级大学生奋斗精神培育的总体效果不错。总之,新时代的大学生有远大志向,个人发展能融入国家发展建设的大局,较好地体现了奋斗的意愿。

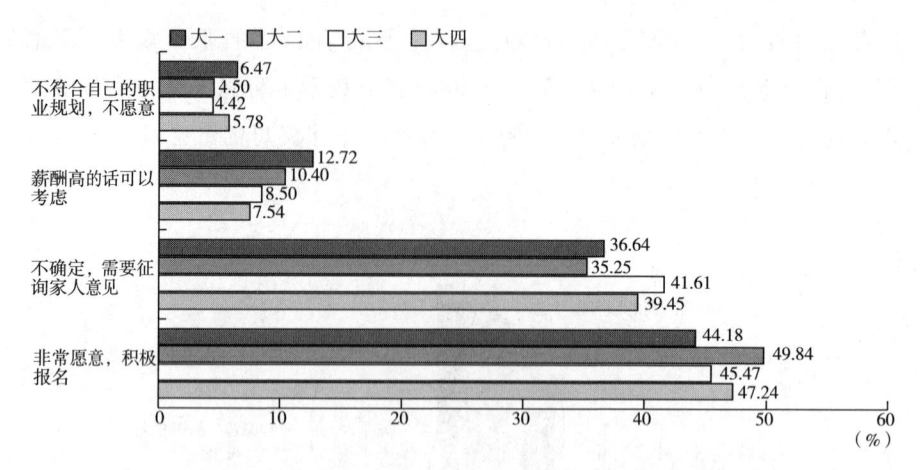

图 4-16　不同年级学生对"您愿意响应国家号召去艰苦地区的基层工作吗?"回答的分布情况

柱状图数据（大一／大二／大三／大四）：
- 不符合自己的职业规划，不愿意：6.47 / 4.50 / 4.42 / 5.78
- 薪酬高的话可以考虑：12.72 / 10.40 / 8.50 / 7.54
- 不确定，需要征询家人意见：36.64 / 35.25 / 41.61 / 39.45
- 非常愿意，积极报名：44.18 / 49.84 / 45.47 / 47.24

表 4-5　卡方检验

	值	自由度	渐进显著性（双侧）
皮尔森卡方	20.428[a]	9	0.015
似然比	20.009	9	0.018
线性关联	2.045	1	0.153
有效个案数	2810		

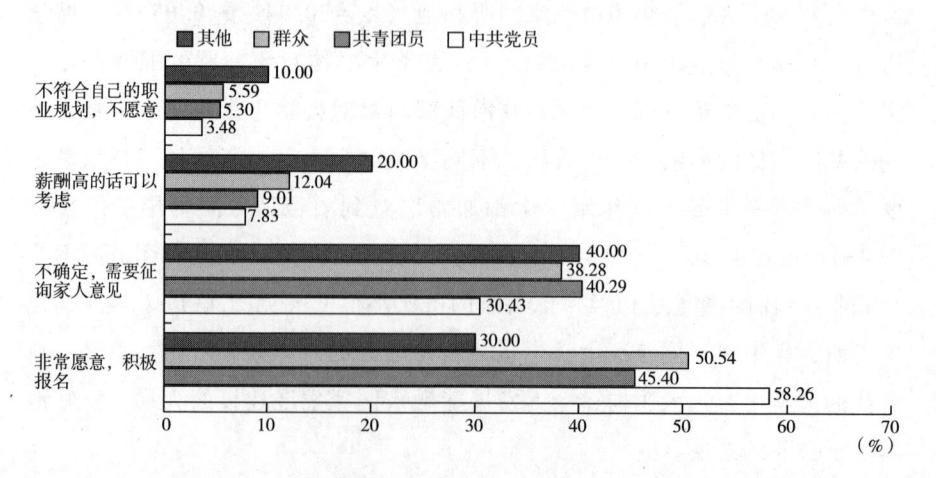

图 4-17　不同政治面貌的大学生对"您愿意响应国家号召去艰苦地区的基层工作吗?"回答的分布情况

柱状图数据（其他／群众／共青团员／中共党员）：
- 不符合自己的职业规划，不愿意：10.00 / 5.59 / 5.30 / 3.48
- 薪酬高的话可以考虑：20.00 / 12.04 / 9.01 / 7.83
- 不确定，需要征询家人意见：40.00 / 38.28 / 40.29 / 30.43
- 非常愿意，积极报名：30.00 / 50.54 / 45.40 / 58.26

表 4-6　卡方检验

	值	自由度	渐进显著性（双侧）
皮尔逊卡方	20.237[a]	9	0.017
似然比	19.865	9	0.019
线性关联	5.327	1	0.021
有效个案数	2810		

3. 大学生奋斗精神缺失的原因及影响因素分析

当问及"您认为当前大学生奋斗精神存在缺失的原因是什么？"时，有70.25%的大学生认为是"家庭教育引导不够"，78.43%的大学生认为是"社会不良风气"，58.90%的大学生认为是"学校教育不足"，91.99%的大学生认为是"主体意识不够成熟导致的认知困境"，71.81%的大学生认为是"网络媒体广泛应用的负面效应"，2.42%的大学生认为是"其他"原因（见图4-18）。这些都是培育大学生奋斗精神实效性不强的原因，为进一步剖析并找准解决问题的突破口指明了方向。

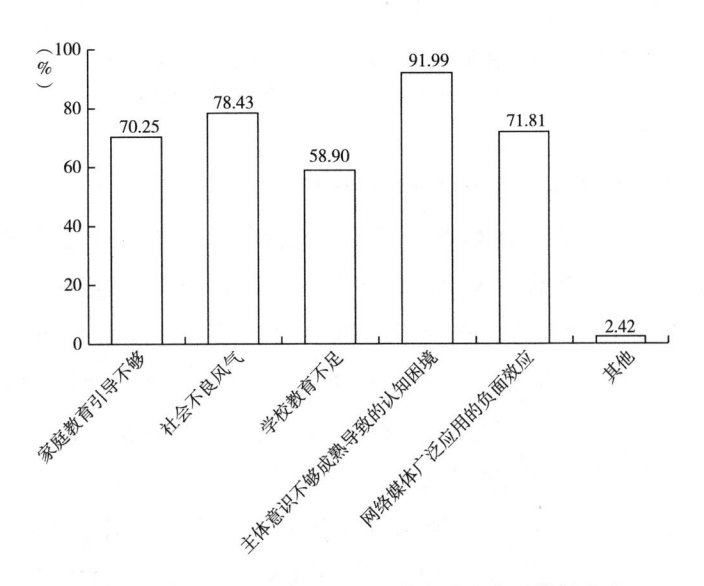

图4-18　大学生对"您认为当前大学生奋斗精神存在缺失的原因是什么？"回答的分布情况

当问及"您认为大学生奋斗精神养成易受哪些因素影响?"时,有84.48%的大学生认为是"校园文化环境熏陶",79.50%的大学生认为是"社会主要矛盾制约",82.95%的大学生选择"网络传播内容影响",76.58%的大学生觉得是受"个人社会实践锻炼"的影响,也有1.71%的大学生认为是"其他"因素(见图4-19)。这说明个人、学校、社会及网络媒介与大学生奋斗精神的养成有一定联系,培育大学生奋斗精神要特别关注这几个因素的重要影响。

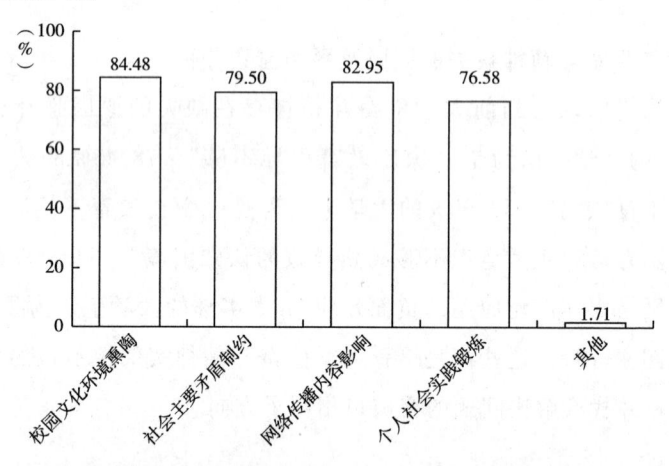

图 4-19 大学生对"您认为大学生奋斗精神养成易受哪些因素影响?"回答的分布情况

4. 对大学生奋斗精神培育方式的分析

当问及"您所在学校是通过哪些方式开展大学生奋斗精神培育的?"时,学生选择"思想政治理论课教学"的占比89.36%,选择"榜样示范报告会"的占比77.01%,选择"实地参观学习"的占比66.69%,选择"竞技文化活动"的占比64.84%,选择"现代大众传媒"的占比67.97%(见图4-20)。可见,大学生奋斗精神培育的形式多样化,这些方式影响培育目标的实现与培育效果的提升。

当问及"您认为哪些途径可以加强大学生奋斗精神培育?"时,有80.89%的大学生认为是"国家的顶层设计规范",83.20%的大学生认为"学校加强制度保障",80.00%的大学生认为"家庭注意日常教育",84.73%的大学生认为是"优化良好的社会环境",77.76%的大学生认为是"协同多方

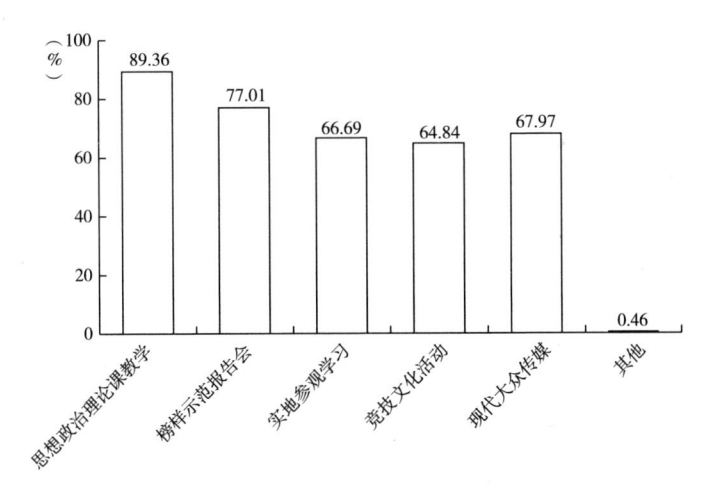

图 4-20 大学生对"您所在学校是通过哪些方式开展大学生奋斗精神培育的?"回答的分布情况

思想政治理论课教学 89.36
榜样示范报告会 77.01
实地参观学习 66.69
竞技文化活动 64.84
现代大众传媒 67.97
其他 0.46

的教育合力",1.42%的大学生认为是"其他"途径(见图 4-21)。这说明,加强大学生奋斗精神培育应构建一体化培育体系,优化并整合各方力量,才能使大学生真正具有奋斗精神。

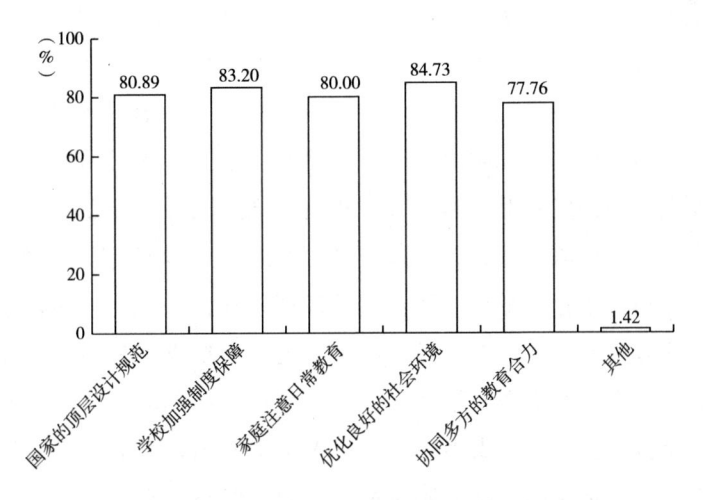

国家的顶层设计规范 80.89
学校加强制度保障 83.20
家庭注意日常教育 80.00
优化良好的社会环境 84.73
协同多方的教育合力 77.76
其他 1.42

图 4-21 大学生对"您认为哪些途径可以加强大学生奋斗精神培育?"回答的分布情况

当问及"您愿意参加以扶贫、支教、支农为主题的社会实践活动吗?"时,有 1596 人选择"非常愿意",占比 56.80%;有 945 人选择"喜欢某个活动就愿意",占比 33.63%;有 76 人选择"太苦太累,不愿意",占比 2.71%;有 193 人选择"不确定",占比 6.87%(见图 4-22)。这表明,绝大部分学生会通过实践活动的方式践行奋斗精神。

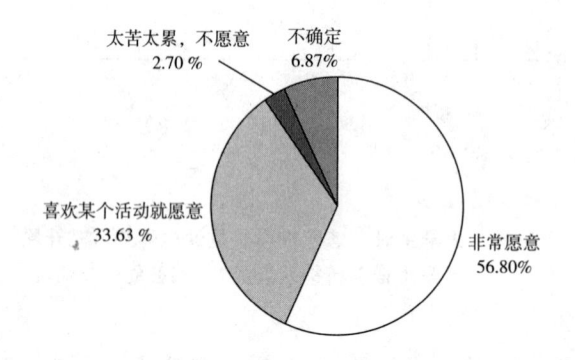

图 4-22 大学生对"您愿意参加以扶贫、支教、支农为主题的社会实践活动吗?"回答的分布情况

通过本次调研所呈现的大学生奋斗精神培育的现实图景,我们发现:一方面,大学生奋斗精神培育的必要性体现在学生的认知和践行上。大部分学生都对"奋斗精神"和"大学生奋斗精神"的内涵有较好的认知,高度认同奋斗精神培育,并明确认识到个体具有奋斗精神对国家发展的必要性和重要性。但仍然有部分学生对奋斗精神漠不关心,导致践行的力度不够。因此,要继续深化他们对大学生奋斗精神的理解和认同。另一方面,大学生奋斗精神培育的主要途径及形式逐渐多样化,但仍然存在培育针对性不强、成效不显著,培育方式创新性不足及未形成完善的培育体系等问题,导致对培育大学生奋斗精神的意义和价值挖掘不够。为此,要整合各种资源,全方位提高宣传水平,注重以大学生喜闻乐见的方式来培育大学生奋斗精神,让奋斗的优良品质通过适切的实践路向真正在大学生内心产生认同和共鸣。

第二节 大学生奋斗精神培育的主要成效

随着大学生奋斗精神培育在高校思想政治教育中的地位不断提升，可以说，培育大学生奋斗精神成为实现大学生全面发展的重要途径。根据问卷所收集到的数据，新时代大学生奋斗精神培育取得了积极成效，为后续的针对性培育施策提供了坚实的基础。

一 大学生对奋斗精神有较高的认知水平

大学生对奋斗精神的认知程度事关培育大学生奋斗精神的效果。因为认知是行动的前提，只有形成了正确的认知，才能更好地指导行动，这是大学生奋斗精神培育的逻辑起点。调查数据显示，当问及"您在确立人生奋斗理想时最关注的内容是？"时，有1940人选择"国家、社会和民族的需要"，占比69.04%；有606人选择"精神信仰"，占比21.57%；有206人选择"物质财富和权力"，占比7.33%；有58人选择"个人的声誉名望"，占比2.06%（见图4-23）。这说明小部分学生的理解较为局限，但大部分学生有明确的奋斗理想和规划，能够跟随主流，具备积极向上的奋斗目标，即以国家、社会和民族的需要为人生奋斗归宿。

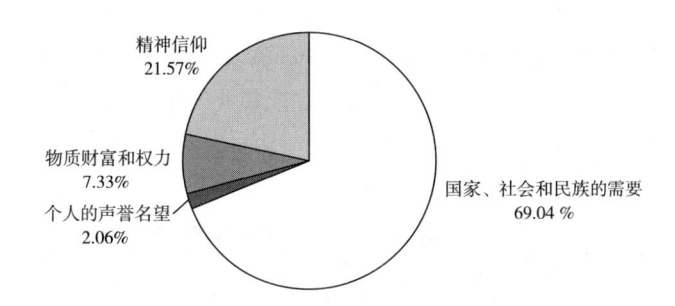

图4-23 大学生对"您在确立人生奋斗理想时最关注的内容是？"回答的分布情况

当问及"您觉得大学生为什么要奋斗?"时,有 92.56% 的大学生选择"为了实现自己的人生价值目标",85.12% 的大学生选择"为了国家发展和社会进步",但也有 26.48% 和 3.77% 的大学生分别选择"为了追求奢华富贵的物质生活"和"其他"(见图 4-24)。这说明学生对奋斗的认知趋于理性,能很好地结合国家、社会和民族的发展需要,并对自身奋斗的意义和肩负的使命有深刻认识,从而逐步成长为推动社会不断进步的奋斗者。

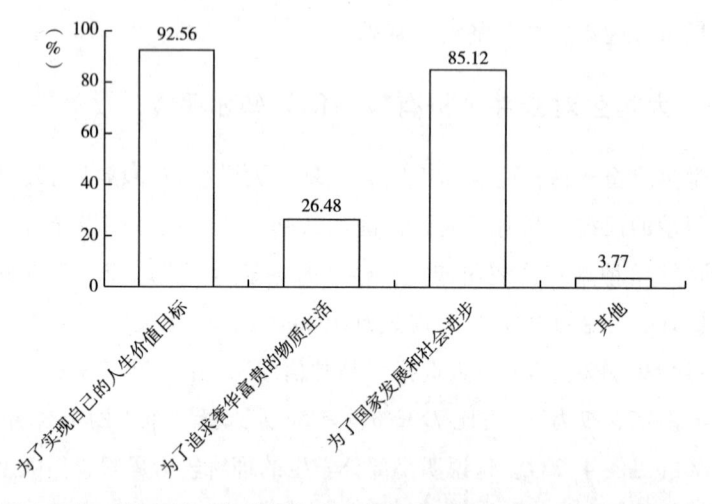

图 4-24 大学生对"您觉得大学生为什么要奋斗?"回答的分布情况

从对政治面貌与奋斗精神内涵的相关性分析中可见,中共党员(含预备党员)身份的学生对奋斗精神内涵的理解更为全面、准确,与其在入党过程中接受更多的党史学习教育有一定关系。我们从奋斗精神内涵中提出两项内容进行分析,发现无论是对于"吃苦耐劳,甘于奉献"还是对于"艰苦奋斗,敢于拼搏",党员学生的认知深度都要远超其他政治面貌的学生(见表 4-7)。

表 4-7 政治面貌对大学生理解奋斗精神内涵的影响

		中共党员		共青团员		群众		其他		总计	
		人数	占比	人数	占比	人数	占比	人数	占比	人数	占比
艰苦奋斗,敢于拼搏	否	5	2.18%	313	15.08%	119	24.04%	5	50.00%	442	15.73%
	是	225	97.83%	1762	84.92%	376	75.96%	5	50.00%	2368	84.27%
	总计	230	100.00%	2075	100.00%	495	100.00%	10	100.00%	2810	100.00%

续表

		中共党员		共青团员		群众		其他		总计	
		人数	占比	人数	占比	人数	占比	人数	占比	人数	占比
吃苦耐劳，甘于奉献	否	3	1.30%	290	13.98%	113	22.83%	4	40.00%	410	14.59%
	是	227	98.70%	1785	86.02%	382	77.17%	6	60.00%	2400	85.41%
	总计	230	100.00%	2075	100.00%	495	100.00%	10	100.00%	2810	100.00%

奋斗精神内涵中"艰苦奋斗，敢于拼搏"与"吃苦耐劳、甘于奉献"在有关政治面貌的卡方检验中显著性 P 值为 0.005。P 值小于 0.05，表示该两项认知在不同政治面貌大学生中存在显著性差异（见表4-8）。其中，党员所具备的艰苦奋斗、拼搏向上和甘于奉献的精神意识更强，这与党员学生比其他学生有更多理论学习与实践锻炼的机会，能接受到更系统的大学生思想政治教育有着相关性。

表4-8　卡方检验

	值	自由度	渐进显著性（双侧）
皮尔森卡方	13.040[a]	3	0.005
似然比	5.412	3	0.144
线性关联	0.511	1	0.475
有效个案数	2810		

当问及"您一般通过什么途径获知和了解大学生奋斗精神？"时，学生的回答包括课程学习、互联网媒体、社团活动、报刊书籍、影视作品及其他等。由表4-9可知，通过课程学习、互联网媒体等途径了解大学生奋斗精神的比例较高，分别达到80.36%、84.95%，通过其他方式获知的比例较低。可见，学生可以通过不同渠道对大学生奋斗精神加以认知，这对大学生主动且深入地理解和把握奋斗精神，从而提升其认知度和认同感大有裨益。

表 4-9　大学生对"您一般通过什么途径获知和了解
大学生奋斗精神?"回答的分布情况

问题	选项	占比
您一般通过什么途径获知和了解大学生奋斗精神?	课程学习	80.36%
	互联网媒体	84.95%
	社团活动	66.41%
	报刊书籍	61.03%
	影视作品	65.05%
	其他	3.10%

二　大学生奋斗精神培育方式多元与方法多样

培育是指通过创造和提供适宜的成才条件，对个体进行有目的的教育和训练，进而使之成长为一个对社会有用的人才。近年来，在党和国家的重视下，高校对大学生奋斗精神培育问题尤为关注，探索出一些有效的培育方式和方法。这些方式和方法激发了大学生的奋斗意识，使受教育者受到影响，并促使其施行积极的外显行为。

第一，进入新时代，大学生奋斗精神培育的方式越发丰富多样。当问及"您课余时间愿意观看有关革命英雄和历史题材的影视作品吗?"时，有1420人选择"非常愿意"，占比50.53%；有1278人选择"比较愿意"，占比45.48%；有88人选择"不愿意"，占比3.13%；有24人选择"非常不愿意"，占比0.85%（见图4-25）。调查显示，绝大部分学生是愿意观看有关革命英雄和历史题材的影视作品的。历史是最好的教科书，通过观看体现时代特征、内蕴正确价值导向、传承优秀思想文化的影视作品，如《建党伟业》《建军大业》《建国大业》等，学生可以在学习党史、国史过程中深刻感受仁人志士为革命奋斗的精神，从历尽艰辛的故事情节中抓住弘扬奋斗精神的主旋律，进一步感悟奋斗思想和奋斗力量。

当问及"以学校作为培育主体，您觉得哪些方式对大学生奋斗精神教育更有效?"时，大多数学生都选择了思想政治理论课教育、党团组织的实践活动、教师谈话与言传身教、相关制度机制的构建（见图4-26）。从调查结果可以看出，大学生奋斗精神的培育方式较为多样，有利于激发大

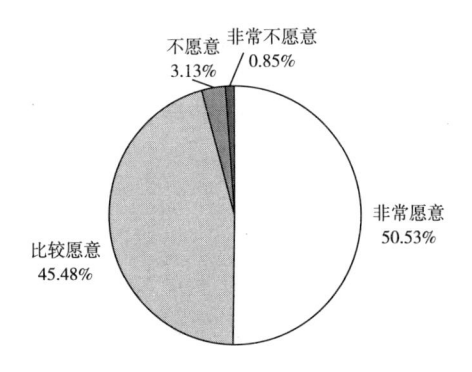

图 4-25　大学生对"您课余时间愿意观看有关革命英雄和历史题材的影视作品吗?"回答的分布情况

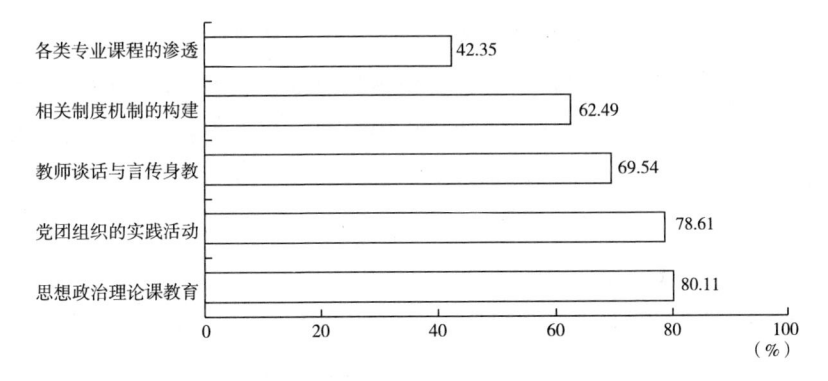

非常愿意 50.53%
比较愿意 45.48%
不愿意 3.13%
非常不愿意 0.85%

各类专业课程的渗透 42.35
相关制度机制的构建 62.49
教师谈话与言传身教 69.54
党团组织的实践活动 78.61
思想政治理论课教育 80.11

图 4-26　大学生对"以学校作为培育主体,您觉得哪些方式对大学生奋斗精神教育更有效?"回答的分布情况

学生自身对相关奋斗理论知识学习的主动性,从而提振他们对中华民族文化中关于奋斗文化的认同感和自信心。

第二,同样的教育内容,若采用不同的教育方法,其效果可能差别很大。学校在大学生奋斗精神的培育上,依据培育目标,运用多种方法以提升培育的质量与效果。当问及"您所在学校是通过哪些方式开展大学生奋斗精神培育的?"时,学生选择"思想政治理论课教学"的占比 89.36%,选择"榜样示范报告会"的占比 77.01%,选择"实地参观学习"的占比 66.69%,选择"竞技文化活动"的占比 64.84%,选择现代大众传媒的占比 67.97%(见图 4-20)。可见,高校开展大学生奋斗精神培育,既有理论性教学，又有实践性学习，还运用新媒介手段，这些方法对于提升大学生奋斗精神培育的成效发挥了重要作用。

三 大学生奋斗精神培育的水平总体向好

高校对大学生奋斗精神培育的水平逐步提升，体现在大学生对奋斗精神培育具有较高的认同感，多数学生在认知和情感方面对培育的意义和价值认识深刻。大学生的认同度越高，意味着大学生奋斗精神培育的水平总体越好。大学生认同度的高低，是对大学生奋斗精神培育工作的实效进行检验的关键。

当问及"您对大学生为实现中华民族伟大复兴而接续奋斗的感觉是？"时，超过80%的学生都选择自身为国争光的真情实感、传承奋斗精神品质的需要、个人价值实现的最佳方式、浓厚爱国主义情怀的体现等选项（见图4-27）。这说明他们对奋斗目标有明确的想法，表现出较强的奋斗动力和积极的奋斗行为，能够将个体的人生理想与国家发展和民族复兴紧密结合起来。

选项	占比(%)
浓厚爱国主义情怀的体现	84.13
个人价值实现的最佳方式	83.17
传承奋斗精神品质的需要	88.29
自身为国争光的真情实感	92.70

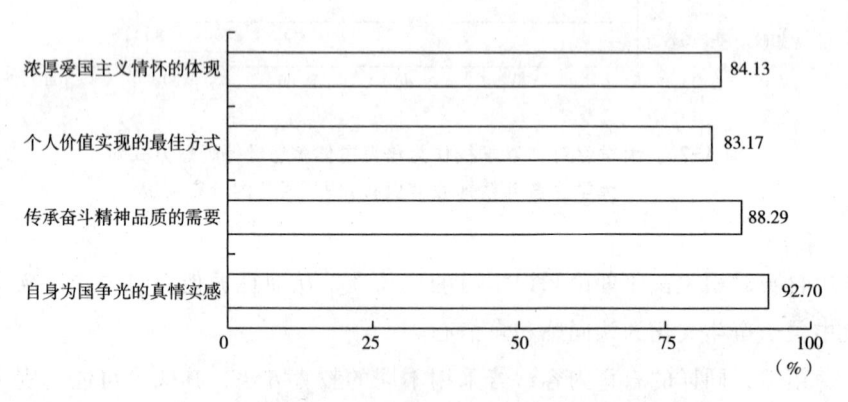

图 4-27 大学生对"您对大学生为实现中华民族伟大复兴而接续奋斗的感觉是？"回答的分布情况

在对奋斗精神的了解程度和加强大学生奋斗精神培育的必要性的关联性分析中，调查显示，在选择有必要加强大学生奋斗精神培育的学生中，对大学奋斗精神"一般了解"和"不太了解"的占比分别为64.40%、20.64%。

同时，在选择"非常有必要"加强大学生奋斗精神培育的学生中，对大学生奋斗精神"非要了解"的占比也达到了30.23%，这说明两者关联度高（见表4-10）。

表4-10 对大学生奋斗精神的了解情况与加强奋斗精神培育必要性的交叉分析

单位：人，%

		您认为新时代加强大学生奋斗精神的培育有必要吗？							
		非常有必要		有必要		必要性不大		没必要	
		人数	占比	人数	占比	人数	占比	人数	占比
您对奋斗精神的了解程度如何？	非常了解	605	30.23%	84	11.64%	13	24.53%	7	20.59%
	一般了解	1159	57.93%	465	64.41%	23	43.40%	14	41.18%
	不太了解	201	10.05%	149	20.64%	11	20.76%	6	17.65%
	不了解	36	1.80%	24	3.33%	6	11.32%	7	20.59%
	总计	2001	100.00%	722	100.00%	53	100.00%	34	100.00%

根据卡方检验结果，在对奋斗精神的了解程度和加强培育大学生奋斗精神的必要性的关联上，其显著性检验P值小于0.05（见表4-11）。这说明，在新时代仍然需要奋斗精神的支撑，大学生才能沿着明确的方向勇毅前行。因此，高校要提升培育大学生奋斗精神的工作水平，使他们成长为具有奋斗精神的向上青年。

表4-11 卡方检验

	值	自由度	渐进显著性（双侧）
皮尔森卡方	193.903[a]	9	0.000
似然比	170.215	9	0.000
线性关联	124.833	1	0.000
有效个案数	2810		

当问及"您觉得具有奋斗精神对于大学生自身发展有哪些作用？"时，超过八成的学生认为奋斗精神能够促进养成奋斗的思想品德、激励自己更加努力学习、提高面对挫折的抗击能力、明确人生目标矢志奋斗和坚定理想信念成长成才等（见图4-28）。可见，大学生能够较为全面地理解奋斗

精神的内涵，这也对个人成长发展起正向引导作用。

选项	百分比
坚定理想信念成长成才	87.15
明确人生目标矢志奋斗	89.54
提高面对挫折的抗击能力	91.00
激励自己更加努力学习	92.70
促进养成奋斗的思想品德	94.16

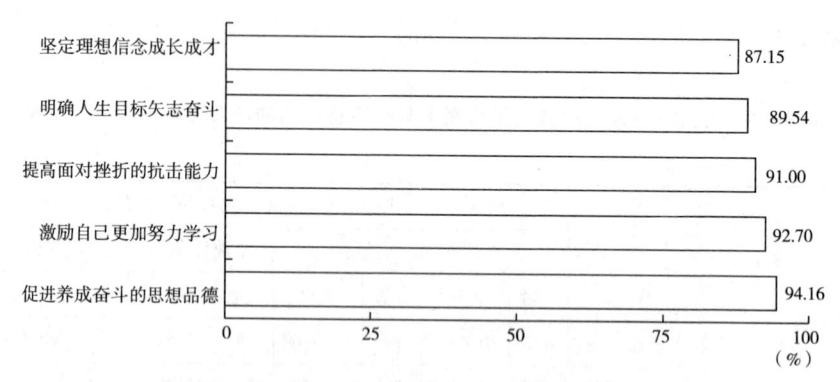

图 4-28　大学生对"您觉得具有奋斗精神对于大学生自身发展有哪些作用？"回答的分布情况

在问及"您怎样理解当今'内卷'时代大学生'躺平'的社会现象？"时，选择是一种消极颓废的文化现象、是一种不负责任的人生态度、是一种不思进取的学习状态、是一种无欲无求的生活方式和是一种违背奋斗精神的价值观念的学生分别占比 68.61%、61.57%、62.95%、59.89% 和 57.79%（见图 4-29）。这说明多数学生对于这种现象的认知是理性的，有着清醒的判断，也客观反映了高校培育大学生奋斗精神的效果较好，为高校进一步开展大学生奋斗精神培育工作提振了信心。

选项	百分比
是一种违背奋斗精神的价值观念	57.79
是一种无欲无求的生活方式	59.89
是一种不思进取的学习状态	62.95
是一种不负责任的人生态度	61.57
是一种消极颓废的文化现象	68.61

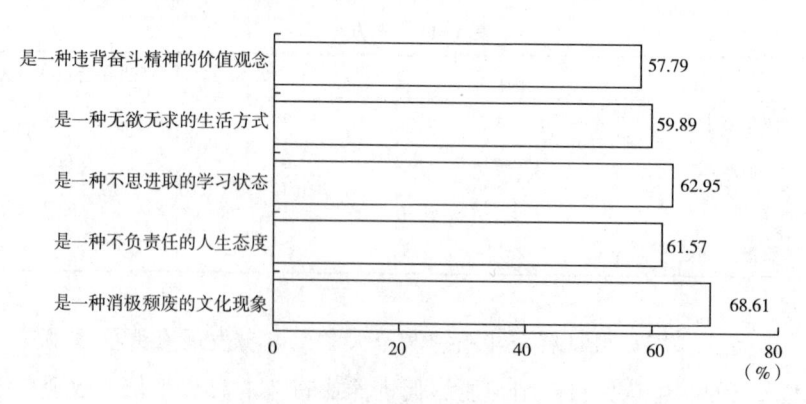

图 4-29　大学生对"您怎样理解当今'内卷'时代大学生'躺平'的社会现象？"回答的分布情况

由上可见，认同高校的大学生奋斗精神培育工作，是使奋斗精神"入脑、入心"以及指导大学生行为的基础环节。调查结果显示出大学生对奋斗精神培育认同度高，体现了近年来高校思想政治教育在奋斗精神培育方面的成效，不仅为引导大学生积极践行奋斗的优良品格奠定了扎实的思想基础，也为高校奋斗精神培育工作取得更大实效创造了有利条件，促使大学生成长为新时代的奋斗者，不断为中华民族伟大复兴砥砺奋斗。

根据《中国大学生思想政治教育发展报告2018—2019》，奋斗精神是大学生文明素养中的一项重要组成内容，26.3%的受访者对大学生奋斗精神的情况评价是"优秀"，61.7%的受访者评价是"良好"，12%的受访者认为"不合格"。其7.45的平均分比整体文明素养的平均分高出0.23分，这意味着当前大学生的奋斗精神表现较为理想。[①]

第三节　大学生奋斗精神培育中的问题聚焦

随着党和国家对大学生奋斗精神培育工作的持续重视，在培育大学生奋斗精神方面也积累了较为丰富的经验，为我国社会主义建设事业的发展做出了重要贡献。当前大学生奋斗精神培育的成效尽管总体向好，但也应看到培育过程中存在不少问题。"什么叫问题？问题就是事物的矛盾。哪里有没有解决的矛盾，哪里就有问题"[②]，所以结合调查结果聚焦矛盾，才能进一步深入分析并解决问题。

一　大学生奋斗精神培育的成效与既定目标间存有差距

高校进行大学生奋斗精神培育，其旨归在于为党育人、为国育才，即培养出具有奋斗精神的社会主义有用人才。培育大学生奋斗精神，要使之能准确掌握奋斗精神的要义，认识到奋斗精神的价值意蕴，进而凸显大学生奋斗对社会进步的重要作用。与此同时，大学生奋斗精神培育不仅使大

---

① 沈壮海、刘晓亮、司文超等：《中国大学生思想政治教育发展报告2018—2019》，北京师范大学出版社，2020，第8页。
② 《毛泽东选集》（第3卷），人民出版社，1991，第839页。

学生把奋斗精神作为主流思想意识和价值观念，更重要的是使大学生在充分认知和理解的基础上形成奋斗情感，并树立奋斗意志，将对奋斗精神的理性认知、认同内化为自己的精神追求，并用其指导自己的行动，也就是把精神外化为实际行动。只有具备这种精神品质的大学生，才能矢志为中国特色社会主义现代化事业奋斗不息。调查反映出，大学生对大学生奋斗精神认知度较高，当问及大学生奋斗精神对自身发展有哪些作用时，94.16%和89.54%的学生分别选择"促进养成奋斗的思想品德"和"明确人生目标矢志奋斗"。

同时，被调查的学生中有近90%的人对大学奋斗精神的基本内涵有正确理解。但是把这个调查结果与"您认为当前大学生奋斗精神弱化的表现有哪些？"的题项进行交叉分析发现，虽然被调查对象对大学生奋斗精神的基本内涵有较好认识，但部分学生自身有着弱化行为，说明存在知行脱节问题，与既定的培育目标仍然存有差距。此外，近几年相关学者对大学生思想政治教育所做的调查佐证了大学生践行奋斗精神方面不容乐观，显现出大学生奋斗精神培育的知行脱离问题。

一方面，在学业上，大学作为学习知识、探究学术、追求真理的象牙塔，是人们向往的殿堂。大学生处于精力充沛、求知若渴的黄金年龄，大学期间正是他们追求新知和技能、勇攀学业高峰的关键时期。为此，大学生应将学习置于首位，以刻苦学习、顽强拼搏的精神探索新知、增长才干、完善自我，把自己锤炼成具有过硬本领的新时代弄潮儿，创造精彩人生。然而，当前部分大学生对待学习抱有不求上进的心态，缺失奋斗的求知欲。例如，在本研究的调查中，当问及"您在课余时间中安排最多时间的是哪两项？"时，51.23%的大学生选择"去图书馆学习"，选择"上网娱乐"和"逛街游玩"的占42.30%。还有调查研究发现，4.03%的大学生在学习上持有得过且过、不思进取的心态；86.18%的大学生能够制订计划且认真执行，但还有1.15%的大学生有计划无行动甚至根本无计划[①]。《中国大学生思想政治教育发展报告2017》也显示，大学生"迟到、早退、旷课等不遵守课堂纪律"的现象严重，少部分校园的比例达到45.6%（含

---

① 李洪华：《新时代大学生奋斗精神现状及培育路径》，《社会科学家》2021年第12期，第56页。

"非常普遍""比较普遍");部分大学生在学习方面奉行不努力的机会主义,认为考试作弊行为是校园较普遍存在的占比达 18.5%[①]。可见,当前部分大学生的学习动力不足,自我提升意识不强,不仅导致其在学术研究方面取得创新突破是不可能的,也无疑在日日俱新、竞争残酷且重视个人能力的新时代阻断了自己的向上发展之路。

另一方面,在择业就业上,未能很好地实现大学生奋斗精神培育的既定目标,即坚定地听党话、跟党走,为党和国家的伟大事业及民族振兴努力奋斗。当问及"您愿意响应国家号召去艰苦地区的基层工作吗?"时,虽有 46.76% 的学生表示"非常愿意,积极报名",但占比未过半,侧面反映出当前大学生择业就业的价值导向趋于现实,明确为国家和民族而奋斗的目标有所缺失。而在《中国大学生思想政治教育发展报告 2017》中,大学生愿意去西部地区和基层工作的有 36.7%(希望去乡镇基层工作的只有 2.2%),而 25.5% 的大学生表示不愿意去("很不愿意"占 4.6%,"不大愿意"占 20.9%),主要原因是"对西部地区和基层缺乏了解和条件艰苦、待遇不好"。[②] 此结论从其他学者对大学生择业观的调研中也都可以得到确证。这与实现共同富裕的奋斗目标背道而驰,与大学生所认同的奋斗精神和人生理想追求不相符。有部分大学生对"房价高、就业难,理想不过是奢谈"这种悲观主义观点表示赞同,占比 15.8%。这在一定程度上反映出部分大学生对人生幸福缺乏正确认识,缺少奋力实现理想的积极心态[③]。所以,学校应使大学生明确积极的人生目标,引导其改变固有的就业择业取向,使之有前进的方向和实现梦想的动力。

上述结果表明,我们必须高度重视教育引导大学生树立远大志向和崇高理想,不培养"精致利己主义者",使他们具有奋斗精神,能担负起使命,完成时代赋予的奋斗目标。

---

① 沈壮海、王晓霞、王丹等:《中国大学生思想政治教育发展报告 2017》,北京师范大学出版社,2018,第 211~212 页。
② 沈壮海、王晓霞、王丹等:《中国大学生思想政治教育发展报告 2017》,北京师范大学出版社,2018,第 211~212 页。
③ 沈壮海、王晓霞、王丹等:《中国大学生思想政治教育发展报告 2018—2019》,北京师范大学出版社,2020,第 8 页。

二 学校教育成效有待提高

大学生奋斗精神是一种积极向上的精神意识，学校层面培育成效的高低直接关系到大学生奋斗精神的养成。当问及"您认为影响学校培养大学奋斗精神成效的主要因素有？"时，有71.92%的学生表示校园奋斗文化氛围不浓（见图4-30）。当问及"您认为当前大学生奋斗精神存在缺失的原因是什么？"时，选择学校教育不足的学生占比58.90%（见图4-18）。这表明当前一些高校的校园奋斗文化氛围不浓，以奋斗精神为主题的教育活动较少开展，显现出高校对大学生奋斗精神培育工作存在边缘化倾向，即对其重视度不高，导致工作成效不足。

选项	百分比
校园奋斗文化氛围不浓	71.92
相关课程教学内容不丰富	70.78
教师教育方式呆板、方法单一	61.07
大学生实践锻炼的机会不多	78.86
其他	2.31

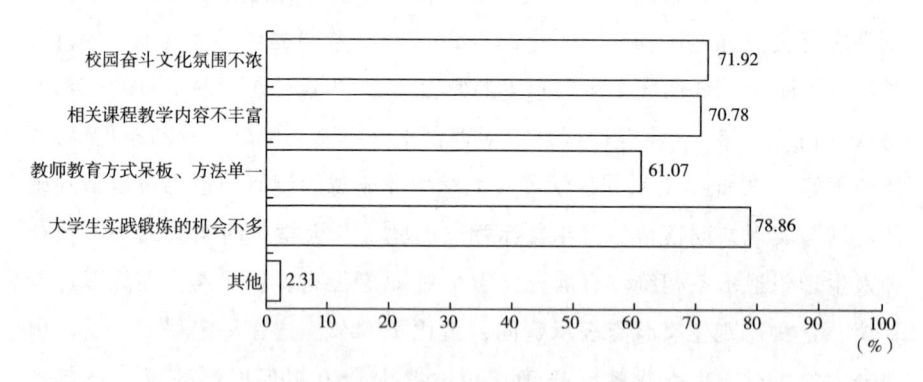

图4-30　大学生对"您认为影响学校培养大学生奋斗精神成效的主要因素有？"回答的分布情况

思想政治工作的本质是做人的工作，高校思想政治教育是为了培养学生成长为社会主义人才，其中培育大学生奋斗精神是高校思想政治教育的一项重要内容。然而，近些年有部分高校不重视甚至忽视对大学生奋斗精神的培育，呈现主体责任淡化的问题。教育主体是培育大学生奋斗精神的组织者和实施者，若他们对大学生奋斗精神培育有所松懈，并使其处于边缘化状态，那么此类培育工作必然会举步维艰，处于"说起来重要，做起来次要，忙起来不要"的尴尬境地，教育效果也大打折扣。

一方面，教育主体责任弱化会导致教育管理者忽略大学生奋斗教育的重要性，会更多关注能直接体现学校发展成就的领域，如学生的就业率、学校的教学科研成果、学科专业建设等。教育管理者对培育大学生奋斗精神重视不够、支持不足，会造成高校大大减少奋斗主题教育方面的各项举措：压缩教学课程，减少实践活动，缺少奖励和约束机制等，使大学生奋斗教育在学校中地位下降，直接影响奋斗精神教育本应发挥的作用。另一方面，教育主体对奋斗精神认识的偏差，还会使一些高校领导和其他工作人员缺乏奋斗精神。有的教师就认为，现在物质充裕、生活条件好了，单独对大学生进行奋斗教育必要性不大。这种认识误区使有些高校教师认为没必要再提倡奋斗精神，导致教师在教学中忽略此内容，造成自身教学工作的倦怠、研究成果匮乏等。这些不积极进取、不勤奋上进、不思学校发展的得过且过行为，或多或少对大学生会产生消极影响。

随着我国的经济实力跃居全球前列，人民的物质条件得到极大改善，某些高校的管理者、教师、其他工作人员等对奋斗精神的认识开始淡化，不同程度影响大学生奋斗精神培育工作。这与社会上流行的某些错误观念有关。比如在对艰苦奋斗的认识上，认为就是让人们继续过苦行僧式的生活，吃得差、穿得差，这与当下的时代要求不符，没必要再提这种过时的观点。这种错误认识产生的根源是：人们未认识到今天生产力水平之所以显著提高，一个很重要的因素就是弘扬与传承艰苦奋斗精神。可见，教育者对奋斗精神评价缺位、认识偏差，不仅导致他们对大学生奋斗教育缺乏主体责任认识，也影响育人理念、育人要求的落实。对奋斗精神失之偏颇的理解，无论于教育主体还是教育客体而言都是不利甚至是有害的。为此，学校作为大学生奋斗精神培育的集中场所，应提高奋斗精神教育的地位，发掘大学生奋斗的价值，并自觉担负起大学生奋斗精神培育的责任。要发挥出奋斗精神对大学生的引领作用，使大学生掌握奋斗本领、增强奋斗意识并外化为奋斗行为。

此外，调查发现，培育存在教师教育方式呆板、方法单一，相关课程教学内容不丰富等问题（见图 4-30）。尤其是对"您所在学校是通过哪些方式开展大学生奋斗精神培育的？"的回答（见图 4-20），大部分学生选择思想政治理论课教学、榜样示范报告会、竞技文化活动、实地参观学习等常规方法，说明当前大学生奋斗精神培育仍停留在刻板的、线性方式层面，缺乏针对性和创新。大学生奋斗精神培育渗透于课程教育、实践教育、日常生活教育等多方面，在方法上应根据大学生的思想和行为特点进行培育手段和方式的分众式创新，这才有助于大学生奋斗能力素养和奋斗价值观的养成，使他们真正体会到奋斗精神的引领和浸润作用。同时，现代传媒业的发展，为准确把握大学生思想行为的新特点，推陈出新地打破原有套路，建构培育方法体系提供了新思维，进一步增强了奋斗精神教育的趣味性和创造力，促进大学生积极参与，改变其接受习惯。诸如大多数学生喜欢宣教方式、内容的创新，认同"创新宣教模式、适应新时代发展"、"增强宣教话语的生活化和情感性"、"创新培育方法，使学生喜闻乐见"、"培育内容具有现实性和具象化"和"培育活动形式创意新颖，贴近大学生生活"等。应创新多样化教学宣教方式，提高运用新媒体技术手段展现教育内容的频率，使大学生在现代传播媒介中多接触到有关奋斗正能量的感染和熏陶，将奋斗精神思想更有效地融入自己的精神世界。

三 家庭教育与自我教育的力度有待加强

在问卷调查过程中，当问及"您的父母对你进行过奋斗精神教育吗？"时，1572人选择"有过，并且受益匪浅"，占比55.95%，936人选择"偶尔有，但印象不深"，占比33.31%，237人选择"好像有过，不太记得"，占比8.44%，65人选择"完全没有"，占比2.32%（见图4-31）。当问及"您认为当前大学生奋斗精神缺失的原因是什么？"时，有70.25%的大学生认为是"家庭教育引导不够"（见图4-18），表明父母在对大学生进行奋斗精神教育上相当缺位，大学生奋斗精神家庭教育效果不佳，也客观制约了大学生对奋斗精神的认知。

家庭教育通常是指，在家长营造的环境中，以言传身教的方式对孩子进行耳濡目染的教育，其教育效果更多地取决于家长的文化素质、教育目标、教育理念等。调查发现，就父母受教育程度而言，父母受教育程度高的大学生，其奋斗意识更强，可见父母受教育程度对大学生奋斗精神的生成起着重要作用。也有研究显示，家庭教育中功利主义、"重智轻德"倾向等，也直接影响大学生奋斗精神培育的成效。一方面，会导致家庭教育目标不明确。现代人工作生活节奏不断加快，家庭结构和职能也随之而发生一定的改变。一些父母由于艰难的生活经历，对待子女更多地重"养"

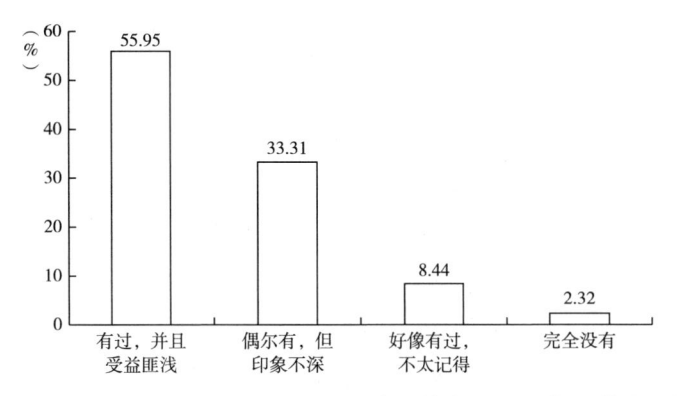

图 4-31　大学生对"您的父母对你进行过奋斗精神教育吗?"回答的分布情况

而不是"教",对于大学生"为什么要奋斗,目标是什么"这一块的认识存在模糊。这类家庭的教育更多立足于眼前利益和现实发展,而不是让子女认识到奋斗在民族复兴和社会发展中的作用和意义,从而导致奋斗精神培育动力不足。家庭教育匮乏,即父母在现实奋斗方面没有给予子女很好的引领和示范,大学生就难以在外部履行奋斗行为,致其奋斗认知、情感、意识和行为缺失和淡化,最终导致大学生奋斗精神培育目标变得虚无缥缈。另一方面,会导致教育理念失范。家庭教育是大学生奋斗精神形成的起点,家庭成员的奋斗行为对大学生奋斗精神培育至关重要。家长的自我奋斗教育是对子女教育收到良好效果的前提,他们的教育理念是实施家庭教育的基础。倘若家庭教育对子女的奋斗精神缺乏正面的影响,一味功利化教育导向,尤其是在"躺平""啃老"现象出现和盛行的社会背景下,家庭在奋斗精神培育中的角色继续缺失,久而久之容易使大学生丧失奋斗动力和承担社会责任的独立人格。为此,父母要正确认识奋斗对于大学生成长成才的重要性,必须抛弃"拼爹"等狭隘的教育理念,重视家庭教育对大学生奋斗精神形成的关键作用,担负起家长的主体责任,并潜移默化地施加奋斗教育。如此,大学生才能正确理解个人奋斗与他人、集体和国家的关系,这样民族才有未来,社会才能进步。

此外,调查还显示,虽然大学生对奋斗精神的认知程度较高,但在自我教育上缺乏独立思考,自主学习相关奋斗知识的积极性不高。例如,当问及"您课余时间愿意观看有关革命英雄和历史题材的影视作品吗?"时,仍然有一些学生表示不会观看此类影视作品(见图4-25),说明有的大学生自我奋斗教育乏力。自我教育积极性的提升需要学习动机的刺激。在当前严峻的就业形势下,就业竞争日趋激烈,一部分学生在思想上出现了功利化倾向,比如侧重于外语、计算机等操作性、实用性课程以及专业课程的学习①,对思想理论课的学习不感兴趣,产生了思想道德学习为辅、专业课程学习为主的错误观念。这不仅违背了国家"树人先立德"的教育理念,影响大学生养成奋斗的优良道德品质,也消解了大学生学习奋斗知识的积极性。同时,随着国外各种思潮涌入,各种社会新观念涌现,当前一些大学生的思想观念中存在享乐化倾向,其内在需要与当前主流价值观有所冲突,使得他们对奋斗精神教育的认识不足,未意识到奋斗精神教育对自我成长的重要性,奋斗精神也难得到有效培育。因此,在开展奋斗精神培育过程中,大学生只有认识到自身与外界的差距,及时适应社会发展的需求,尤其是认清当代大学生应当养成哪些道德品格,其实现个人价值与个人发展的意愿才会被激发,自我教育的需要和自主性才能被正确调动起来。

四 理论教育与实践教育结合的水平有待进一步提升

虽然奋斗精神培育被列入高校思想政治教育的内容体系,但高校对大学生奋斗精神培育的成效却不是特别理想,主要体现在理论知识传授和实践教育的协同不够,导致大学生共鸣性不强。

在理论教育方面,思想政治理论课承担着对大学生奋斗精神培育的任务,发挥着教育的主渠道作用,而教师是理论传授的教育主体,在理论教育的诸要素中居于主导地位。调查显示,当问及高校对大学生进行奋斗精神培育的方式时,选择思想政治理论课教学的比例为89.36%(见图4-20)。但也有部分学生认为有关奋斗精神的理论教育缺乏说服力,如相关课程教学内容不丰富,教师教育方式呆板、方法单一等(见图4-30)。这说明有些教师只是简单地把相关课程中涉及奋斗精神的内容照搬照抄进课堂,采

---

① 李晓东、赵群:《教育心理学》,北京大学出版社,2017,第110页。

用"政治说教"的方式让大学生了解奋斗精神，而未能立足于马克思主义视域下"现实的人"这一根本，也未能贴近学生的现实需求对教育内容做延伸讲解。大学生由此无法深入了解什么是奋斗精神以及应该培养什么样的奋斗精神等普遍性、方向性和原则性问题。有的教师在教学中单纯谈论大学生的使命，而缺乏必要的分析和精神引导，更未曾对培育大学生奋斗精神的深层次意蕴明确定位，使理论传授空洞乏味，枯燥的教学内容难以较好地说服和感染学生，使得一些学生对这类"理论教化"与"观念教化"的教法十分反感，对相关教育活动提不起兴趣。调查问卷中当问及"学校评选'大学生自强之星''感动校园人物'等对您有正向激励作用吗？"时，选择"感觉作用一般"的学生有1045人，占比高达37.19%（见图4-32）。可见，高校应进一步加强教师队伍建设，创新理论教学模式，提升理论传授的吸引力，才不会使奋斗精神的理论教育与学生的实际认同出现某些"错位"，而是引起学生共鸣，使大学生对奋斗精神真学真懂、真信真用。

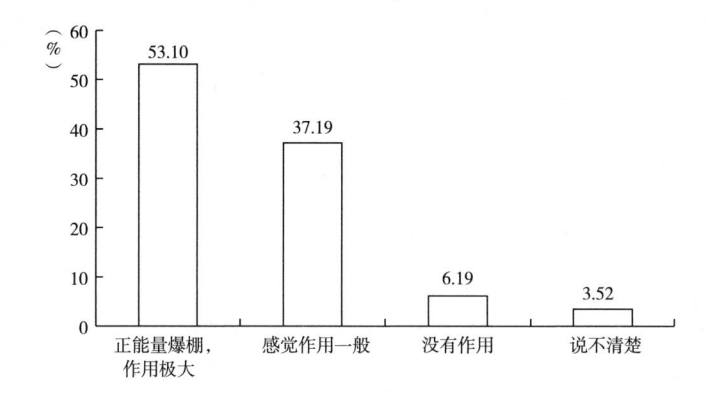

图4-32 大学生对"学校评选'大学生自强之星''感动校园人物'等对您有正向激励作用吗？"回答的分布情况

在实践教育方面，培育大学生奋斗精神在个体、社会和国家层面具有不同的定位，但都指向中华民族伟大复兴这个目标向度。调查发现，部分教育主体仅限于理论知识的传授，未能从"为谁培养人、培养什么人"的视域考量受教育者的历史使命感，陷入了单纯的知识教育误区，导致学生缺少积极参与奋斗活动并产生情感体验和价值认同的渠道，在实践中缺乏奋斗判断、奋斗认同和奋斗情感教育，这也不符合马克思主义不是教条而是行动指南的要义。换言之，奋斗精神教育应该基于实践来培养大学生的奋斗意识，并最终落脚到现实生活，落细到大学生的日常行为习惯中。大学生奋斗精神培育不单是对相关理论知识的传授，更要引导大学生在接受、了解奋斗精神理论的基础上将其作为指导实践的思想观念和价值选择，从而在实际生活中应用，以自身的奋斗行为投身于党和人民的事业，成为社会主义建设的奋斗者与奉献者。正如英国学者席勒所言，"理论应该从属于实践"，"理论是既不应该、也不能脱离实践的"[1]。在培育过程中，知识学习是掌握奋斗理论的基本方式，而实践教育则具有外化奋斗精神之作用。调查显示，在问及"下列哪种类型的大学生符合您的状况？"时，选择"对未来充满迷茫，不知道该怎么努力"和"无所追求、随遇而安的'佛系青年'"的学生占比超过三成（见图4-33）。在学校开展大学生奋斗精神培育的方式上，选择"实地参观学习"的学生比例也相对不高（见图4-20）；面对是否愿意去艰苦地区的基

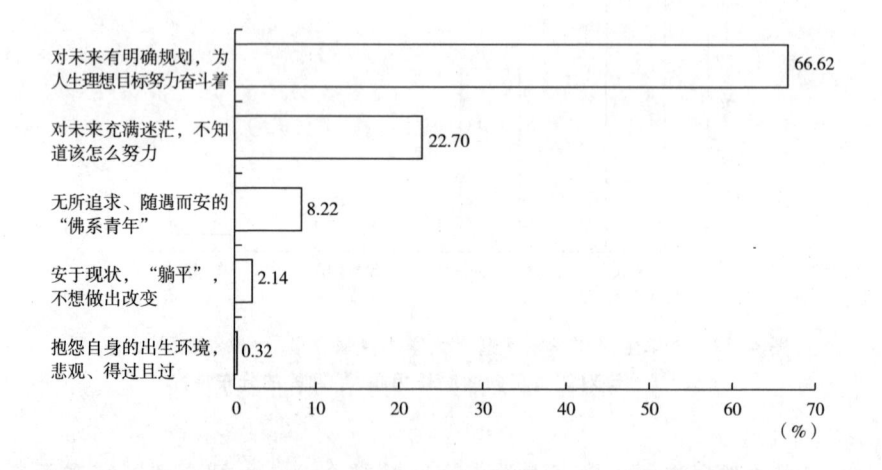

图4-33 大学生对"下列哪种类型的大学生符合您的状况？"回答的分布情况

---

[1] 〔英〕F.C.S. 席勒：《人本主义研究》，麻乔志等译，上海人民出版社，2010，第158~159页。

层工作的问题，表示不愿意去和不确定的学生不占少数（见图4-15），可见他们缺乏坚定的顽强拼搏的奋斗志向和吃苦耐劳的奋斗意志。甚至还有少部分大学生在回答"您觉得完成国家第二个百年奋斗目标和实现中华民族伟大复兴'中国梦'需要大学生奋斗吗？"题项时，竟然选择"不需要，与大学生奋斗没关系"。可见，这些认知和行为严重影响大学生在社会上的群体形象。大学生对奋斗的消极态度，不仅消减了奋斗精神培育的实际效果，也使奋斗精神教育的信效度在高校思想政治教育体系中下降。

当前，高校对大学生进行奋斗精神理论教育的主要途径为思想政治理论课。在思想政治理论课的6门课程中，教学内容集中在对奋斗精神的内涵诠释和背景阐明上，对实践层面的指导甚少。加之高校未专门开设与奋斗精神相关的实践课程或学习项目，使实践教育层面呈现出碎片化和片面化的问题。其他专业课程中，关于奋斗教育也未有明确的理论教学素材，其实践教育活动也没有完全展现大学生奋斗精神的相关内容，造成学生在进行专业课程学习时无法以奋斗精神理念来指导各项实践活动。因此，要着力避免大学生奋斗精神理论"灌输"和实践教育脱节的"两张皮"现象，坚持理论教育与实践教育融会贯通，不断引导大学生的思想共鸣和情感认同，使之在第一课堂与第二课堂的有效结合中得到教育和引导，从而获知奋斗的知识和技能，获得奋发向前的能力和动力。

第四节　大学生奋斗精神培育问题的原因分析

"相互作用是事物的真正的终极原因"[1]。对大学生奋斗精神培育中存在问题的原因进行剖析，是解决问题的前提。根据上文调查反馈掌握的整体情况（见图4-18和图4-19），整合社会、学校、家庭和个体四个方面，分析问题形成的原因，对于优化大学生奋斗精神培育的路径十分有利，有

---

[1] 《马克思恩格斯文集》（第9卷），人民出版社，2009，第482页。

助于提高培育的实效性，最终解决现实难题。

一 学校系统化教育不充分，培育的实效性不突出

奋斗精神教育是高校思想政治教育的重要分支，高校对大学生进行奋斗精神培育是必不可少的内容。高校培养大学生奋斗精神的工作成效，不仅关系到高校人才培养质量的高低，而且对大学生奋斗精神的有效生成起着关键作用。但高校在大学生奋斗精神培育工作中也存在教育目标定位模糊，教育的理念、内容和方法较为单一，培育方式创新性不强等问题，培育的实效性不突出，导致奋斗精神未能入脑、入心地引领学生成长，大学生奋斗精神淡化明显。究其主要原因，有以下几个方面。

（一）高校的重视程度不够

高校对大学生奋斗精神培育的重要性认识不够，使得培育大学生奋斗精神的应然效果与理想状态存在一定差距。其一，在教育理念上，大多数高校对大学生奋斗精神培育未像对专业知识教育那样看重。比如，仅仅依靠思想政治理论课教学，对大学生进行奋斗知识的灌输。这种单纯的说教，缺乏实践体悟，使大学生无法充分了解自身应该具备什么样的奋斗精神。加上某些高校也未把奋斗精神培育与其他涉及人才培养的教育活动有机融合并体现在专业课程中，这样不仅不能使大学生将奋斗精神的深刻内涵内化为自己的价值追求、外化为自己的奋斗行动，也使奋斗精神培育在高校育人领域影响力不够，奋斗精神培育的效果必然大打折扣。其二，在教育途径上，理论教育与实践教育结合得不紧密，尤其是教育实践内容设置偏少，没有很好地将实践环节作为理论教育的补充，即没有从深层次关注和考虑学生的情感体验和价值认同。调查中有学生表示，学校很少采用实地走访等体验式学习方式帮助学生了解革命历史和国情，开展有关奋斗内容的讨论。这种理论知识教育缺乏实践的有力支持，理论讲授成了理论灌输，也导致教育活动流于形式，学生很难把知识转化为奋斗的实际行动，降低深入学习的兴趣。而网络作为大学生使用频繁的载体，没有得到教育者的充分利用以拓宽教育途径。其三，学校缺乏固定的奖惩机制。即对在学习生活中表现出奋斗精神的学生未大力宣传和奖励，对浪费、懒

惰、学术不端等不良行为没有给予约束和处罚,也使大学生奋斗精神教育反馈效果不佳。高校在大学生奋斗精神教育工作中存在的问题,严重阻碍其培养具有奋斗精神的大学生,必须引起重视并加以改变。

(二)教育队伍的素质参差不齐

师者,所以传道授业解惑也。习近平总书记指出:"国家繁荣、民族振兴、教育发展,需要我们大力培养造就一支师德高尚、业务精湛、结构合理、充满活力的高素质专业化教师队伍,需要涌现一大批好老师。"[1] 教师在学生成长阶段被赋予了极其重要的使命,为学生全面成长做出了巨大贡献。然而,调查显示,老师在课堂内外正面传授关于奋斗精神的知识内容较少甚至没有,说明一些任课教师在理论知识层面有欠缺,素养方面存在一定差距。一方面,部分教师的理论知识水平不足,导致在进行奋斗精神教育时缺乏深入分析,使教学内容生硬乏味,缺乏感染力。他们以理论为主的奋斗精神教育无法将奋斗精神和时代主题结合起来,不能回应现实关切和社会热点问题,这样空洞泛谈的教育形式无法切近学生的现实生活,难以解答学生的实际困惑,也导致大学生奋斗精神培育的针对性不强、吸引力不够等。学生若对老套的教学方式不认可,就会降低对奋斗精神的认同感,产生思想偏向,难以自觉坚守奋斗精神并转化为实际行动。另一方面,受经济全球化背景下价值多元化的冲击,教师队伍中出现无私奉献与谋取个人利益并存的思想,少数教师自身的奋斗精神淡薄、功利倾向严重,在教学上不能对学生进行拜金主义、物质主义及个人主义等深层次问题的分析批判。某些教师自身奋斗素养不高,对教学工作照本宣科,采取不求上进的敷衍态度,难以帮助学生正确认识奋斗精神,有的还做出论文抄袭、剽窃学术成果等不诚信行为,对培养大学生奋斗精神产生不良影响。师资队伍中存在奋斗素质不高的教师,会影响对大学生奋斗精神的培育。为此,对这些教师要进行有针对性的奋斗教育,以提升其奋斗素养,促使他们在教学中能自觉展现奋斗言行,以身示范,引导大学生确立奋斗认知、树立奋斗理念、凝聚奋斗意识、养成奋斗行为,使大学生奋斗

---

[1] 习近平:《做党和人民满意的好老师:同北京师范大学师生代表座谈时的讲话》,人民出版社,2014,第4页。

精神培育工作达到高校思想政治育人的要求。

(三) 校园文化环境不浓厚

马克思恩格斯指出:"我们的出发点是从事实际活动的人,而且从他们的现实生活过程中还可以描绘出这一生活过程在意识形态上的反射和反响的发展。……不是意识决定生活,而是生活决定意识。"[①] 可见,大学生奋斗精神培育的薄弱问题应该从其学习生活环境来审视。校园文化的内涵包含广义与狭义两个层面。学校物质财富和精神财富的总和,包括物质文化范畴、制度文化范畴、精神文化范畴,就是我们通常所言的广义校园文化。对应的狭义内涵则是指校园的精神财富。校园文化环境对学生奋斗精神的形成起着不可估量的作用。调查显示,当前的校园文化环境中关涉奋斗教育的氛围普遍不浓厚。一方面,校园文化活动呈现出刻板化形式,很多党团日活动过于流程化,针对性不强,大学生仅将其看作"第一课堂"的补充。加上大多数校园文化活动仍局限在校园范围内,缺乏与社会的交流,使得活动主题固态化、活动方式单调,不符合学生的实际需求,导致主题活动频率受限,使宣传奋斗精神、传递奋斗正能量的手段匮乏,未收到引领大学生在活动中汲取奋斗"养分"的效果。另一方面,很多高校把校园文化建设局限在学生管理和思想政治教育的层次上,把校园文化建设与学校专业设置、课程开设等割裂,限制了校园文化育人功能的发挥。殊不知文化环境具有思想影响力,大学生奋斗精神的生成是以主体价值文化不断影响个体的过程,这也得益于校园文化环境作用的发挥。因此,应创设校园奋斗文化并潜移默化地浸润大学生学习生活等方面,使学生在耳濡目染中受到奋斗精神影响,并形成奋斗意识,最终以外在的奋斗行为表现出向上的精神状态和品质。

(四) 各方协同机制不活

大学生奋斗精神培育是一项开放的系统工程,单靠学校或某个组织是不可能实现的,需要各个方面凝聚力量、相互配合,形成协同合力。进行

---

① 《马克思恩格斯选集》(第1卷),人民出版社,2012,第152页。

大学生奋斗精神培育，可以通过多渠道、多途径，在各方共同努力下对受教者施加正向影响。这里的渠道和途径，是指保持目标上的一致、功能上的协同、内容上的匹配。调查显示，选择"协同多方的教育合力"进行大学生奋斗精神培育的学生占比较低，说明学校教育、社会教育和家庭教育还处于分散化状态，未能得到有效贯通和较好整合。一方面，学校范围内宣传部门、教育教学部门、管部门理和服务部门还存在步调不一致、不协调甚至相互脱节的现象，课程教育、实践教育、文化涵育、网络教育、日常生活教育等还没有形成较好的协同格局。一些部门仅仅把大学生奋斗精神培育当作一项政治任务，依据文件要求照本宣科、蜻蜓点水，没有深化落实。另一方面，学校、家庭和社会之间协调不够，很难实现教育目标。比如：有的家长将奋斗精神教育完全推给学校，认为小孩进学校了就与家庭脱钩；有的家庭关注子女的生活起居，却忽视他们的精神需要，或只重视智力因素。同时，社会的辅助教育力量也未充分发挥出来，学校与社会的衔接也不够紧密。学校、家庭和社会的协同育人机制还有待健全完善，三者之间存在奋斗教育方向不一致问题，即在培育内容、目标、理念上不对等，教育思想有反差，这必然会导致大学生无法正确认识奋斗精神，削弱奋斗精神的积极作用，影响大学生奋斗精神培育的效果。

二　家庭教育导向偏差，家长的示范作用未凸显

习近平总书记指出："家庭是人生的第一个课堂，父母是孩子的第一任老师。孩子们从牙牙学语起就开始接受家教，有什么样的家教，就有什么样的人。"[1] 家庭作为人生起步的第一个教育场所，是人类最基本的社会组织形式，它既是个体的诞生地，也是个体接受抚养和教育，实现社会化的基础。从出生到成年之前，家庭是学生实现社会化的黄金时期，基本的道德养成、社会规范教育等都是在家庭中完成的。"家庭教育担负着对儿童传授文化知识、培养道德品质、指导行为规范、帮助自主谋生等责任。"[2] 可以说，家庭教育环境、家庭教育内容及对子女的教育观念和方式等，影响大学生奋斗精神的生成与发展。

---

[1] 习近平：《在会见第一届全国文明家庭代表时的讲话》，人民出版社，2016，第4页。
[2] 陈万柏、张耀灿：《思想政治教育学原理》，高等教育出版社，2007，第105页。

(一) 家庭教育理念的偏差

新时代大学生大多为独生子女,从小就受到无微不至的呵护和关爱。在很多家庭中,孩子除了学习,其他事家长基本都可以代劳。生活上由家长照顾,家长也不会主动教孩子基本的生活技能,使得很多大学生进入大学后出现慵懒、劳动能力差等问题,甚至有的在入学后较长时间内都难以适应独立生活。一方面,有的父母从小在物质条件欠缺条件下成长,而随着家庭物质条件和经济生活的改善,父母不想再让自己的孩子吃生活的苦,力所能及地满足子女的物质需求。对待子女重"养"而轻"教",加上忙于工作,有的家长对于子女有些超出自己能力范围的物质要求也满足,使之滋生坐享其成、不能吃苦的错误认识,无法体会劳动过程的艰辛,这也使子女独立自强的人格形成缓慢。另一方面,家长为了不让子女受到挫折,教育时更多立足于眼前目标和现实利益。比如在孩子成长过程中予以"包办",尽己所能为孩子的发展铺路,对于子女如何承担家庭责任等的教育处于"空白",导致一些大学生只懂得享受,没有强烈的奋斗意愿和目标,面对挫折和困难时意志薄弱,选择逃避或直接放弃,有的甚至甘愿做"啃老一族",贪图安逸。这种"中国式家长"的教育理念,很容易让大学生进入不思进取、不劳而获的思想误区,认为自己的人生"拼爹"就行,导致奋斗精神无法养成。

(二) 家庭教育内容的异化

家庭教育的内容,除了包括一般的生活知识、生活技能、基本社会规范等外,还应包括家长的社会经验和阅历、对社会的认识和态度、对人生的看法等多方面。[①] 在家庭这个共同体中,父母的言传身教和榜样示范影响子女奋斗精神的形成。一方面,家庭是大学生奋斗精神形成的内生动力,家庭教育与大学生奋斗精神的生成紧密相连,但现实中家长由于种种原因,对子女的教育往往带有功利性。比如告诉子女读书成绩与收入、地位、婚姻等呈正相关关系,在大学要有目的地结交同学,为将来更好地发

---

① 丁新萌、尚燕杉、朱苑玲:《青少年家庭社会化与礼仪教育新概念》,西藏人民出版社,2001,第 101~102 页。

展铺路。过于强调当下社会流行的利己主义等异化内容，诱发大学生的功利性行为，忽略引导子女去正确认识成功和幸福来自奋斗，容易导致他们在成长中奋斗人格缺失，这是对教育本质的扭曲。另一方面，家长的价值观和行为示范对大学生价值观、人生观的形成有导向作用，但一些家长凭借主观意愿过度关心子女、代替子女成长，易使子女产生怕苦怕累、轻视劳动者的错误思想。这种"包办"教育，使大学生不能正确认识生命教育、心理教育、职业教育的蕴意。家庭教育内容和功能的异化，导致大学生认知错位、奋斗责任淡漠、奋斗情感麻木，进而无法产生奋斗行为。

（三）家庭教育环境的影响

社会是由个人组成的，家庭是社会最小的组织单元。家庭教育环境是个人心理、人格的初始塑成之地，对人的一生极具重要性。在个体的成长成人阶段，家庭环境影响个体的各个方面，对个体的性格、品行、价值观等方面均会产生重要影响。父母在家庭中推崇奋斗教育，有利于子女树立正确的奋斗价值观。一方面，家庭氛围是家庭生活中的客观因素，是家庭成员之间互动时产生的经常性态度和感受。家长自强自立、积极进取、诚实守信、遵守社会公德、尽职尽责地做好父母的角色，实际就是在做正向的示范，在这样的家庭氛围中教育引导子女应该具备奋斗的精神品质，才有利于他们承担家庭职责和社会使命。这不仅表明奋斗是一种社会责任，也使子女从家长的言行中受到正面、积极的教育，进而懂得人生是要靠拼搏奋斗来创造的。另一方面，家庭结构的变化对孩子的教育也有很大影响。当今家庭普遍为一个孩子，大多数孩子受到两代人的爱护。这种"独"的环境为其社会化创造了一些有利条件，即独生子女的物质生活条件普遍较好，家庭教育抓得早，对各方面的知识学习和接触多。但这也使他们成长于优越环境中，容易被过分宠爱，自小形成以自我为中心的心理，不能接受批评。一旦家长有不当的行为和观念，很容易给子女带来错误引导，诸如奢靡享乐、无度消费，在其成长过程中埋下不良种子。而具有奋斗氛围的家庭教育环境对大学生养成奋斗品质和行为习惯十分有利。

三 学生内生动力不足，抑制主体意识有效激发

大学生正处于心理发展的转折期，个体内在的一些因素会影响其奋斗精神生成。这些内在因素包括自我意识、心理状态、认知水平、内在需要、知识结构及学习动机等，它们是影响大学生奋斗精神生成的内在原因。研究发现，学生内生动力不足体现在以下方面。

（一）认知能力不足

认知是意识的初级阶段，是形成行为的基础。认知能力是人们对事物的组成、性能、与他物的关系以及发展动力、方向、规律的把握能力。大学生对奋斗精神的认知能力体现在对奋斗精神从认知向行为转化的过程中，是内化于心的认同，最终外显于行。因此，大学生对奋斗精神认知能力不足，主要原因在于缺乏实践认知和人文素养。一方面，在实践认知上，大学生要明白，社会实践是认知和行为交互作用的中介，也是奋斗精神培育的重要方式。大学生的生活普遍是从小学到大学的直线性上升，接受的教育以学校教育为主。他们的生活空间局限在学校，很少碰触并参与社会层面的实践锻炼，这就造成他们缺乏对通过奋斗创造人生价值等深层次的认知，对人与社会之间的关系未有清晰的认识，不能透过表象把握社会上众多成功的本质动因，不了解奋斗是推动社会进步和创造幸福生活的根本途径。不少人对"富有"的认知停留在感性阶段，甚至去参与社会实践仅是以旁观者的身份。这减弱了他们融入社会并开展实践活动的动力。加上本身奋斗主题的实践机会就不多，这使大学生实现自我、发展自我的动力难以被激发。另一方面，在人文素养上，应试教育模式使得学生的知识内容相对单一，知识结构失衡，关涉奋斗知识和理论的人文社科类课程不能完全覆盖全体学生。学生自然对奋斗精神的认知浮于表面，这会减弱他们将奋斗精神转化为行为的能力。加之学生的奋斗精神又是其形成科学人文素养的重要内容之一，若学生缺乏奋斗精神的强力支撑，人文素养必然有所欠缺，导致过分关注个人利益，而忽视奉献社会的奋斗，从而割裂个人奋斗和社会发展间的关系。

（二）自我意识不及

"自我意识是个体对自身生理、心理和社会功能状态的知觉和主观评价，包含个体在社会实践中自己对自己、自己对他人、自己对社会、自己对自然等关系的意识。"[1] 作为个体行为和思想的调节器，自我意识对道德品质的形成有关键性作用，也是大学生奋斗精神培育的源动力。自我意识包换自我认知、自我体验和自我调节三部分，与奋斗精神的养成和发展有直接关系。一方面，大学生仍处在生理发育期和心理发展期，这一时期的自我意识呈现出不稳定性、不同步性特征。加上其本身的政治素养、价值观念、文化精神和道德素质的不成熟，使得他们对问题的认知及看法容易片面化和表面化，同时影响并作用于奋斗精神的形成，导致大学生自我体验的波动性，容易产生奋斗思想和情感上的矛盾冲突。有的大学生因心理承受力或情绪调节能力较弱，甚至会做出消极行为，在奋斗的"知"与"行"上脱节。这就造成主体的自觉性难以得到发挥，培育的构想和实际出现拆解和抵消，奋斗精神自我培育明显处于乏力状态。另一方面，社会转型期市场经济快速发展带来的观念上的冲击，难免造成大学生对奋斗精神培育表现出抗拒，对个人奋斗的价值和意义持有怀疑和逃避的态度。加上受拜金主义、享乐主义等多种功利思想的影响，大学生在自我意识上容易波动，造成心态的失衡，动摇正确的价值观念，在奋斗精神培育过程中缺乏稳定的内生动力，参与奋斗精神培育时缺乏坚定的意志力。如此，不仅影响奋斗精神的内在生发，也会削弱大学生自我教育的能动性。

（三）学习动机不当

认知理论认为，人的行为在很大程度上受其想法和动机统制。大学生的知识体系仍处于不断完善的过程中，对奋斗精神内涵的认知相对处于浅层，这就使得他们的学习力有待提高。学习动机是学生进行学习活动的内驱力，有重要推动作用。学生具备强烈的学习动机时，即使遇到困难也能排除干扰，自觉调整学习方法等，努力完成预定的学习任务，实现由"要

---

[1] 〔奥地利〕弗洛伊德：《弗洛伊德后期著作选》，林尘等译，上海译文出版社，1986，第166页。

我学"向"我要学"的转变,可见学习动机对于学习成效可谓是至关重要。因此,学生为培育自身的奋斗精神而学习奋斗的相关知识,这个过程中自然会设定学习目标、制订学习计划,选择和运用学习策略,监控学习进程,评价学习结果,调节学习行为,最终产生学习效果。然而,如今升学和就业竞争日趋激烈,部分学生在思想上出现功利化倾向,忽视了奋斗的意义。如,有的学生受身边家庭条件较好的同学影响,认为自我奋斗虚无缥缈,认可"奋斗无用论",安于现状并"躺平",对未来美好生活失去信心,丧失奋斗精神传承的内在动力;有的学生注重个人的学习利益,认为学习奋斗就是让自己获得较好的经济收入、较快提升社会地位,实现阶层跃升、光耀门楣,而不是通过学习提高奋斗品德、练就本领,最终服务和回报社会;有的学生遇到评奖学金时,第一个想法是通过"找关系""走门路"等不良途径,而不是反省自身,用加倍奋斗提升学习成绩的方式去取得。这些错误观念和功利倾向必然影响大学生奋斗精神的自我培育,使之对奋斗产生抵触,阻碍其形成奋斗精神。

(四)价值认同不明

今天人们的物质生活条件极大改善,思想观念也发生了深刻变化,整个社会呈现出价值多元化、利益多元化的倾向。大学生的价值观尚未成型,对多元价值认知不清、对其本质分析不明。一方面,现实社会中奢靡享乐、世风日下、贫富差距大等现象,对学生的价值观产生了影响。一些学生奋斗理想模糊、奋斗信念缺失,倾向于享乐主义和拜金主义,一味追求个人利益至上,只想"躺平"索取而不愿付出辛勤劳动,不信奉幸福源自奋斗的理念。譬如注重享受、追求自由,缺乏积极进取的精神,缺少自我实现的价值追求,轻视或拒绝为社会进步而奋斗,认为进入大学学习是为了获取个人物质利益、过上等生活,而不是为了向他人和社会贡献。另一方面,优越生活条件下成长的"00后"大学生一定程度上受到"泛娱乐化""躺平文化"等观念的影响,他们把崇尚自身快乐当成价值目标,追求"不争不抢、不求输赢"的生活信念和"不作为、不进取"的生活方式。及时行乐的游戏人生态度和行为,易导致青年学生缺乏奋斗意志和奋斗欲望,降低抗击挫折的自我奋斗能力。其自我奋斗意识水平低,自然难以激发内在动力，奋斗精神的树立也在多元价值观的冲击下进展缓慢。为此，要自觉抵制不良文化和思潮的浸染，以正确的奋斗价值观引导大学生树立为民族复兴奋斗的精神信念，为了党和人民事业的发展不断践行奋斗使命、诠释奋斗担当。

四　社会环境错综复杂，错误社会思潮的负面影响

社会环境是以共同区域、共同语言、共同文化背景和共同物质生产活动为基础而相互联系起来的人们创造出的自身生存和发展空间。人是社会的产物，始终生活在一定的环境中，依托社会环境而存在发展。当今的中国社会正经历"百年未有之大变局"，处于复杂的转型时期，阶层的分化、个性的解放以及转型期的阵痛等导致社会环境变化很大，个人主义、享乐主义等不良社会思潮出现，使当代大学生奋斗精神培育面临严峻挑战，增加了对新时代大学生奋斗精神培育的难度。

（一）社会不良风气的袭扰

大学生思维活跃，但人生观、价值观正处在"拔节孕穗期"，思想观念很容易受到外界因素的影响。随着改革开放不断深入，市场经济飞速发展，社会物质财富日益增多，不仅拉大了人们之间的贫富差距，而且改变了人们对物质追求的观念。物质利益最大化造成社会阶层分化，不少人信奉金钱至上、唯利是图，通过物质消费和获得利益的多少来展示自己的成功、满足心理上的虚荣，崇尚奋斗的风气逐渐被人们抛弃。一方面，社会中功利主义、攀比之风、炫富等不良风气盛行，一些人奢靡拜金、及时行乐，一味追逐超前消费、追赶潮流，诸如滥用职权的公款吃喝、旅游，领导干部的贪污腐败行为。还有满足虚荣心的政府面子工程、机关单位的餐饮浪费行为，以权谋私的"走后门"、托关系办事，权钱交易等不正之风，助长了不良的社会风气。另一方面，市场经济发展加速了传统社会的解体，个体的本位意识增强，价值观开始向多元转变。一些人在日常生活中过分关注个体利益，一切的立足点皆为自我而非他者，成为"精致的利己主义者"。夸大不劳而获的享受，助长了贪图享乐等思想的蔓延，使不少人深受"躺平"意识的误导。这些不良社会风气，极易诱发大学生的功利

观念，使之奋斗观念淡化。缺少艰苦生活体验的大学生误把现有的优越生活当作理所当然，质疑拼搏奋斗的作用。培育大学生奋斗精神，必须扭转功利性不良社会风气的影响。

(二) 西方社会思潮的侵蚀

全球化与信息化浪潮突破了国家的边界，西方社会思潮也随之大面积、多形式地进入大众视野。伴随改革开放纵深发展，资本主义国家正以各种显性或隐性的方式打着"人权""民主"的幌子向我国进行文化价值观念的渗透。多元文化时代西方社会思潮对大学生影响很大，尤其是功利主义、拜金主义、利己主义等不良社会思潮的冲击，易对大学生的思想和行为产生一定的消极影响。大学生并不一定具备鉴别西方意识形态的能力，容易被其不良观念影响。一方面，个人主义思潮更多强调个人的权利和利益，以自我为中心。这种"个人主义由于只顾自己，久而久之便会打击和破坏一切美德，最后沦为利己主义"[①]。个人主义在增强大学生主观能动性和创造力的过程中作用明显，但极端个人主义则会否定社会和他人的奋斗价值，滋生出享乐主义、拜金主义的错误观念。这种思想侵蚀会让大学生产生追求金钱和个人利益至上的倾向，使之背离为共产主义崇高理想奋斗的正确信念，并影响大学生将奋斗精神作为主流价值观和毕生追求。另一方面，消费主义思潮易激起大学生追求物质占有的欲望，主张购买奢侈商品获得物质享受，将铺张浪费当作人生追求。加上大众传媒的传播扩散，大学生很容易抛弃传统奋斗观念，推崇个人生活享受和消遣，追求低级趣味，精神上不思进取，生活上大讲面子和排场。这种"劳动与积累不是目的，只是消费的手段，享乐才是根本"[②]的消费观，不仅严重影响大学生心理健康及健全人格的塑造，甚至会把一些涉世不深、缺乏辨别能力和自我意识的大学生引向犯罪的歧途。久而久之，必然导致大学生奋斗意志弱化，消解为社会发展奋斗的信念，使其社会责任缺失。

---

① 〔法〕托克维尔：《论美国的民主》（下卷），商务印书馆，1988，第625页。
② 杨魁：《消费文化——从现代到后现代》，中国社会科学出版社，2003，第131页。

（三）网络媒体传播的影响

随着网络的普及和运用，人们获取信息的渠道变得更多元、更便捷，网络逐渐改变了人类的生活方式和生存状态，其影响日益广泛，并成为人们思想文化交流的重要领域。网络媒体传播是报纸、广播、电视之外的新途径和新方式，以多媒体、网络化、数字化技术为核心。新兴媒体的涌现和媒体技术的更新迭代，不仅开启了人类思想文化相互交融、借鉴和影响的新时代，也制约着人们的价值观、情感、行为和对世界的理解。对大学生来说，网络媒体在带来思维方式和人生选择改变的同时，也影响着他们的精神世界。一方面，某些自媒体以吸引人们眼球的流量变现为导向，不惜制造噱头，不负责任地对腐朽思想、奢侈生活、奢侈商品等进行宣扬，对明星豪宅、名车等炒作；在话题类节目中也缺少弘扬主流价值观的正面引导；偶像剧里更充斥着奢华的生活场景，并演绎失实的"狗血"剧情。这些浅层化的网络信息传播，必然影响大学生对奋斗产生认知偏差，形成庸俗的价值取向，很难有正向的奋斗情感和积极意志，从而难以激发他们的奋斗行为。另一方面，网络媒体的自由性和开放性特点，使纷繁的信息多维传播和相互渗透，其中不乏悲观消极的负面内容，使大学生在多元信息中难以理性分辨与判断。在宽松自由的虚拟环境中任意地按照自己的意志行事，替代了大学生在现实中理应具有的自我责任和担当意识，加剧了个人奋斗与社会主导的奋斗以及奋斗理想与奋斗现实之间的矛盾冲突，奋斗行为难以彰显出应有的作用。同时，网络媒体传播也能塑造大学生奋斗精神并强化其奋斗行为，可以说是能广泛影响大学生价值观念的一把双刃剑。因此，要发挥其积极作用，规避消极影响，聚焦奋斗议题，借助网络媒体传播奋斗正能量，使网络成为大学生奋斗精神培育提质增效的重要途径。

（四）社会主要矛盾的冲击

新时代，我国社会的主要矛盾已转变为人民日益增长的美好生活需要和不平衡不充分的发展之间的矛盾。社会主要矛盾的变化使人的奋斗指向有了现实依循。奋斗精神是人在实践过程中体现的积极精神状态。奋斗直面人的现实需要，离不开对人之需求的关注，人们追求更美好的生活，就需要努力奋斗。人们对美好生活的实际需求，既拓展了奋斗主体追求的广度和深度，激发其向更高层次追求的意识，也根植于大学生的思想和学习生活中，培育他们具备与社会发展需求相适应的奋斗精神，并转化为奋斗行为。社会主要矛盾的变化推动社会发展进步，离不开人的奋斗实践。大学阶段是奋斗精神塑造的关键时期，大学生身肩使命和责任，是推动社会发展的重要力量。因此，培育大学生奋斗精神，就要着力解决社会发展不平衡不充分的矛盾问题，以更好地满足人民在各个方面的需要，不断推动人的发展和社会全面进步。新中国成立以来，我国的社会主要矛盾有过三次变化，成长于不同时代的大学生，其奋斗精神的表征也各不相同。社会主义革命和建设时期主要表现为"自力更生、发愤图强"的爱国拼搏精神；改革开放和社会主义现代化建设新时期以经济建设为中心，主要表现为"解放思想、锐意进取"的创新创造精神；进入中国特色社会主义新时代，主要表现为"自信自强、百折不挠"的主动精神。可见，大学生奋斗精神培育是伴随社会主要矛盾的变化而变化的，其内涵持续丰富，外延逐渐延伸，形态不断变迁。大学生奋斗回应现实关切，有明确的社会指向性，即围绕破解发展问题、满足人民直接的利益需求。新的历史方位，社会主要矛盾的变化对经济发展提出了新要求。要在贯彻新发展理念的基础上，引导大学生形成科学认知，以客观全面地看待人民的美好生活，认识到美好生活的本质，进而增强大学生奋斗精神培育的针对性和有效性，让大学生成长为内蕴奋斗精神的时代新人。

第五章
新时代大学生奋斗精神培育的目标、原则与内容

习近平总书记指出："一个民族之所以伟大，根本就在于在任何困难和风险面前都从来不放弃、不退缩、不止步，百折不挠为自己的前途命运而奋斗。"① 中华民族伟大复兴必定不会轻轻松松就实现。大学生朝气蓬勃、富有活力，培养大学生的奋斗精神对我国第二个百年奋斗目标的完成有着重要影响。新的历史时期，面对大学生奋斗精神培育工作的现实环境和主要问题，思想政治工作者要综合考虑大学生的思想、行为和心理活动等实际，明确大学生奋斗精神培育的目标、内容及需遵循的原则，使大学生保持昂扬向上的奋斗精神状态，以奋斗的姿态投身于民族复兴伟业，这对于推进大学生奋斗精神的培育工作、增强培育的实效性也具有极强的现实意义。

第一节 大学生奋斗精神培育的目标

高校思想政治教育的目标是培养大学生德智体美劳全面发展，而大学生奋斗精神的培育作为高校思想政治教育的重要环节，其目标导向是教育大学生提高奋斗思想、履践奋斗行为，促进他们以正确的人生奋斗坐标为中华民族伟大复兴建功立业、砥砺奋进。为此，聚焦大学生群体，对其进行奋斗精神的培育，必须围绕新时代我国发展的新需要，以建构大学生的

---

① 《在全国抗击新冠肺炎疫情表彰大会上的讲话》，《人民日报》2020年9月9日，第2版。

正确价值观为需求导向,通过科学规范的培育手段,推动大学生全面发展。大学生奋斗精神培育的目标涵盖国家、社会和个体三个层面,即助推中华民族伟大复兴历史进程,构建推崇奋斗的良好社会风尚,培养具备奋斗精神的时代新人。

一 助推中华民族伟大复兴的进程

近代以来,中华民族所憧憬的最高梦想,就是在实现民族复兴的道路上勇敢前行。但这一至高梦想要成为现实,则需要长期的奋斗过程。历史充分证明,中华民族靠着不懈奋斗,走过了艰辛的"昨天",创造了美好的"今天"。中华民族伟大复兴不是一蹴而就的,其历史进程必然是一个发展的过程。正如习近平总书记指出的:"今天,我们比历史上任何时期都更接近、更有信心和能力实现中华民族伟大复兴的目标。"[①] 大学生是青年群体中的佼佼者,理应担负起这一历史使命,这也是大学生奋斗最重要的使命责任。因此,大学生奋斗精神的培育在国家层面的目标是助推民族复兴的顺利实现。亦即,培育大学生奋斗精神要坚持围绕大学生投身于中华民族伟大复兴实践的终极目标,引导他们增强爱国奋斗意识,树立中国特色社会主义共同理想,坚定不移走中国特色社会主义道路,激发他们练就奋斗本领、锤炼奋斗意志和养成奋斗品格,使之可以笃志为民族复兴踔厉奋发,通过接力奋斗建立新功勋。

一方面,实现中华民族伟大复兴目标,承载了无数中华儿女孜孜以盼的终极追求及对未来的美好愿景。培育大学生奋斗精神,是着眼于中华民族后继有人,对社会主义事业接班人进行思想教育。而中华民族始终屹立于世界民族之林,正是缘于中国人民不断传承和弘扬奋斗精神,即使历经磨难、饱经忧患,仍然拥有强大的民族凝聚力和旺盛生命力。在"两个大局"背景下,民族复兴道路上还会遇到难以预料的风险挑战,许多"雪山"还需跨越,新的"娄山关"也必须征服。培育大学生奋斗精神,就是用奋斗精神为其蓄能,促使他们能迎接前进路上的风险挑战,踔事增华地接续奋斗,推进民族复兴伟大事业。另一方面,大学生将亲历并见证民族

[①] 习近平:《决胜全面建成小康社会 夺取新时代中国特色社会主义伟大胜利——在中国共产党第十九次全国代表大会上的报告》,人民出版社,2017,第 15 页。

复兴的历史过程,他们担负的时代重任,要求其要以实现民族复兴为己任,把个人理想和奋斗融入民族复兴的伟业,汇聚磅礴力量,在实现"中国梦"的奋斗中为民族复兴铺路架桥,助力民族复兴巨轮扬帆远航。同时,中华民族伟大复兴的历史进程也为大学生提供了施展才华的舞台,为其熔铸奋斗精神提供了实践阵地。大学生唯有投身于中华民族伟大复兴的历史进程中,自身奋斗精神品格的养成才有沃土,践行奋斗精神才有根基,才能实现自我发展与民族振兴高度融合。为此,大学生奋斗精神培育要以民族复兴为目标导向,引导他们认识个人与国家的关系,树立为祖国、为人民永久奋斗的坚定理想,进而把青春奋斗融入党和人民的事业,在奋斗中追逐青春理想,使中华民族伟大复兴的"中国梦"在一代代青年的接力奋斗中变为现实。

二 构筑推崇奋斗精神的社会风尚

党的二十大报告提出,"在全社会弘扬劳动精神、奋斗精神、奉献精神、创造精神、勤俭节约精神,培育时代新风新貌"。[①] 可见,一个民族的精神风貌关系着国家整体的社会风尚,良好的社会新风貌能促进国家发展和进步。大学生奋斗精神培育在社会层面的目标是构筑推崇奋斗、弘扬奋斗精神的社会良好风尚。大学生作为社会群体中的精英,其价值追求对社会价值取向有着重要影响,他们的奋斗精神具有社会属性。而奋斗精神的社会性在传统思想智慧中就有体现。例如:"志之所趋,无远勿届,穷山距海,不能限也。志之所向,无坚不入,锐兵精甲,不能御也。"(金缨《格言联璧·学问》)告诉人们要立鸿鹄志,为了远大志向而奋斗,再遥远的地方也能到达。"历览前贤国与家,成由勤俭破由奢。"(李商隐《咏史》其二)警醒人们勤俭则兴、奢靡则衰,大国小家,概莫能外。"天行健,君子以自强不息"(《周易·乾卦》象传)、"艰难困苦,玉汝于成"(张载《西铭》),是说成大事者身心必定遭受一番困苦磨难,要磨砺心智、淬炼性情,方能坚韧不拔。这些奋斗思想既使人在社会中有价值规约,又表明奋斗精神能够转化为物质力量。同样,马克思在《经济学手

[①] 习近平:《高举中国特色社会主义伟大旗帜 为全面建设社会主义现代化国家而团结奋斗——在中国共产党第二十次全国代表大会上的报告》,人民出版社,2022,第44~45页。

稿》中指出："社会不是由个人构成，而是表示这些个人彼此发生的那些联系和关系的总和"。① 个人彼此间的联系和关系构成了实践，而奋斗精神的生成就是在实践中形成的。作为中华民族精神的重要组成部分，奋斗精神体现了中国人民在长期奋斗中培育、继承和发展起来的精神特质。正是把握了民族发展的本质，奋斗精神才有可能在社会各个层次和领域成为人们所追求的价值共识和精神品质，从而凝聚精神力量，引导人们矢志为推进中国式现代化和中华民族伟大复兴而奋斗。

大学生奋斗精神培育要以弘扬奋斗风尚为目标。其直接动因是：在全面建设社会主义现代化国家进程中，受社会转型期影响，社会的发展目标往往会超越个体的发展需求。市场经济条件下功利性因素的影响，使个人的发展需求更多聚焦于提高经济实力、提升社会地位和实现自我价值，导致奋斗理想信念异化，人们对奋斗精神力量产生怀疑和冷漠，在社会上更出现"伪奋斗""奋斗过时论"等违背社会进步潮流的不良风气，严重阻碍我国社会主义建设发展，也引起大学生对奋斗价值观的认同危机，造成内心迷茫、意志消沉、价值割裂等问题。因此，要营造推崇奋斗的社会风尚，守护社会成员的精神家园，建构和谐的社会环境和社会秩序，为社会成员提供思想观念、道德品格和行为方式的正向激励，使社会成员形成奋斗品格和精神特质，创设健康向上的社会生态，促成社会环境风清气正。可以说，奋斗精神培育与大学生这个社会群体的精神需求是一致的，也是经济社会发展所需要的主流价值观念。大学生要筑牢奋斗意识、提振奋发向上的力量，进而推动构建推崇奋斗的良好社会风尚，为社会生产生活提供精神动力支持。

三 培养具备奋斗精神的时代新人

马克思主义认为，人的解放是以"现实的个人"为出发点，以"每个人的自由发展"为基础，以"一切人的全面发展"为落脚点，即"人以一种全面的方式，就是说，作为一个总体的人，占有自己的全面的本质"②。大学生只有在社会生活、个体劳动、个体关系中努力提高自我素质，才能

---

① 《马克思恩格斯全集》（第30卷），人民出版社，1995，第221页。
② 《马克思恩格斯全集》（第3卷），人民出版社，2002，第303页。

在自身不断发展中形成推动社会进步的合力，持续为民族复兴和国家富强贡献力量。大学生奋斗精神的培育在个体层面的目标就是培养具备奋斗精神的时代新人。"时代新人"是习近平总书记依据新时代特征反复提及的一个概念，其中蕴含他对青年学生的殷切期许，即希望大学生能够有理想、有本领、有担当，实现德智体美劳全面发展，勇做走在新时代前列的奋进者。奋斗精神是一种向上的思想展现，是实践的产物，它可以对时代新人的意识、思想活动给予有力的支撑和指引。奋斗精神是大学生成为时代新人的关键动力，是时代新人理应具备的精神品质。时代新人在奋斗精神的催发下能够筑牢精神之基，从而在社会主义现代化强国建设中贡献力量。

一方面，时代新人肩负民族复兴的历史重任，这给为党和国家培养"什么样的人"提出了新要求。大学生作为时代新人，可以更好地以奋斗姿态激扬青春，立志勇担时代责任。新时代意味着新起点和新要求，面对实现民族复兴的历史重任，青年一代必须接续奋斗完成新使命。国家尤为需要具备奋斗精神的时代新人来接力实现第二个百年奋斗目标。这既可见时代新人与奋斗精神有着共融共生的关系，也折射出大学生奋斗精神培育的现实需要。培养大学生成为新时代的奋斗者，就是使其为全面建成社会主义现代化强国的目标而不懈奋斗。另一方面，从奋斗精神上看，我国社会主义事业不断发展是中国人民接续奋斗的结果。奋斗精神的丰富内涵需要时代新人传承下去。奋斗精神内嵌于时代新人的思想意识中，不仅激发其主观能动性，也促其转化为外显行为，从而成为现实社会中的真正主体。大学生要在实践中不断发展，实现类特性；同时在社会实践和社会交往中体现奋斗精神，实现个人全面发展与社会整体进步的统一。总之，大学生奋斗精神培育是基于培养时代新人的考量，既由他们所肩负的历史使命决定，又由奋斗精神的作用和功能所决定。其顺应"人的自由全面发展"的社会发展规律，指向人民对美好生活的价值追求，与强国建设的宏伟目标吻合。

第二节　大学生奋斗精神培育的原则

思想政治教育的原则是指在思想政治教育过程中，正确处理各种关系、矛盾时必须遵循的准则。① 大学生奋斗精神的培育是高校思想政治教育的重要部分，是一种实践性教育活动。大学生奋斗精神培育，不仅需遵循思想政治教育的原则，还应当依据大学生培育的客观规律，总结培育过程中的实践经验。因此，把握好相关原则，不仅是对大学生奋斗精神培育特性和实质的最好展示，也是对思想政治工作的重要指引，可以确保大学生奋斗精神培育目标顺利实现。具体体现为以下四个方面的结合。

一 理论性与实践性相结合

大学生奋斗精神培育就是指，培育主体能动地学习理论，形成对理论的认知认同和理论创新，将其与日常生活实践和教育实践紧密结合，循循善诱地教育引导大学生增强对奋斗精神的践行。换言之，"理论的真正价值应该是其实践价值，也就是理论回到实践、指导实践，使实践成为一种自觉的活动"②。因此，单纯地对大学生进行奋斗精神理论教育显然不够，还需用其指导大学生的实践，才能彰显其价值。大学生奋斗精神培育要遵循理论与实践相结合的原则，既重视科学理论教育，又要通过实践教育活动进行强化；既提高思想认识，又要把思想认识运用于实践活动中，将认识与实践对接起来，使大学生在实践中增进认知和认同。因为"一种价值观要真正发挥作用，必须融入社会生活，让人们在实践中感知它、领悟它"③。

第一，强化理论。要使大学生对奋斗精神的形成和发展有正确的理论认知和认同，必须要有思想理论基础。因为"理论只要说服人，就能掌握群众；而理论只要彻底，就能说服人。所谓彻底，就是抓住事物的根本。"④ 马克思主义理论有着科学丰富的内涵，它既是奋斗精神的理论渊源，也为大学生奋斗精神培育提供理论支撑。一方面，通过马克思主义基本原理、中国化时代化马克思主义理论成果教育，使大学生从思想上认识奋斗精神的内涵、意义和价值，并入脑入心，增进认同感，从而提高大学

---

① 郑永廷：《思想政治教育学原理》，高等教育出版社，2016，第 230 页。
② 张耀灿等：《现代思想政治教育学》，人民出版社，2006，第 292 页。
③ 习近平：《培育和弘扬社会主义核心价值观》（2014 年 2 月 24 日），《习近平谈治国理政》，外文出版社，2014，第 165 页。
④ 《马克思恩格斯选集》（第 1 卷），人民出版社，2012，第 9~10 页。

生奋斗的自觉性，进一步确立奋斗方向。另一方面，通过强化理论引导，从大学生的日常实际出发，着眼他们关注度高的问题加强舆论引导，用优秀人物及其事迹说话，用大学生熟悉的话语和常用的传播媒介等进行奋斗精神培育，做到以情动人、以理服人和以事立人，使其在不断学习中明确人生追求并为之奋斗。

第二，注重实践。奋斗精神也是人们认识世界和改造社会的产物。马克思主义认为，实践是人类社会产生、存在和发展的基础，是社会生活的本质。即"全部社会生活在本质上是实践的"。[1] 大学生奋斗精神培育是理论指引下的教育实践活动，理应以实践性作为检验自身行动的标尺。一方面，尽管要重视主体能动性，但"只有人们的社会实践，才是人们对于外界认识的真理性的标准"[2]。人的主体性发挥的根本在于推进人的实践，大学生的精神品质是通过具体行为表现的。大学生奋斗精神培育的旨归，是使大学生通过实践了解奋斗精神更深层次的含义，用心感悟，并激发付诸实践的主动性，在实践中将其转化为自身奋斗的思想意识。另一方面，要注重实践检验。大学生的奋斗精神是通过反复实践形成的，诸如实践中存在的问题是否得到解决，培育方式等是否契合大学生的思想实际与需求，大学生能否坚持用奋斗精神指导行动并形成行为习惯，这些都需在具体的实践活动中得到反馈和检验，从而不断巩固、提升大学生奋斗精神培育成效。

第三，坚持理论与实践相结合。马克思主义主张把理论与实践紧密结合，在实践中学习理论、提高认识，反过来再用这种认识指导实践。同样，大学生奋斗精神的培育要坚持理论性与实践性相结合这一原则，克服重理论轻实践、重认知轻行为的倾向，才能使大学生成为知行合一的人。一方面，理论是实践的先导，理论既来源于实践而又高于实践，是对实践的高度抽象概括和总结。思政教育工作者要结合中国特色社会主义建设的火热实践和大学生具体的学习生活，不断丰富奋斗精神，让理论教育融入鲜活的社会实践，并用于解决具体问题。另一方面，实践过程也需要科学

---

[1] 《马克思恩格斯文集》（第1卷），人民出版社，2009，第501页。
[2] 毛泽东：《实践论》（1937年7月），《毛泽东选集》（第1卷），人民出版社，1991，第284页。

理论的支撑，理论要彰显其说服力，必须运用到实践中去，解决具体的现实问题。要根据时代变化和内外部环境的影响，不断丰富大学生奋斗精神培育的方法、内容和载体等，推动大学生奋斗精神理论的发展，通过实践正向强化他们的奋斗思想，增进其奋斗认同，使大学生适应新情况和新挑战，在理论教育中领悟奋斗的真谛，在实践教育中体悟奋斗的价值，将奋斗精神内化于心、外化于行，收到知行合一的理想教育效果。

二 传统性与时代性相结合

奋斗精神作为一种社会文化，是人类在实践中形成的一种先进意识，需要大力弘扬与传承。大学生奋斗精神培育要遵循传统性和时代性相结合的原则，既要突出对传统的继承与弘扬，又要彰显时代创新和超越，在传承中推进创新，使培育的内容、方法和途径等与时俱进，使大学生对奋斗精神的时代表征有更为深刻的理解。

第一，继承传统性。传统指历史沿传下来的思想、文化、道德、风俗、艺术、制度以及行为方式等，对人们的社会行为有无形的影响或控制作用。传统是指到今天仍然能发挥作用的历史。一方面，中华优秀传统文化作为"根"和"魂"，是民族发展的精神命脉。中华优秀传统文化影响民族的思想与行为，促进民族的生存与发展，是奋斗精神形成的根基。而奋斗精神本身是中华优秀传统文化的体现，凝聚了过去的历史和文化意识，是延续下来的积极稳定的精神。大学生奋斗精神培育，就是教育引导大学生继承中华优秀传统文化中自强不息、顽强拼搏的思想，以及在社会主义事业发展的不同时期凸显出的勤劳上进、艰苦奋斗等优秀精神品质。另一方面，中华优秀传统文化有着深厚的文化底蕴，影响着民族的价值观、促进社会发展，为奋斗精神提供历史资源的支持。大学生奋斗精神培育要秉持以古鉴今的理念，从优秀传统文化中寻找有效的教育经验，从这些前人积累的教育经验、方法中探寻依据和激发灵感，促使大学生从中汲取滋养、接受熏陶，增进对传统奋斗观念的理解。

第二，体现时代性。奋斗精神在不同时代有着不同的具体内容和表现形式，它是持续发展完善的。新时代的大学生思想观念趋于多元，对其进行奋斗精神培育，需要探索顺应时代发展的培育内容和方式手段，凸显奋斗精神的强大力量。一方面，应结合时代变化，在培育内容方面突出时代特性。要以党的创新理论为指引，立足新时代中国特色社会主义建设的伟大成就，组织开展在实践场域的奋斗教育，使大学生通过亲身参与，把握奋斗精神内涵的丰富性和时代性，增强奋斗的主动意识、提升奋斗本领，推进中国式现代化的进程。另一方面，在培育方式上需契合时代特征。大学生思维活跃，有自己的生活方式和话语体系，对他们开展培育，既要体现时代特点，更新话语体系以适合他们的话语方式，也要运用网络新媒介等他们喜闻乐见的教育方式，增强奋斗精神培育的即时性、导向性。此外，还要运用平实化、人文化的语态，使培育内容实现创造性话语转化，使奋斗精神的内容快速融入大学生日常生活中，更加彰显培育成效。

第三，坚持传统性与时代性相结合。传统性与时代性结合是历史与现实结合的要求。"每个时代的理论思维，都是一种历史的产物，它在不同的时代具有完全不同的形式，同时具有完全不同的内容"[①]。奋斗精神是民族精神的重要枝干，是民族历史文化的积淀和文化精华，它紧随时代发展并不断丰富。将两者有机结合，能够推进大学生奋斗精神认同的深化。一方面，继承传统性要体现时代性。奋斗精神是民族历史文化的积淀和文化精华，紧随时代发展而不断丰富。大学生奋斗精神培育既要尊重历史事实，又要与时俱进，应切合现实生活和时代要求，坚持古为今用、推陈出新，创新培育内容的时代性、培育方式的针对性，以培养出更多适应时代要求、具有奋斗品格的时代新人。另一方面，体现时代性不能抛弃传统性，要教育大学生深刻认识中华民族的奋斗历史，感受和体会中华优秀传统文化中奋斗文化的独特魅力，从中汲取奋斗基因，把握奋斗精神的传统意蕴，深化对奋斗精神的认同，以实现奋斗精神传承不辍，并在时代发展进程中发扬光大。

三 系统性与层次性相结合

大学生奋斗精神培育的过程，是教育者按照国家的教育任务、依循大学生奋斗精神的形成规律，对大学生施加关于奋斗的教育影响，使大学生

[①] 《马克思恩格斯选集》（第4卷），人民出版社，2012，第284页。

个体产生内在的思想转化，形成社会所需要的奋斗精神的过程。其实质就是使大学生具有个体的奋斗意识，并自觉转化为奋斗行为。但要实现培育成功不是一朝一夕的事，而是一个系统工程，需坚持系统性和层次性相结合的原则，才能有效扩大奋斗精神的辐射范围，实现多方力量下的整体效应。要有针对性地开展培育活动，保证培育工作的连续性和实效性。

第一，构建系统。构建大学生精神培育系统，要围绕教育的目标和要义，形成系统的大学生奋斗精神培育体系，发挥学校、家庭、社会三个教育场域的职能和作用，深入奋斗精神培育的各个环节，使大学生精神培育形成系统合力。比如，社会层面的延展教育能为大学生奋斗精神培育创造教育载体、教育资源、教育平台等外部环境，使大学生奋斗精神培育具有坚实的社会基础；学校层面的核心教育能稳定大学生的思想基础和价值支撑，即坚持以马克思主义思想为指导的主流意识形态，结合课堂、网络、校园活动等载体，形成大学生奋斗精神培育系统化格局，使教育成效彰显；家庭层面的基础教育能通过家长的言传身教提升大学生的道德素养，家长要言行端正、以身示范，生活上朴素简约，面对挫折时自立自强，使大学生在和谐家庭氛围影响中客观评价生活、正确认识自己，提高对奋斗精神的认知度和践行力。此外，不同地域的教育客观条件存在差异，要根据不同地域学生的状况"因材施教"，形成学校、家庭、社会等层面统筹联动、相互促进的培育格局，构建奋斗精神培育的协同育人机制，以保证培育工作的系统运行。

第二，注重层次。大学生奋斗精神培育过程应具体问题具体分析，根据大学生在思想层次、心理发展、生长环境、知识水准等综合素质方面的差异，在贯彻培育目标的前提下，分层次、有针对性地开展培育活动。一方面，要体现培育目标的层次性。大学生奋斗精神培育既要遵循总体目标要求，又要根据不同年级大学生的特点确定不同阶段的具体目标。因为不同的学识、不同的起点，使大学生在认知水平、知识储备、思维方式和心理素养等方面有层次性。即便是同学，因个体差异也会呈现出群体层面或个体层面的差距。如对准毕业生，应引导其保持艰苦奋斗的优良作风，做好为国担当的行动准备。另一方面，在培育内容和方法上注意层次性。奋斗精神培育的内容不能以一概全，因大学生领悟水平有高低；培育方法也不能"一刀切",因大学生接受能力参差不齐。同样,教育大学生形成奋斗精神品质是一个历经认知、认同、践行的渐进过程,必须在不同的培育阶段注重培育内容的不同侧重,运用不同的方法,才能将奋斗精神外化为大学生的行动。此外,层次性并非指在教育实践中完全适应大学生奋斗的现状,而是要在奋斗目标和奋斗现状间保持一定的张力,促其奋斗追求有发展空间。

第三,坚持系统性和层次性相结合。大学生奋斗精神培育是一个独立的系统,其内部要素构成和运行要求需要系统性和层次性的统筹,为此,在培育过程中要坚持系统性与层次性相结合这一原则。一方面,大学生奋斗精神的构成要素是知、情、意、行的统一,其结构的系统性决定了培育时要把握大学生奋斗精神的整体含义及其结构要素的价值和作用。系统的培育是个循序渐进的过程,培育内容关涉多个方面、多个领域,这就要注重区分层次,把大学生奋斗精神培育的任务和内容分层次。如依据大学生就读学校的类别,结合实际情况分层次地组织实施培育;依照大学生的整体素质差异,尽量覆盖每个人,有针对性地开展培育活动。另一方面,区分层次性的同时要保证系统性。大学生奋斗精神培育不能在培育目标和内容等方面随意割裂,应把大学生奋斗精神培育与党和国家的发展要求、大学生的成才指向、社会的进步方向和家庭的教育期望等紧密结合,力求做到全面谋划且独立统筹,构建出系统性培育机制,切实推进大学生奋斗精神培育走深、走实。

四 主导性与主体性相结合

在思想政治教育过程中,教育的内容、目标、方法等因素占据了重要位置,但最主要的因素还是教育者与受教育者。事实证明,发挥教育者的主导作用,并注重激发受教育者的主体性,坚持两者之间的有机结合,可以有效增强大学生奋斗精神培育的实效。而大学生认识奋斗精神与培养奋斗精神都是从自发、非自觉到自觉的过程,这就需要通过教育者的影响、教育使受教育者"觉醒"。即大学生奋斗精神培育的本质为:教育者通过奋斗精神思想的教育引导,激发大学生将奋斗精神主动内化为自己的思想,形成自觉的奋斗行为,收得较好的教育实效。

第一,发挥主导性。"所谓主导,就是引导、选择的主要方向、方面及重点"①。教育者是规定和引导大学生奋斗精神形成的主导。一方面,要发挥教育者的导向作用。奋斗是促进社会发展的动力,也是个人实现幸福的根源。教育者应在教育环境和氛围的营造、教育内容和方法的筛选、教育方式和手段的运用等方面突出其在奋斗精神培育中的主导作用,贴紧大学生奋斗之需,依照培育的要求确立培育大学生奋斗精神的方向,在引导中促使大学生生成奋斗品格,并将其作为行动遵循,以奋斗实现使命和责任。另一方面,教育者要带头践行奋斗精神,以身示范。要使大学生奋斗精神培育活动积极有效,就应加大对教育者的培养力度,以增进他们的知识理论水平和品德修养,以身立教、为人师表,这样才能对大学生施加奋斗精神培育的正面影响,以充分发挥教育者在奋斗精神培育工作中的引领作用,切实为大学生奋斗精神培育工作履职尽责。

第二,激发主体性。"主体原则是指思想政治教育者在开展教育活动时,应充分尊重教育对象的主体地位,注意调动其自我教育的积极性以达到思想政治教育目标的行为准则"②。大学生奋斗精神培育激发主体性,就是要唤醒大学生理解、接受奋斗精神的主体意识,加深他们的认同感,加强大学生对教育内容的消化和吸收,并最终以奋斗实践的形式表现出来。一方面,要体现大学生的主体作用,首肯其主体地位,以激发大学生的内在潜力与学习主动性。高校承担着奋斗精神培育的主体责任,应摒弃古板的培育模式,由单向教育变为双向互动,在科学理论灌输、社会实践中更加突出大学生的中心地位,才能使大学生确证自我发展的现实需要,主动学习并把握奋斗精神教育的理论和内容,形成奋斗的精神品格,懂得奋斗精神对个体发展和国家发展的意义。另一方面,要唤醒大学生的自我意识。大学生对自身发展的认知、觉悟和践行的水平,决定着其主体性的发展水平。这就需要在大学生奋斗精神培育中注重大学生的自我教育,引导他们增强自我意识,提高自我教育、自我发展的能力,使之在自我学习和实践中加深理解和体会,通过内化、融合,将奋斗精神变成自身的思想品德和行动指南。"就单个人来说,他的行动的一切动力,都一定要通过他

---

① 郑永廷:《现代思想道德教育理论与方法》,广东高等教育出版社,2000,第110~111页。
② 陈万柏、张耀灿:《思想政治教育学原理》(第3版),高等教育出版社,2015,第210页。

的头脑，一定要转变为他的意志的动机，才能使他行动起来"。① 这也符合人的思想发展的内在规律。

第三，坚持主导性和主体性相结合。一方面，新时代市场经济的发展导致多元利益主体形成、精神生活多元化，这势必会影响大学生对奋斗使命的认知。教育者既要坚持主导性，把握大学生奋斗精神培育的方向，也要在培育途径和方式上体现大学生的主体性，这样才能把奋斗精神培育与大学生的内在要求相结合，用利于大学生全面发展的方式方法加强教育引导，使奋斗精神"入脑入心"。另一方面，教育者通过调动大学生自我教育的积极性，激发他们自身的主体性，推动他们加强对奋斗精神内容的学习，将奋斗精神内化为自己的思想、外化为自觉行动，进而增强大学生对奋斗精神自我教育的主动意识，使精神培育的效果彰显。

第三节 大学生奋斗精神培育的内容

使大学生奋斗精神培育的内容具体化、实际化，让大学生确立正确的奋斗观，成长为德智体美劳全面发展的人，是高校承担的一项重要任务，也是高校大学生奋斗精神培育工作的关键环节。由于大学生所具有的群体特征，以及社会转型期各种社会思潮激荡与经济市场化逐步深入，要让大学生对奋斗精神有明确的认知并自觉践行，既要从大学生的内在需求出发，又要符合社会发展对大学生的特殊要求。因此，大学生奋斗精神培育需要有效的教育内容承载，应立足于培育的目标指向，以大学生的奋斗精神基本内涵为基准，同时依循大学生的思想特征，使培育既满足中国特色社会主义发展的现实需要，又符合大学生的实际特点，让培育工作真正得到落实。

一 坚定理想信念教育

坚定理想信念是大学生的立志之根、立身之本。在大学生奋斗精神培

---

① 《马克思恩格斯文集》（第4卷），人民出版社，2009，第306页。

育中突出理想信念教育导向,能让大学生明确奋斗的前进方向。高校要以理想信念教育为核心内容,给大学生注入强大的奋斗动力。习近平指出:"青年时代树立正确的理想、坚定的信念十分紧要,不仅要树立,而且要在心中扎根,一辈子都能坚持为之奋斗。"① 理想信念是大学生肩负时代使命的指明灯,照亮奋斗前行的路途。将理想信念教育作为大学生奋斗精神培育的内核,体现了大学生对未来的追求,代表着人类发展的精神支撑。一方面,要用历史教育帮助大学生了解自身的历史使命,教育他们学习党史、新中国史、改革开放史、社会主义发展史等,从历史素材中洞察历史发展规律,理解建党、新中国成立与社会主义建设过程中的诸多不易,清楚这是极为艰辛的历程,促其树立为共产主义远大理想而奋斗的坚定志向,承担起推动党和国家事业发展的责任,在崇高理想驱动下将理想转化为奋斗实践。要讲清楚中国共产党诞生、新中国成立以来、改革开放后、中国特色社会主义进入新时代等不同阶段的不懈奋斗史,讲述好共产党人在不同历史时期的奋斗故事,教育大学生深刻认识党和国家发展中经历的艰难困苦与所展现的奋斗精神,促其知史爱党,怀揣远大的理想抱负,笃定奋斗的信念,把个人奋斗融入为中华民族伟大复兴的历程之中。另一方面,通过国情教育增进大学生对爱国情感的认同,激发其爱国奋斗的动力。爱国是每个大学生都应具有的品德。进行国情教育,既符合我们党必须培养一代又一代拥护中国共产党领导和我国社会主义制度、立志为中国特色社会主义事业奋斗终生的有用人才的教育本真,也能增强大学生爱国奋斗的紧迫性。因此,应教育大学生了解中国从站起来、富起来到强起来的实践进程,熟知党和国家在经济发展、文化建设、生态环境治理等方面取得的成就,认识中国特色社会主义事业"五位一体"总体布局和"四个全面"战略布局等,发挥国情教育对培育大学生奋斗精神的重要作用,引导其筑牢为国奋斗的理想,以奋斗精神为原动力,坚定地把个人理想与报国之志紧密联系在一起,积极应对国家发展面临的困难和挑战,为民族复兴"中国梦"的实现而不懈奋斗。正如 2017 年习近平总书记在中国政法大学座谈会上所强调的:"当代青年要树立与这个时代主题同心同向的理

---

① 习近平:《团结带领广大青年在实现中华民族伟大复兴的征途中续写新的光荣》(2013 年 6 月 20 日),《论党的青年工作》,中央文献出版社,2022,第 30 页。

想信念，勇于担当这个时代赋予的历史责任。"①

二 求真务实责任教育

人是社会人，社会又赋予人责任，社会中每个人都必然因其所扮演的社会角色而承担相应的责任。这也是马克思主义所说的，"作为确定的人，现实的人，你就有规定，就有使命，就有任务，至于你是否意识到这一点，那都是无所谓的"。② 2021年习近平在福建考察时指出："实现第二个百年奋斗目标，实现中华民族伟大复兴，青年一代责任在肩。"③ 这说明实现中华民族伟大复兴这个最伟大的梦想，是新时代大学生奋斗之根源。大学生人生理想的实现，要通过不断的认知和反复实践，既要有主体的自觉，又要有外在的践行。为此，培养大学生奋斗精神，应使大学生将奋斗精神作为实现个人理想、社会责任的精神力量，以求真务实之心学以笃行，在追求真理、践行真理中熔铸人生观和价值观，更好地担负起民族复兴的重任。新征程上，历史的重任已经落在了这一代大学生的肩上，大学生要意识到身肩重责的紧要性。因此，大学生奋斗精神培育，既要使他们踏实地学习知识，也要促其务实担当，以知导行、以行促知，接好践履时代责任的"接力棒"。一方面，于大学生而言，求真务实是进步的阶梯，大学生思维活跃、精力充沛，是推进社会发展进步的生力军。理论是实践的先导，要加强对大学生进行有关第二个百年奋斗目标以及建设教育强国、科技强国、人才强国等的科学理论教育，引导他们从对马克思主义理论和党的创新理论的学习中求得真理、获得创新活力和实践张力，从马克思主义理论中学习分析问题、解决问题的辩证思维本领，提高自身奋斗的能力。要使他们明白理论知识学习是为了运用到实践中，进而做到知行合一，以求真务实的作风和干劲为社会主义事业奋斗出新业绩。另一方面，仅靠理论知识学习远远不够，大学生奋斗精神培育要避免坐而论道而没行动。因为大学生的奋斗精神并不是自发的，而是产生于社会实践中。"人应该在实践中证明自己思维的真理性，即自己思维的现实性和力量，亦即

---

① 习近平：《论党的青年工作》，中央文献出版社，2022，第141页。
② 《马克思恩格斯全集》（第3卷），人民出版社，1960，第329页。
③ 本书编写组：《闽山闽水物华新——习近平福建足迹》（上），人民出版社，2022，第182页。

自己思维的此岸性。"① 就是说，要在教育与生产实践结合的过程中砥砺品行、磨炼意志并厚植对中国特色社会主义的信心，体现出大学生奋斗精神认知、情感和行为的有机统一。所以，大学生应走进社会，深入生活、深入民众，从社会实践中求得真知、了解国情，充分认识时代赋予的奋斗责任；在现实社会中获取更加生动的奋斗认知，强化奋斗意识，进一步提升自身积极奋斗的实践自觉，不断用大学生的奋斗精神催生出强劲力量，为党和国家的事业发展尽心尽责、笃行实践、贡献青春。

三 勤学奋斗思想教育

习近平总书记多次勉励大学生："新时代中国青年要增强学习紧迫感，如饥似渴、孜孜不倦学习，努力学习马克思主义立场观点方法，努力掌握科学文化知识和专业技能，努力提高人文素养，在学习中增长知识、锤炼品格。"② 勤奋刻苦的学习对大学生苦练本领有重要作用。勤学奋斗思想教育就是引导大学生求知问学、丰富学识、增长见识，实现专业技能的提升。大学生具有扎实的文化知识、较高的专业素养，这是大学生奋斗精神培育的基础环节，也是大学生拥有奋斗本领并完成任务的重要保障。大学是大学生学习的主阵地，大学生掌握知识的多少和道德品质的高低，与是否勤学直接关联。大学生想要以较高的能力素养为国家建设贡献力量，就必须守好"学习"这片责任田，不断充实自身，增强奋斗的本领，才能更好地践履奋斗精神。一方面，为学之要贵在勤奋。大学生要懂得勤奋学习的道理，大学时光短暂，应加倍珍惜这个人生学习的黄金时期。要想在四年里学有所成，大学生需要利用好课堂内外的大量时间，集中精力学习，博览群书，广泛涉猎人文和自然科学等领域的文化知识。树立"书山有路勤为径，学海无涯苦作舟"的奋斗思想，经受住学习的辛苦，在勤思中对知识有所领悟，形成自己的见解，养成勤奋的学习态度。正如习近平总书记2013年在同各界优秀青年代表座谈时所指出的，青年人"应该把学习作为首要任务，作为一种责任、一种精神追求、一种生活方式，树立梦想

---

① 《马克思恩格斯选集》（第1卷），人民出版社，2012，第134页。
② 《习近平谈治国理政》（第3卷），外文出版社，2020，第336页。

从学习开始、事业靠本领成就的观念,让勤奋学习成为青春远航的动力,让增长本领成为青春搏击的能量"①。另一方面,大学生奋斗精神培育是为了把大学生培养成专业技术过硬的综合型人才。开创事业和科学研究都是艰巨复杂的工程,没有坦途可以走,大学生要学好专业知识和技能,必须耐住性子,勤奋刻苦地学习、埋头苦干、脚踏实地,才能扎实学好专业知识,掌握实用技能,达到社会需要的专业水准。同时,大学生具备奋斗品质,才能在面对学习困难时有勇气克服,最终增强自己的奋斗能力,这也是提高大学生奋斗本领的关键。所以,深入开展对专业理论、专业技能的学习,能帮助大学生树立奋斗思想,不断取得创新突破和成果,在勤学苦练中成为紧跟时代发展步伐的专业创新人才,以真才实学服务人民和为国家做贡献。此外,勤学对大学生日常生活也大有裨益,有利于大学生摒弃贪图享乐、不求上进的观念,追求更加美好的生活和人生。

四 艰苦奋斗作风教育

早在1938年4月,毛泽东在陕北公学参加第二期开学典礼时就进一步指出,共产党也有自己的作风,就是艰苦奋斗!这是每一个共产党员,每一个革命家的作风。他还指出:"中国共产党以自己艰苦奋斗的经历……在全民族几万万人中间起了伟大的教育作用。"② 可以看出,艰苦奋斗不仅是共产党人的优良作风,对中国人民也影响至深。大学生是国家未来的建设者,对其进行奋斗精神培育就是教育大学生要养成奋斗的正确价值观念,其中艰苦奋斗作风则是必不可少的。艰苦奋斗作风教育,就是倡导大学生有勤俭节约和艰苦朴素的道德素养。一方面,俭以养德是中华民族的传统,艰苦奋斗作风教育能帮助大学生涵养高尚的道德情操,使其养成勤俭的道德品质和崇尚节约的生活态度,做到"以勤养志,以俭戒奢"。伴随市场经济的发展,消费主义、享乐主义观念空前泛滥,对大学生也产生了严重影响。要使大学生明白,越伟大的事业越需要勤俭节约、越需要艰

---

① 中共中央党史和文献研究院编《十八大以来重要文献选编》(上),中央文献出版社,2014,第279页。
② 中共中央文献研究室:《建党以来重要文献选编(1921~1949)》(第13册),中央文献出版社,2011,第468页。

苦奋斗的道理，使其懂得克勤克俭是个人修养和道德品质的良好表征，让他们了解"成由勤俭，败由奢"，促其自觉抵制贪图享受的行为。要让他们明白，当今所拥有的丰厚"家底"来之不易，无论经济发展多快、物质生活条件多好，绝不可淡化勤俭节约的意识，丢掉中华民族的优良传统。勤俭节约既是大学生磨砺自身品行的需要，也是使国家持续繁荣富强的基础。另一方面，要培养大学生以艰苦朴素为荣、以铺张浪费为耻的思想品格。艰苦朴素是共产党人的本色，坚持这个本色使党和群众的血肉联系更为紧密，使党的事业充满无限生机。通过艰苦奋斗作风教育，引导大学生抵制艰苦朴素过时论等错误观念，将艰苦朴素作为行为习惯，在个人生活上不奢侈腐化、盲目攀比，保持淳朴本色，一心求学。同时，大学生没有经济基础，这使得他们在学习生活中消费有限，要培养他们确立理性消费的思想观念，学会自我约束，杜绝为求享乐而毫无节制地不合理消费和奢侈消费。树立正确的消费观，才能养成良好的消费习惯。实践证明，在经济困难时需要艰苦奋斗的作风，在物质条件优越时艰苦奋斗的作风更不能丢。它是我们党团结带领群众不断前行的传家宝，是大学生理应具备的优秀品格。

五 顽强意志品质教育

习近平总书记在北京大学师生座谈会上引用苏轼"古之立大事者，不惟有超世之才，亦必有坚忍不拔之志"的名言，揭示了意志对成就伟大事业的重要作用，旨在鼓舞大学生要不断锤炼坚忍不拔的意志。大学生在学习、生活中定会遇到很多困难和阻碍，具备百折不挠、不畏艰难的顽强意志，不仅是大学生人格完善的有机组成部分，也是大学生奋斗精神的表现之一。大学生依靠坚忍不拔的意志品质可以激发潜能，在面对挫折和困难时能够清醒地正视险阻，并逐一克服和战胜，获得成功。为此，大学生奋斗精神培育要教育引导大学生形成顽强的意志。一方面，应通过磨难和挫折使大学生具有毫不退缩的勇气。挫折在人生成长过程中不可避免，顺境和逆境的交错是人生常态，而勇气在某种程度上可以激发一个人的斗志，使人的内心不惧怕任何艰险并勇往前行。比如，大学生进行专业研究时必定会碰到疑难问题需要解决；在大学生活开始时，由于环境陌生和第一次自立生活，难免遇到一些困惑和困难；在群居状态和与人的交往中，可能会由于同学间缺乏沟通，导致人际关系紧张等。这些挫折、困难和风险，既可能干扰大学生正常的学习生活，也会影响其心理健康。要引导大学生以直面挑战的勇气去克服困难，进而提升自己的意志品质。另一方面，要认识目标实现的长期性，帮助大学生养成持之以恒的毅力。因为很多任务和事业的完成不是一蹴而就的，要长久地坚持拼搏。这就需要大学生在机遇和挑战面前不轻言放弃，即便失败仍有百折不挠的信心，始终怀揣一颗对目标有激情斗志的赤子之心。从本质上说，有持之以恒的毅力就有不达目的誓不罢休的决心和恒心，在完成一项任务或一个目标时有坚强意志为支撑。因此，大学生所具有的坚忍不拔的意志品质，与奋斗精神是融合的。培养大学生奋斗精神，就是让大学生保持积极进取、乐观向上、持之以恒的认知和情感状态，促其能将困难和挑战看成对意志的磨炼，使自身在承受各种压力中成长，通过矢志奋斗来实现目标。

第六章
新时代大学生奋斗精神培育的推进路径

　　党的二十大报告指出："在基本实现现代化的基础上，我们要继续奋斗，到本世纪中叶，把我国建设成为综合国力和国际影响力领先的社会主义现代化强国。"① 新时代大学生是社会主义的建设者和接班人，对其进行奋斗精神培育是实现社会主义现代化强国目标的现实所需。如今，在面临前所未有的机遇和挑战的背景下，在外来意识形态不断渗透的态势下，培育大学生的奋斗精神尤为重要。为此，面对新时代大学生奋斗精神培育的新问题和新情况，我们必须直面现实，因势利导地采取一系列有效措施，推进这项长期、艰巨和复杂的系统工程。在现状调查与问题产生的原因分析基础上，开展大学生奋斗精神培育应遵循"因事而化、因时而进、因势而新"理念，发挥学校、家庭、大学生个体、社会等方面的最大作用，推动大学生奋斗精神培育工作不断深入，实现提高大学生奋斗精神的目标。这也是落实高校思想政治教育立德树人根本任务的时代要求。

第一节　高校教育：大学生奋斗精神培育的主要场域

　　高校肩负着"为党育人、为国育才"的初心和使命，是大学生奋斗精神培育的主要场域。高校教育的对象为大学生，培育大学生奋斗精神既是

---

① 习近平：《高举中国特色社会主义伟大旗帜　为全面建设社会主义现代化国家而团结奋斗——在中国共产党第二十次全国代表大会上的报告》，人民出版社，2022，第31页。

高校人才培养工作的重点任务之一，也是落实立德树人根本任务的现实需要。高校的育人理念、文化环境、精神场所和社会关系等都深刻影响着大学生奋斗精神培育，可以说，高校大学生奋斗精神培育工作的水平和效果，既直接关系到人才培养质量的高低，又关系到能否为党和国家提供具备奋斗精神的有用人才。调查发现，高校这一培育主体，在奋斗精神培育的某些环节上还存在一些不足，削弱了大学生奋斗精神培育工作的实效性。为此，要更好地发挥高校的主导性力量，把增强大学生奋斗精神作为重点任务贯穿教育教学全过程，着力在课堂教学、党政联动、教师队伍建设、文化环境营造和实践活动等方面下功夫，不断开创全员、全过程、全方位育人的新格局，努力推动大学生奋斗精神的形成。

一 构建党政齐抓共管工作机制

党的二十大报告指出："全面建设社会主义现代化国家、全面推进中华民族伟大复兴，关键在党。"① 面对新形势新任务，我国高等教育要实现高质量发展，为民族复兴伟业提供有力支撑，必须坚持党的领导，这也是党对教育事业全面领导的一项根本准则和一条重要经验。高校是党领导下培养社会主义时代新人的集聚地，是我国开展社会主义教育的主要场所。我国高校实施党委领导下的校长负责制，构建党委统一领导、党政齐抓共管的工作机制，使高校既能牢牢掌握思想政治工作的主导权，也能进一步加强和改进大学生思想政治教育，提高大学生奋斗精神培育工作的效能。正如习近平总书记所强调的，"各级党委要把高校思想政治工作摆在重要位置，加强领导和指导，形成党委统一领导、各部门各方面齐抓共管的工作格局"②。

（一）确证党委统一领导的主体责任

高校党政领导要立足"培养什么样的人"这一教育的首要问题，重视

---

① 习近平：《高举中国特色社会主义伟大旗帜 为全面建设社会主义现代化国家而团结奋斗——在中国共产党第二十次全国代表大会上的报告》，人民出版社，2022，第63页。
② 《习近平在全国高校思想政治工作会议上强调：把思想政治工作贯穿教育教学全过程 开创我国高等教育事业发展新局面》，《人民日报》2016年12月9日，第1版。

培育大学生奋斗精神。要发挥好高校党委的政治核心作用，由党委践履主体责任并全面领导学校工作，从全局入手加强调动和管理；使奋斗精神融入大学生思想政治教育工作的各个方面，保证奋斗精神走进课堂、走进学生内心。高校党政领导要率先垂范，在工作和日常行为中践行奋斗精神，用自己的奋斗行为带动其他教育工作者，共同为建设和发展学校做出应有的贡献。提升高校的人才培养能力，需要凝聚全体教育工作者的力量；同样，要使奋斗精神培育取得良好效果，离不开每位教育工作者的高度参与。一方面，学校的职能部门需要制定相应的规章制度。如把大学生具备奋斗精神作为评优、评奖学金等考核的标准；向良好践行奋斗精神的大学生给予奖励，并将其树立为学习典型；在校规校纪等校园制度中，明确提倡节俭光荣、浪费可耻等行为。还要通过设立勤工助学岗、设置校内劳动激励措施等，帮助大学生解决学习、生活中的实际困难，让他们把更多精力放在顺利完成学业上，通过劳动实践培养他们的勤劳品质和吃苦精神，也缓解其经济压力、减轻其心理负担。另一方面，学校的服务部门要提供细致入微的学生所需的服务，以此来引导大学生养成拼搏奋斗的行为习惯。如提供和维护好学习场所，满足学生安静学习的需求；在寝室、食堂、文体活动室等日常生活场所设立节约环保的设施和提醒标语；服务人员要给大学生提供耐心优质的服务，体现无私奉献精神。这样，在高校党政齐抓共管的情境下，才能够全方位调动学校教育工作者参与大学生思想政治教育的积极性，促其带着使命和责任教书育人，从而实现理论教育、管理和服务的统一，使大学生奋斗精神培育工作真正落到实处。

（二）优化党政齐抓共管工作格局

充分发挥高校党委的领导核心作用，才能完善党政齐抓共管工作机制，使大学生奋斗精神培育工作的运行有保障。一是要从领导管理层面提供保障。党委和行政部门应形成及时有效的沟通机制，改变过去行政部门主抓学生智育工作，学生德育工作主要由思想政治理论教学单位和学生党团、学生管理部门负责执行的情况。高校党政领导要定期了解大学生学习和践行奋斗精神的状况，从解决学生的切实需要出发，统筹学校的党政部门，针对学生中存在的问题合力开展教育活动。二是要为奋斗精神培育工作的有效执行提供保障。高校要制定有效的规范教育工作者行为的制度规定，明确教育工作者必须承担大学生奋斗精神培育的职责，并依据各部门的工作性质，引导全校教育工作者都参与其中，严肃纠正一些教师疏于履行育人职责的行为。对在大学生奋斗精神培育工作中有突出成绩的教师，在评优、评职称等方面给予奖励。三是要在资金等物质层面大力帮扶。没有必要的物质保障，大学生奋斗精神培育工作仅停留在言语的教导上，是难以深入影响学生的。高校党政领导要给予足够的资金支持和政策扶持，要协调相关部门改善教学、学习场所需要用到的设备等物质条件；要加强与社会的联系，建立社会实践基地、教学基地，为学生的奋斗实践教育搭建平台；要组织教师进行系统的奋斗精神主题培训，促使他们做有奋斗感的教师。同时，要建立专门的指导机构，着力完善就业创业指导机构、心理健康咨询机构、学生事务管理机构的职能等，帮助大学生解决学习、生活中的问题，激发他们的奋斗动力，使之深刻认识奋斗的重要意义，体会到奋斗是大学生必备的精神品格，从而自觉成长为具有奋斗精神的时代新人。

二　发挥高校思政课的主渠道作用

"思政课是落实立德树人根本任务的关键课程"[①]，它是高校培育社会主义建设者和接班人的主渠道、主阵地。高校思政课承担着对大学生思想政治教育的任务，是大学生奋斗精神培育的主渠道。同时，《关于深化新时代学校思想政治理论课改革创新的若干意见》中也明确，思政课是落实党的教育理念的关键举措，其育人作用显著，是大学生奋斗精神培育的主渠道。为此，思政课应针对大学生中存在的奋斗精神缺失现象，用好课堂教学这个主要途径，突出课堂教学的主导作用，着力将奋斗精神融入课程。注重教学方法和方式创新，教师应运用鲜活的课堂语言讲好奋斗的革命故事、英雄故事，引领学生在深学细悟中将奋斗精神入脑、入心、入行，不断强化价值认同。正如习近平总书记强调的，"要用好课堂教学这个主渠道，思想政治理论课要坚持在改进中加强，提升思想政治教育亲和力和针对性，满足

---

① 习近平：《思政课是落实立德树人根本任务的关键课程》，人民出版社，2020，第2页。

学生成长发展需求和期待"。①

(一) 将奋斗精神融入思政课程教育

课程教学是学校层面奋斗精神教育的主阵地。加强思政课程建设，要突显"习近平新时代中国特色社会主义思想概论"、"马克思主义基本原理"、"毛泽东思想和中国特色社会主义理论体系概论"、"中国近现代史纲要"、"思想道德修养和法律基础"和"形势与政策"等思政课程的引领作用，并从中系统进行对奋斗精神内容的讲授和解析。例如，"习近平新时代中国特色社会主义思想概论"课程要结合党的十八大以来我国取得的历史性成就和发生的历史性变革，使大学生深刻认识习近平关于奋斗精神的一系列重要论述，从各行业的实践中理解奋斗精神的时代内涵，体会幸福生活是源自奋斗的，认清"为什么要奋斗、为什么而奋斗、怎样奋斗"的深刻意涵，坚定为中华民族伟大复兴而矢志拼搏。"马克思主义基本原理"课程要结合马克思主义思想讲授奋斗精神的理论基础，让大学生理解无产阶级从进行社会主义革命开始就奉行奋斗精神。"毛泽东思想和中国特色社会主义理论体系概论"课程要结合中国共产党的思想理论，讲授在党的百余年历程中奋斗精神在各项事业发展中的重要作用，明白中国特色社会主义理论是马克思主义指导下的中国化马克思主义，提高大学生对为何要具有奋斗精神等的理论认识。"中国近现代史纲要"课程要把握党的革命历史，以生动的历史事实回顾党是如何靠着奋斗精神取得一次次胜利，并带领中国人民完成救国、建国、兴国、强国伟业的；用鲜活的课堂语言讲述党和国家发展过程中涌现的革命故事、英雄故事，使大学生从历史学习中增进奋斗自信。"思想道德修养和法律基础"课的授课内容要更贴近大学生的思想、学习生活，使大学生明白勤俭朴素、刻苦学习、不惧困难、开拓创新的奋斗精神是他们应有的道德修养和行为准则。"形势与政策"课则需要紧跟时代热点，用党和国家的实践案例进行奋斗精神教育，让大学生在了解世情、国情和社情的同时，理性看待并积极应对敏感

---

① 习近平：《加快建设世界一流大学和一流学科》（2016年12月7日），《习近平谈治国理政》（第2卷），外文出版社，2017，第378页。

问题,以强化他们的爱国奋斗意识。

与此同时,在思政课教学过程中,还要增强各门思政课程之间的相互联系,形成协同效应,使奋斗精神教育教学的效果最大化。如教师可以召开集体备课会,共同探讨各门思政课的衔接,进行教学设计,在有效沟通中理清教学内容的内在关联,对相似的教育内容可采取不同的教学思路,避免对同一内容作重复讲授,彼此间明确区分又有所侧重;开展集中性教学活动,加强奋斗主题的教学研究,使思政课教师"在教学中研究,在研究中发展",以相关研究成果为依托,打造出一批精彩教案、精彩课件和精彩课堂,从而提高思政课的教学实效,有力推动大学生奋斗精神培育工作。

(二) 创新思政课教学方法

方法是人们在认识世界与改造世界的过程中,为了实现预定目标所采取的方式和手段。列宁说:"在探索的认识中,方法也就是工具,是在主体方面的某个手段,主体方面通过这个手段和客体相联系。"① 在思政课教学过程中,教学方法是教学的组织方式。任课教师应当根据课程的教学目标和内容,在了解受教育者的个体差异后,运用适宜的教学方法,使教育内容深入学生内心。一方面,选择有关奋斗的典型案例进行小组研究,把问题分析透彻,化解学生的困惑,引发其对奋斗精神的深入思考,逐步提高学生对奋斗精神的认可度,达到对奋斗精神真学和真懂;采用讨论的方法,汇总大学生时常会遇到的问题,组织学生讨论,让大学生把抽象的理论融入感性的实例中,运用所学的奋斗理论找到处理问题的办法;针对有关学习、人际交往、就业创业等方面的问题,通过课堂辩论帮助学生认清"伪奋斗""躺平"等错误认知,做到对奋斗精神的真信和真用。

另一方面,任课教师可以发挥新媒体的特殊优势,通过微信、微博、易班、国家智慧教育等融媒体对大学生进行教育,创新运用新技术,把有关奋斗的教育资源转换开发为网络视频、卡通动漫等网络文化产品,利用好大学生日常生活中的碎片化时间进行教育;可以在"慕课""微课"平

---

① 《列宁全集》(第55卷),人民出版社,2017,第189页。

台中采用文字、影音等多种形式发布教育内容，如视频课程、教学课件、参考书目等；可以布置学生需要自学或讨论的问题，如将大学生关注的帖子或新闻事件等发布到互动平台上，组织学生一起参与讨论，让其自己分析问题产生的原因，增强奋斗精神学习的主动性。可以利用"翻转课堂"和"青梨派"大学生自主学习系统等应用教学软件，使教学活动不受时空限制，让奋斗精神教育"活"起来，帮助学生获得启发、实现自我教育。这些课堂上的创新方法和手段，以引导、关怀、发展等为特征，使大学生奋斗精神培育由说教向精神引领转变，学生由被动听讲向主动思考转变，收到最佳教学效果。同时，组织以奋斗精神为主题的专题报告会和学术讲座，也可以增进大学生对奋斗精神的理性认同，并形成完整而深刻的认知，了解奋斗精神研究的最新成果，从而拓宽知识视野，消除认识误区。

此外，还可以开展教学示范活动，如邀请专家学者、优秀思政课教师对课程中关涉奋斗精神的内容进行现场讲解和教学互动，使教师在观察、学习中树立新的教学理念和思路，并根据具体的教育条件做到学以致用，帮助大学生在教学活动中形成思想共鸣，掌握奋斗精神的内涵、增强奋斗底蕴，从而把奋斗精神转化为个体的思想观念，自觉用奋斗的思想指引行动。

三 增强高校师资队伍的协同效应

大学生奋斗精神培育的关键，就在于如何以更好的形式和内容使奋斗精神能够"嵌入"大学生的头脑。思想政治教育的主体是指能够有意识、有目的、有步骤地向教育对象施加意识形态影响，形成共同的政治意识和政治觉悟，规训并促进人的发展的组织、机构、系统和个人。[1] 可见，完成思想政治教育，需要教育主体的参与配合与协同推进。而在高校中发挥奋斗精神培育和引导作用的主体就是高校教师，他们是对大学生进行奋斗精神培育的实施者。邓小平指出："一个学校能不能为社会主义建设培养合格的人才，培养德智体全面发展、有社会主义觉悟的有文化的劳动者，关键在教师。"[2] 2004 年 8 月中共中央、国务院印发的《关于进一步加强

---

[1] 张耀灿等：《现代思想政治教育学》，人民出版社，2006，第 219 页。
[2] 《邓小平文选》（第 2 卷），人民出版社，1994，第 108 页。

和改进大学生思想政治教育的意见》指出："大学生思想政治教育工作队伍主体是学校党政干部和共青团干部，思想政治理论课和哲学社会科学课教师，辅导员和班主任。"开展好大学生奋斗精神培育工作，同样需要统筹思政课教师、专业课教师、辅导员和党政管理干部的作用，提高教师队伍主体的参与度，促其职责明确、积极沟通、整合资源，形成协同育人效应，才能不断提升大学生奋斗精神培育的质量和水平，实现培育目标。

（一）发挥思政课教师的主导作用

思政课是奋斗精神理论教育的主渠道，思政课教师是帮助学生提高品德素养、坚定政治信仰、树立正确的价值观念的指导者和引路人。因此，思政课教师要将教学职责落实到位，必须有过硬的教学能力和水平，聚焦"培养什么人、怎样培养人、为谁培养人"的根本问题，学习、运用并贯彻马克思主义中国化时代化的理论成果，才能有效开展思想道德、政治理论和人文素养等方面教育。一方面，教师通过思政课的讲授，使大学生掌握马克思主义思想、奋斗精神的内涵和意义，培养大学生学会运用马克思主义的世界观和方法论来分析判断，为他们筑牢奋斗的价值观和养成奋斗精神打下坚实基础。另一方面，思政课教师承担着教书育人的重要使命，要做到"其身正，不令而行；其身不正，虽令不从"，即从敬业精神、努力钻研、创新创造、甘于奉献等职业行为中彰显教师独特的人格魅力，以教师奋斗信仰之笃定、奋斗思想之深刻、奋斗情感之真切真正吸引大学生。只有这样，才能有说服力和感召力，让学生爱听乐学，对学生产生积极影响，让他们全面掌握奋斗精神的理论知识和要求，为深入实践做好理论准备。要使学生不仅仅把奋斗精神当成思想理论，更要作为自己一生遵循且践行的精神品质。此外，针对一些大学生奋斗精神弱化、奋斗意识淡薄的问题，思政课教师要带头及时进行沟通交流，帮助解决；对于"佛系文化""啃老"等不良社会现象，教师可在课堂上与学生们进行讨论，做正向引导，帮助学生分析其背后产生的根源，实现自我反思，从而强化奋斗精神培育的效果。

（二）发挥专业课教师的关键作用

教育家赫尔巴特认为："教学如果没有进行道德教育，只是一种没有目的的手段；道德教育如果没有教学，就是一种失去了手段的目的。"① 这说明，任何教师的教学都承担对学生思想政治教育的责任。专业课教师在教育活动中起主导作用，不但承担对学生的专业知识教育，还应参与到对学生的思想政治教育中，促进大学生全面发展。一方面，专业课教师要按照学校的人才培养计划进行系统性教学，以帮助学生掌握专业知识和技能，并在专业教育教学中融入思想政治教育，培育学生养成良好的思想品德和道德素养。奋斗精神教育，关涉学生的道德品质和价值观念的生成，所以专业课教师自身拥有奋斗理念是关键，因其教学工作本身就是奋斗精神的具体体现。可见，教师具备奋斗的品行，不仅是一种积极的教育力量，也对学生奋斗精神的形成产生影响。"就教师群体而言，那些为学生所信任的教师首先是有着良好道德的教师，他们大都言而有信、坦荡无私、公平公正。"② 另一方面，高校要建立专业课教师参与高校思想政治工作制度，比如，可由专业课教师担任班主任、兼职辅导员、本科生导师等；规定青年教师在晋升高一级职称时要有思想政治教育工作经历。再如，完善专业课教师激励和评价制度，对于在学生奋斗精神培育工作中表现优异的专业课教师给予物质和精神奖励，将相关工作成果纳入年终绩效考核与评先评优、教学评价之中。显然，专业课教师拥有奋斗的思想品质并一以贯之地践行，对学生会产生积极正面的影响。

（三）发挥高校辅导员的引导作用

2017 年 10 月出台的《普通高等学校辅导员队伍建设规定》指出，辅导员是开展大学生思想政治教育的骨干力量，其工作要求包括：引导学生正确认识时代责任和历史使命、正确认识远大抱负和脚踏实地，成为又红又专、德才兼备、全面发展的中国特色社会主义合格建设者和可靠接班人。辅导员是大学生思想政治教育的骨干力量，与大学生们接触最多且关

---

① 曹孚：《外国教育史》，人民教育出版社，1962，第 134 页。
② 曹正善、熊川武：《教育信任：减负提质的智慧》，华东师范大学出版社，2009，第 29 页。

系紧密,是大学生学习生活的知心朋友和成长成才路上的人生导师。为此,高校要发挥其思想政治教育骨干的作用,突出辅导员在大学生奋斗精神培育中的突出优势。一方面,要大力加强辅导员队伍建设,提升辅导员开展奋斗教育的能力和本领。比如,高校在辅导员招聘时,在人员选拔和从业的标准中增设有关奋斗精神的考核内容,考查他们是否有奋斗教育能力;建立健全系统化、常规性、分层次、多样化的辅导员业务能力培训体系,并在培训过程中增设有关奋斗精神的培训内容,纳入工作考核评价体系,且作为重要的衡量指标;在辅导员社会实践、挂职锻炼和学习考察中注重奋斗精神内容,促使他们养成奋斗品格。另一方面,把培育大学生奋斗精神当成辅导员教育和引导学生的一项重要任务,把奋斗精神教育与大学生教育管理工作有机结合。比如,在思想理论教育、党团班级主题活动、感恩教育、心理教育、就业创业指导等方面,体现与奋斗精神培育相关的主题、内容和目标;要将奋斗精神教育融入大学生的学习和生活之中,多以文体比赛、专题讲座、参观游学等形式开展培育活动,引导他们努力奋斗,增强奋斗本领,激发其养成奋斗的行为习惯。此外,打铁还需自身硬,辅导员自身应主动加强对奋斗精神内容的学习,提高思想观念和文化素养,保持奋斗的工作作风和良好形象,才能为学生深入认识奋斗精神做出榜样,更好地担负起学生健康成长的指导者和引路人的责任。

(四) 发挥高校党政干部的管理作用

高校党政干部是指在高校机构设置中隶属于党委或行政部门,从事高校教育管理工作的教师队伍。高校党政干部承担着管理学生和服务学生的育人职责,在大学生思想政治教育中也肩负着育人使命,是高校落实立德树人任务和目标的决策者、组织者和协调者。他们主要依据国家法律、规章制度等对大学生的言行举止等进行管理,以此施加对大学生思想和行为的正向影响。为此,高校党政干部的工作效能,不仅反映了高校治理的能力和水平,也对高校思想政治工作的实际成效产生影响。一方面,高校党政干部可以将上级党委对大学生思想政治教育工作的要求贯彻落实到具体的管理服务和教育活动中,让高校教师明白教育的目的不仅仅是增长大学生的知识,大学生的人格塑造、正确价值观和道德品质养成、能力培养等也很重要。特别在培育大学生奋斗精神遇到问题时，要根据培养目标部署可行方案，通过学校组织积极开展关于奋斗精神的教育活动，做好总结表彰，推进奋斗教育工作的监督和落实。同时，通过开展大学生喜闻乐见的奋斗教育活动，助力学生自我奋斗精神的形成。另一方面，高校党政干部高效优质的管理，在很大程度上对大学生思想政治教育发挥着重要的推动和促进作用。要强化学校各级党政部门对培育大学生奋斗精神重要性和紧迫性的认识，发挥学校管理部门的政治优势和组织优势。要通过召开大学生奋斗精神培育专题性教育工作会等方式，将大学生奋斗精神培育纳入各层级、各环节的教育教学工作中，让高校教师认识到培育大学生奋斗精神的价值和意义，帮助学生内化与吸收奋斗教育内容，促进大学生养成奋斗的精神品质，坚定奋斗理想、牢固奋斗信念。

四　注重校园文化环境的育人功能

环境对于激发和引导人在日常生活学习工作中的思想观念、行为规范会产生直接、持久和深刻的影响。校园文化是学校在长期发展中所具有的特定的精神环境和文化气氛，它不仅直接体现学校的价值追求，更作用于个体思想、观念、情感和行为的养成。2016年习近平总书记在全国高校思想政治工作会议上指出："要更加注重以文化人以文育人，广泛开展文明校园创建，开展形式多样、健康向上、格调高雅的校园文化活动。"[①] 可以说，大学生所身处的校园文化环境对他们的教育和影响具有不可忽视的作用，创设良好的校园文化环境能够有效增强大学生奋斗精神培育的吸引力和实效性。高校开展大学生思想政治教育应注重校园文化的育人作用，优化校园文化环境。为此，大学生奋斗精神培育需要依托校园文化。高校要做好培育大学生奋斗精神的工作，应将奋斗文化理念和元素作为校园文化建设的重要内容，发挥校园文化感染人、引导人、教育人的功能，使大学生在奋斗文化的熏陶中感知奋斗精神的丰富含义，进而能够自觉转化为奋斗行动。具体而言，需要做到以下三个方面。

---

① 《习近平谈治国理政》（第2卷），外文出版社，2017，第378页。

（一）加强校园文化活动建设

文化艺术活动是校园文化中最能体现群众性的一部分，是促进大学生奋斗精神培育的重要载体。许多成年人往往对学生时代学校组织的一些内蕴文化品位的文化活动记忆犹新。师生对这些有益的文化活动不仅积极参与，而且乐此不疲，这对于助力大学生探寻人生、施展才华、养成良好的品德修为等有正向作用。所以，学校要在提高校园文化活动的品质上下功夫。同样，拥有奋斗文化氛围的校园也能够让学生更好地体悟"奋斗者是精神最为富足的人，也是最懂得幸福、最享受幸福的人"[①]。一方面，文化活动要立意高远，不能仅停留在丰富学生生活、增加生活趣味的表层，而需着眼于引导大学生从实现中华民族伟大复兴"中国梦"的高度去审视人生。如开展以革命历史、励志奋斗等为主题的读书论坛，组织弘扬奋斗精神的书画摄影展，促进大学生产生高尚的精神品位和立志报国的崇高追求。另一方面，在内容上要形式多样，既突出历史又立足时代。如举办研究共产党人奋斗精神的学术活动、知识讲座，征文、演讲、辩论等比赛，呈现近代以来共产党领导人民通过奋斗所取得的伟大成就，彰显新时代中国特色社会主义的"好"，让学生受到启迪和感染，深化对社会和幸福生活的认知，形成奋发向上的精神风貌。此外，还要融奋斗精神教育与丰富多彩的校园文化活动为一体，在主题上有计划地围绕奋斗精神元素进行设计，有组织地体现在第二课堂教育中，如举办"致敬校园最美奋斗者""奋斗的青春最美丽""我和我的祖国""纪念五四运动"等系列活动，用这些积极向上的文化活动占领学生的课余阵地，让学生在蕴藏奋斗精神内涵的校园文化活动中养成奋斗精神。

（二）加强良好的校风建设

校风由统一目标牵引，是全校师生在长期实践中共同努力所形成的行为风尚，它是师生的思想、道德纪律及治学态度和精神风貌的综合反映和外在表现。良好的校风对全体师生能起到激励、熏陶和塑造的作用，能于

[①] 《在2018年春节团拜会上的讲话》，《人民日报》2018年2月15日，第2版。

无形中培养学生勇于创新、努力奋斗等优良品德。因此，高校要重视营造优良校风，优化奋斗精神培育的环境，利用校风对大学生进行精神塑造。校风主要指学风和教风。一方面，要培育优良学风，创设拼搏进取的学习环境。学风是学生集体和个人在学习过程中表现出来的带有稳定性的态度和行为，学生勤奋学习、勇于探索、敢于创新、遵规守纪、积极向上、互相帮助等就是优良学风的主要表现。高校要帮助学生形成良好的学习习惯，激发和调动大学生的学习积极性，使他们形成正确的学习态度。营造浓郁的求知求学氛围，进而引导大学生在学习质量上精益求精，塑造勤奋好学、攻坚克难、勇攀高峰、创新创造的精神。显然，优良学风可以推动培养和磨炼大学生奋斗的意志和品行。另一方面，要加强教风建设，营造良好的教书育人环境。良好的教风对培养大学生奋斗精神有积极影响。教师要用忠于职守、潜心问道、治学严谨、刻苦钻研等思想和行为教化学生，将这种教风融入校风之中，把奋斗作为全校的共同精神追求，使学生从师者身上看到为人师表、催人奋进的榜样，看到从学校领导到教师自觉踏实工作、顽强奋斗的示范，从而予以效仿和产生共鸣，让大学生在耳濡目染中强化奋斗认识，确立奋斗精神。

（三）加强校园物质文化环境建设

一般来说，校园物质文化环境包括校园的硬件设施、环境布置、景观设计、场所规划和环境服务等。校园物质文化环境是学校教育理念和教育精神的物化，建设良好的校园物质文化环境，可以使受教育者有舒畅、乐观的情绪体验，收到"桃李不言，下自成蹊"的教育效果。这对于陶冶大学生奋斗精神同样有极大作用。一方面，要将奋斗精神融入校园物态环境。校园物态环境是校园文化的载体，它不只是单纯的物质功能的展现，更是信息传达和文化介绍。比如，在校园里以传统的奋斗文化为遵循进行景观建设、校园规划，完善文化活动场所；秉持中国人民的奋斗精神，在宣传橱窗、图书馆、教室和学生宿舍等处的文化墙上巧妙设置"奋斗成就人生"等字眼，通过整体环境布局，激励学生为实现民族复兴而努力奋斗。另一方面，要注重大学生奋斗精神培育的人文环境营造，使校园充满奋斗的人文气息。比如，通过编制校史、建设校史陈列室，以史料记载为依据，用实物展示一代代优秀教师、校友为学校发展做出的贡献，鼓舞师生继承学校的优良传统并不断奋进；精心设计开学典礼、毕业典礼、优秀师生先进事迹表彰会等具有奋斗教育意义的仪式活动，发挥仪式文化的育人作用，激励大学生始终保持勤奋向上、开拓进取的奋斗姿态，奋斗不息。同时，校园中的节约环保设施、绿化景观、榜样人物雕像、艺术雕塑等体现了审美文化意蕴的设计，既为学生提供了高尚的文化审美享受，又"润物细无声"般给学生传递内含奋斗意蕴的思想和信息，无形中引导他们形成推崇奋斗的思想意识和行为习惯。

五　加强高校实践教育环节

实践是人在现实世界存在的方式，是人自我塑造、自我肯定、自我完善和自我实现的方式。马克思指出："全部社会生活在本质上是实践的。"[①]也就是说，人作为现实生活的"人"，其道德品质、价值观念、精神养成等只能在现实生活的各种社会关系中生成，只能在现实生活的互动中确证自己的生活目标和信念。实践是教育之本，大学生思想政治教育必然也无法离开实践，需要通过实践来培养和提升学生们的思想、意识、精神水平，这样奋斗精神培育才不会变成"空中楼阁"。但高校开展的实践育人教育与现实生活脱节问题一直存在，这种脱离生活的实践教育不仅导致学生获取知识的途径单一，也使学生难以全面认识客观世界。大学生奋斗精神的形成和发展在本质上是实践的，其实践性决定了大学生奋斗精神培育也必须强化实践教育环节，让大学生在实践中将奋斗知识转化为奋斗才干和能力。应把奋斗精神培育的目标内化为大学生的基本素质，亦即，"人的正确思想，只能从社会实践中来"[②]。为此，实践对于大学生奋斗精神培育具有特殊的意义和作用。高校要避免实践教育"纸上谈兵"，通过有目的的各种活动和社会实践解决大学生对奋斗精神知行不一的问题。这也是增强大学生思想政治教育效果，建立高校育人长效机制的有效途径。

---

① 《马克思恩格斯选集》（第1卷），人民出版社，2012，第135页。
② 毛泽东：《人的正确思想是从哪里来的？》（1963年5月），《毛泽东文集》（第8卷），人民出版社，1999，第320页。

（一）重视课堂实践教学

高校教育工作者要认识到课堂实践教学对培育大学生奋斗精神的重要性，应有意识地用贴近大学生特点的话语，将奋斗精神培育所涉及的文化教育、思想教育、价值观教育、创新精神和能力教育等融入课程实践教学全过程，在课堂上围绕奋斗精神的特质等内容进行情景模拟、科学实验等。一方面，围绕对大学生既定的奋斗教育目标，系统梳理高校课程体系，明确在课程中有关奋斗精神培育的实践教学内容，重点构建以"奋斗价值观"为主线的课程实践教学方案。比如，可以在理论教学的基础上，让大学生针对奋斗精神的认知和践行状况开展调研，并依据调查结果写出调研报告，把调研中发现的正面、反面的典型事例和人物以课堂情景剧的形式呈现出来，或者制作微视频进行展示，或者让学生们依据自己的体会在课上讨论或课下在社交媒体发表见解等。另一方面，结合大学生群体的鲜明特征和相应课程教学的要求，运用新技术和社会有利条件，丰富实践教学的内容和形式，创新实践教学载体。比如，开办"大学生奋斗大课堂"，由朋辈群体中历经奋斗获得成功的同学来讲述奋斗经历，促进大学生对奋斗精神的认识从感性上升到理性，明确自身的努力方向。遴选乐于践行奋斗精神的学生，成立"大学生奋斗精神研习所"等社团组织，在课程教师指导下深入研究，发表有关奋斗精神的理论文章。教师向表现突出的学员授予"奋斗精神传习排头兵"称号，并作为评奖评优等的参考条件，将竞争意识引入大学生学习奋斗精神的过程中来。

（二）注重课外实践教育

课外实践活动对大学生的成长来说十分关键。在课外开展形式多样、贴近大学生需求的教育活动，可以激发学生主动作为，有效帮助大学生树立奋斗精神。一方面，可以在学校借助社团组织进行奋斗精神主题的课外教育，比如，开展"传承红色基因，讲好奋斗故事"主题活动，增进大学生对理想信念、爱国主义、为人民服务、艰苦奋斗的体会，坚定大学生的奋斗信念；组织学生观看《觉醒年代》《最美的青春》等反映奋斗主旋律的影视作品，召开观后感分享会，增进大学生对中华民族奋斗精神的领悟和认同；社团组织定期在周末固定地点开办"二手商品交易"市场，号召大家拿出自己不用的物品进行交易，把此活动固定化，吸引全校学生参与，让大家自觉养成节约合理的消费习惯。另一方面，可以在学校结合重大事件进行奋斗精神主题的课外教育。比如，组织军训活动，使大学生在军训过程中培养吃苦耐劳的精神，磨炼顽强的意志品质，摒弃娇生惯养和贪图舒适享受的思想，养成奋斗的行为习惯；在国家纪念日、重要节日、重大事件纪念日等特殊时间点，结合奋斗主题组织学生参与教育活动，激发其对奋斗精神的认识得到升华，从而实现从理论知识到社会实践的飞跃，能够主动投身到社会主义现代化强国建设之中。此外，还可以与所学专业实践相结合开展奋斗精神教育。大学生的专业课实训需要通过课外实践完成，所以教师可按照专业属性，帮助大学生锻炼从业技能，把专业知识应用到社会实践中，如引导学生在实习过程中应养成奋斗钻研、敢于创新的精神，告诫学生实习锻炼中遇到问题和难题时不轻易放弃。总之，借助实践活动让学生学好专业知识技能，进而在实践中提升解决实际问题的能力，以实践所学更好地为社会服务，实现自身价值。

（三）增加校外实践教育

增加校外社会实践活动，能帮助大学生架起沟通学校与社会的桥梁，是进行大学生奋斗教育切实有效的手段。一方面，可以由高校教师定期组织灵活多样的主题活动。比如，由辅导员或专任教师带领学生定期到宣传奋斗精神的教育基地或改革开放成果显著的地区进行参观，让学生在参与活动中形成思想共鸣，掌握奋斗精神的深刻内涵；组织学生到当地的工厂、农村进行社会调查，使大学生走出象牙塔了解国情和民情，懂得人民劳动、生活的艰辛，明白奋斗者创造历史的道理，促使大学生体悟自身肩负的民族复兴重任，为实现全体人民共同富裕的理想而努力奋斗。另一方面，可以鼓励大学生主动到社会中接受实践锻炼。比如，让大学生亲身经历到社会中找工作的境况，体会找工作过程中的各种苦辣酸甜和困难挫折，在工作实践的艰苦磨炼中增强奋斗能力，感悟到社会工作的艰辛不易，懂得吃苦耐劳、勤劳节俭的道理；让学生参加到贫苦地区支教、社区劳动服务、去福利院和敬老院帮扶、"三下乡"等不同的志愿服务活动，学以致用，在锻炼中增长才干，从而培养他们乐于奉献、造福人民的奋斗意愿。这有助于不断推进大学生奋斗精神培育更加规范有序地开展。

实践是使受教育者达到知行合一。同样，受教育者要形成奋斗精神，也需要经过知行合一的实践过程，首先要有一定理性认知的基础，然后通过实践参与，个体的奋斗精神才可得以强化。这一演进过程是通过理论"灌输"使奋斗知识内化，并引导个人的具体行为发生转变，最终实现奋斗行为自觉外显。即学生经历实践参与、反思、体验、领悟和升华的过程，以"做"的方式获得精神上的感知和领悟。

综上，高校可以通过课堂实践教学、课外实践和校外实践等形式，以目标为导引，对大学生分层次进行奋斗精神主题教育，使大学生在社会大舞台上通过踏实肯干的具体实践去养成奋斗精神、锤炼意志品格、砥砺实干作风、提升奋斗本领，将奋斗精神作为内在原动力，以具体行动奉献自我。因此，实践教育是高校对大学生进行奋斗精神培育务必着力加强的重要环节。

第二节 家庭熏陶：大学生奋斗精神培育的基础环节

习近平总书记指出："家庭是社会的基本细胞，是人生的第一所学校"。[1] 作为人生的第一个课堂，家庭是对个人影响最深、培养最全面、影响时间最长的场所，肩负着培养孩子的性格和才智的责任。孩子的第一任老师是父母，而且"孩子的发展能力取决于父母的发展，存在于现存社会关系中的一切缺陷是历史地产生的，同样也要通过历史的发展才能消除"。[2] 事实表明，父母率先示范、运用先进的教育理念和良好沟通方式可以为成长成才留下不可磨灭的精神印记。对大学生而言，自身发展在某种程度上必然受到家庭的影响和制约。家庭是大学生接受启蒙教育的第一场

---

[1] 《在二〇一五年春节团拜会上的讲话》（2015年2月17日），《人民日报》2015年2月18日。

[2] 《马克思恩格斯全集》（第3卷），人民出版社，1960，第498页。

所，它既对大学生思想品德的养成与塑造、健全人格的培养产生深刻影响，也具有引导其行为规范的隐性渗透作用。而随着人民生活水平的提高，父母过度呵护和溺爱孩子等家庭教育的不良倾向已出现了，这让孩子感受不到幸福生活源自父母的奋斗。因此，应当转变家庭尤其是父母的教育理念和教育方式，营造推崇奋斗的家庭氛围，增强学校和家庭之间的联动，发挥家庭所具有的教育功能和基础性作用，为大学生奋斗精神培育创建良好的家庭环境。

一 更新教育理念，注重优良家风家教作用的发挥

个体真正意义上的发展是包含诸多方面在内的全面性发展。只有更新教育观念，改变唯知识至上的错误教育理念，树立新的教育观，才能推动人各方面协同发展。所以，作为大学生健康成长的第一所学校，家庭是教育的空间起点。在家庭教育中，既要重视对子女智力的培养和提升，同时也要加强对其思想道德、人格品行等其他方面的教育。同样，家庭也是大学生奋斗精神形成、发展、践行的关键场域，父母及其他家庭成员的观念、行为举止以及家教、家风等都会对大学生人生观的形成产生重要影响。换言之，家庭是大学生奋斗精神培育的摇篮，大学生的人生理想、生活追求、价值判断，以及性格塑造、品格形成等都受家庭教育的影响，他们对是非选择等问题的理解也首先源于父母的教导。因此，家庭在大学生成长中发挥着重要作用。在奋斗精神培育中，要促使家长转变教育观念，重视家庭、家教、家风的深远影响，发挥其关键作用，播下"奋斗"的种子，让家庭成为大学生奋斗梦想起航的地方。正如习近平总书记所指出的："加强家庭家教家风建设，提高人民道德水准和文明素养。"[1]

（一）注重家庭教育观念的引导作用

良好的家庭教育有赖于正确的教育观念引导。由于受到不良思想和社会风气的影响，有些家长在家庭教育理念上存在偏差，导致在奋斗精神教

---

[1] 习近平：《高举中国特色社会主义伟大旗帜 为全面建设社会主义现代化国家而团结奋斗——在中国共产党第二十次全国代表大会上的报告》，人民出版社，2022，第50页。

育上有所"缺位",使得孩子在家长的溺爱下过惯了富足生活,当遇到压力和困难时无所适从,选择逃避对待,失去应有的奋斗意识。尤其是有的家长把子女教育片面理解为重智育的单向"成才",轻视重德育的全面"成人"。这种重知识、轻品行的家庭教育观念,不仅使子女的智力增长与思想道德素质发展产生失衡,也易导致他们形成一种偏向物质享受而忽视精神追求的心理,这对还处于精神成长阶段的大学生十分不利。为此,家庭教育观念正确与否直接影响大学生的身心发展,要让家长意识到家庭教育对于大学生成长成才的重要性。一方面,要增强思想品德教育。大学生的道德品质往往代表着未来社会的价值观念和社会意识,良好的道德品质对于大学生的发展非常重要。家长要教育子女在日常生活中理性消费、科学消费,并约束过分的物质要求,有意识地给他们灌输勤俭节约的思想与艰苦奋斗的作风,培养子女树立社会主义核心价值观;要主动关心子女在校的学习生活状况,善于发现和纠正他们的不良价值倾向,教育子女进入大学后个人能力的衡量标准不再唯学习成绩论,而要多元发展,引导子女在学习中增强社会责任感和历史使命感,激发大学生奋斗的动力。另一方面,要重视挫折教育。挫折教育是教育者有意识地给教育对象创造一定的挫折情境,使教育对象在经历挫折的过程中磨炼自身的奋斗意志。伴随人民物质生活条件的极大改善,多数大学生为独生子女并在家庭中倍受疼爱。因在家中受到"包揽式"关爱,导致一些人奋斗精神淡化,独立生活能力欠缺。所以在家庭教育过程中,家长要善用挫折教育的方式,通过要求子女独自做饭、整理家务等家庭生活劳动锻炼他们的自主能力,使之在参与劳动中树立自强自立的奋斗意识,养成勤劳的奋斗习惯。此外,家长通过列举其他大学生在学习就业、人际沟通、恋爱情感等方面的故事,告诫子女遇到困难或挫折时,要有正视自己、磨炼自己和超越自己的意志和心理,这样才能从逆境中奋起,增强心理承受能力、提高自身的抗挫能力,进而打开奋斗的"正确方式",实现人生价值。

(二)重视良好家风家教的关键作用

在中华文明的发展进程中,家庭是一个具有特殊性和功能普化的社会组织,而家风家教是社会最基础、最有效的精神育化途径。良好的家教家风是衡量家庭育人效能的重要标尺，是一个家庭的精神内核。良好的家教家风根植于中华优秀传统文化，是不断扬弃、传承、积淀的结果，是优秀家文化的精神结晶。家教家风体现着一个家族的价值观。因此，良好的家教家风既对学生成长成才产生直接的和持久的影响，也是大学生奋斗精神形成的家庭根基。一方面，要重视利用中华传统的优秀家风文化来指引家庭教育。传统优秀家风文化的内容是中华优秀传统文化的结晶，可以通过分类整理传统家训、家德、家法和家规的方式，挖掘符合奋斗精神特质的价值观念。如自强不息的修身之道、勤俭自强的治家之德、励志勉学的学习之法以及立志高远的处事之行等，都可以潜移默化地渗透到个体日常生活中，有利于强化个体奋发图强的道德基础，促进个人道德品性和行为操守的养成。可以说，传统优秀家风文化对子女奋斗精神的塑造有积极的教化作用，是指引家庭教育的资源。另一方面，要在继承传统优秀家风家教的基础上，与时代发展紧密结合，强化新时代奋斗家风家教建设。比如，通过对革命烈士红色家书的学习，发现老一辈革命家对家人教育的方法，引导家庭成员从红色家书中感悟当下来之不易的幸福生活，从而秉承红色家风、涵养家国情怀、心怀忧患意识、凝聚奋进力量。再如，要将新时代要求的开拓创新、甘于奉献、勇于拼搏等奋斗精神内涵融入家风家教建设中，引导子女明确家庭责任，做到理想坚定、志向远大，把个人理想追求汇入国家发展洪流，把个人奋斗的"小目标"融入国家事业的"大蓝图"，为实现民族复兴不懈奋斗。据此，家长应把握优秀家风的思想精髓，将知识传授与日常生活教育结合，用适宜的方法教育子女，着力在奋斗精神教育上下功夫，不断拓展奋斗精神教育的广度与深度。正如习近平总书记2015年在春节团拜会上的讲话所言："不论时代发生多大变化，不论生活格局发生多大变化，我们都要重视家庭建设，注重家庭、注重家教、注重家风。"[1]

二 完善家庭环境，营造奋斗精神培育的家庭氛围

家庭环境是家庭存在和运行的必要条件，是社会环境中最基本的微观

---

[1] 中共中央党史和文献研究院编《习近平关于注重家庭家教家风建设论述摘编》，中央文献出版社，2021，第3页。

群落环境。① 家庭环境根据不同的标准有不同的划分，包括硬环境、软环境、内环境和外环境。对于个体心理发展而言，软环境发挥着至关重要的作用。家庭软环境也称家庭精神环境，一般包括家庭结构、教养方式、家庭氛围、家长对子女的期望和态度等。这种环境的创设者为父母，其文化素养、价值观念、言行示范等对子女起着潜移默化的作用。因此，父母应重视奋斗家庭氛围的营造，积极创设大学生奋斗精神生成的家庭环境与教育情境，使奋斗氛围时刻"环绕"家庭，进而引导并帮助子女确立科学、合理的奋斗目标，树立正确的奋斗观念。

（一）创设奋斗精神培育的环境

家庭教育要针对性地设定奋斗精神培育环境，强化大学生在家庭日常生活中的奋斗精神体验，促进奋斗行为的养成，使大学生奋斗精神从"实然"走向"应然"。一方面，要营造积极奋斗的家庭环境氛围。家庭氛围是家庭成员之间的人际关系和心理氛围，家庭成员的道德品质、思想观念、价值取向、态度行为等在家庭中占据着重要位置。家作为个体生活的主要环境，是每个人开始追梦的地方，良好的家庭氛围就像阳光，可以让家庭成员融洽相处、倾诉分享、互相促进。也就是说，一个充满奋斗正能量的家庭，营造的是崇尚奋斗的家庭氛围，家庭成员也必将展示出关联奋斗品质的精神面貌。这也符合心理学角度的分析，即一个人的成长会受到能量场的直接影响。比如在学习上，家长和孩子约定共同学习时间，提醒大学生努力学习是为了更好地掌握生活技能，并使其在学习中提高奋斗能力，自如应对和解决所遇到的问题；在生活中，通过分配家庭任务，让大学生承担日常家庭事务，以整理内务、照顾长辈等方式为学生创设奋斗实践的情境，使他们在参与这些任务时明确自身在家庭中的角色定位，促其实施奋斗行为，建立向上奋斗观。另一方面，家长还应加强对子女精神文明的教育。家庭环境不同，个体形成的思维模式、价值观念、行为方式各不相同。但不论处在哪个阶层，家长都要重视精神文明的重要影响。比如，对待社会中享乐主义等不良思潮、"躺平"等不良风气，要予以坚决

---

① 张国超：《现代爱情科学》（下），中山大学出版社，2009，第485页。

抵制与反对，引导子女朝着敢于拼搏、吃苦耐劳、不懈奋斗的方向前行。再如，告诉子女在成长的道路上必定会面对诸多荆棘和坎坷，要想成为卓越人才、实现梦想的幸福生活，需要艰辛地持续奋斗。这些正面引导教育有利于大学生建构正确的奋斗价值观，拼搏进取的家庭氛围也促使大学生在耳濡目染中培养自身奋斗精神、激发奋斗热情。习近平总书记强调："我们要重视家庭文明建设，努力使千千万万个家庭成为国家发展、民族进步、社会和谐的重要基点。"[①]

（二）发挥父母的榜样示范作用

家庭教育中对大学生奋斗精神的培育，更多的是通过潜移默化的方式，而父母的言传身教对子女思想观念、行为习惯的养成起着关键作用。父母是子女的榜样，其处事原则、思维方式、价值判断都在对子女产生影响。也就是说，家庭教育主要是在日常生活中由父母的教育引导和榜样示范来完成的。同样，对大学生进行奋斗精神培育，父母要做好榜样示范和知行合一，关键要落实到具体的行动中，才能为子女形成持续性价值认同和正确的认知打下牢牢基础。因为"大多数人类行为是通过对榜样的观察而获得的，'榜样'是受教育者成长过程中不可或缺的重要因素"[②]。为此，父母要通过自身的奋斗态度和奋斗行为，以身作则地在家庭中发挥核心作用，在日常沟通中用积极的情感去带动子女。然而，现在部分家长生活中贪图享乐、奢侈浪费，工作上不求上进、得过且过。这些做法不仅难以让子女信服，也容易让他们产生一种无须奋斗也可安逸生活的错觉。所以父母理应为子女做出正面示范，以对他们产生激励。比如，当子女取得优异成绩时及时给予鼓励，增强他们努力上进的奋斗动力；父母自身养成节约朴素、自信自强、勤奋精进等良好习惯，展示不畏艰难、求真务实、勇于创新的持恒行动，用自己的精神力量和行为方式感染子女。这些具体的思想言行中所体现出来的道德修养和精神品格，既是子女学习和效仿的目标，也是在家庭生活中培育奋斗精神的主要着力点。可见，父母的人格特点、品德修养、态度情感等对子女的身心发展和精神成长起着至关重要的

---

① 习近平：《在会见第一届全国文明家庭代表时的讲话》，人民出版社，2016，第 2 页。
② 陈万柏、张耀灿：《思想政治教育学原理》，高等教育出版社，2015，第 224 页。

作用。因此，父母在奋斗精神培育中应当注重自身道德修为和认知水平的提升，并在日常生活中增强奋斗本领、锤炼奋斗意志，以坚定的奋斗信念和过硬的奋斗能力努力为子女做出正确的榜样示范，指引他们以奋斗的思想和行动创造更加美好的人生。

三 增强家校合作，健全家庭和学校协同育人机制

家校合作是家庭和学校双方在学生教育过程中围绕学生发展而结成的共同体，其作用在于，可以在更广阔的环境中获取更广泛的资源，以实现学生最大限度的发展，从而为学生更好地适应新的生产与生活模式做好准备。① 增强家校合作就是促进家长、家庭与教师、学校的紧密协作。《中共中央关于制定国民经济和社会发展第十四个五年规划和二〇三五年远景目标的建议》中把"健全学校家庭社会协同育人机制"作为教育体系的重要组成部分，党的二十大报告再次提出"健全学校家庭社会协同育人机制"，可见健全家庭和学校协同育人机制已然成为新时代高等教育深化改革、落实立德树人根本任务的必然要求。同样，在培育大学生奋斗精神的过程中发挥家校合作的关键作用，就是把奋斗精神教育活动贯穿于大学生在校期间的生活之中，为充分了解大学生在思想和行动上对奋斗精神理解和践行的情况，而进行高校与学生家庭的双向交流，在家校双方教育合力下，引导学生主动奋斗。因此，健全奋斗教育的家校协同育人机制，可以提升大学生奋斗精神培育工作的实效。换言之，教育要产生良好的效果，学校和家庭的同向协同十分关键。倘若学校和家庭不能在目标、方向等层面保持一致，学校的教学质量和教育成效必会大打折扣。

（一）建立有效的家校沟通机制

家校沟通机制是指家庭与学校两个社会机构，以培养学生为目的形成的"双向互动"方式。家庭和学校的密切沟通是培养大学生奋斗精神的必由之路，即通过相互配合进行大学生思想政治教育。然而，伴随时代的进步和媒介的发展，当今家校的有效沟通面临巨大挑战。比如，家长的教育

---

① 柴江：《家校合作的本质属性、困境根源与破解思路》，《南京师大学报》（社会科学版）2021年第3期，第62~72页。

观念相对落后，家庭作为最基本的思想教育堡垒正逐步被渗透侵蚀；社会信息化的持续深化，使大学生被西方社会和文化思潮所包围，这给其思想和价值观带来了巨大冲击。在新形势下凸显出的问题，迫切需要家校联动，相互补充和促进，以保证大学生思政教育的有序开展。为此，探索构建有效的家校沟通机制，高校要起主导作用，来整合家庭和学校双方的教育力量，努力推进家校合力。

一是家长具有奋斗观念，学校注重对学生的奋斗教育。家庭是大学生成长的原生环境，这使得家庭成为学校教育的合作对象。由于家庭与学校之间的时空界限，造成了它们之间的教育责任相分离，互相的沟通也偏于被动的"单向联系"。但家校沟通的实质应为双方主动参与的"双向互动"过程，所以家长要认识到自己是孩子在受教育阶段的全程参与者，理应增强自身奋斗观念与提高奋斗能力，这样才会有意识地自觉参与家校沟通，了解孩子的心理变化和行为动向，从而在孩子奋斗教育方面主动和学校教育者沟通，实现家校协同育人。同时，学校教育者也应加强与家庭的沟通，借此了解大学生在家庭生活中的奋斗意识和行为表现。同时，把握不同家庭在奋斗精神培育中的情况，针对学生的具体情况进行分类教育，因材施教，帮助大学生塑造奋斗精神。此外，家校沟通的核心为学生，家校沟通要基于平等的教育理念从学生出发进行奋斗教育，为学生打下良好的沟通基础，使家校沟通收到最好效果，合力提升大学生奋斗精神培育的实效。

二是要打造以高校思政工作者为依托的制度，搭建家校沟通的平台。高校思政工作者的"近距离"优势和职业特性，使其对大学生的各种情况了如指掌，他们是家校沟通的主要参与者。家长和他们之间的互动频率高，有利于凝聚家校两大主体之间持续协作的力量，以充分发挥互动教育的功效。高校思政工作者是大学生在校日常学习生活中的知心朋友，他们深刻影响着家长能否主动参与家校合作。作为家校沟通的主要推动者，高校应积极探索搭建规范固定的信息沟通平台，建立以辅导员为依托的长效、稳定的沟通机制，形成强大合力。比如，定期举办线上线下相结合的家长座谈会，将学生在学校接受奋斗教育的意识导向、问题状况告知家长，通过信息的互通，使家长把自己所掌握的孩子的情况反馈给学校和老师，实现家校在大学生奋斗精神教育问题上认识的一致性。再如，学校实施

"家长开放日"等家校体验活动，帮助家长了解在奋斗教育等方面学校的教学计划，并提供机会和平台支持家长参与学校奋斗教育活动，让家校在大学生奋斗精神培育工作上保持教育方针、教育内容、教育目标等统一，实现家校共同促进大学生奋斗精神培育的局面，为大学生的全面发展提供双向保障。

（二）建立完善的家校联系机制

家庭教育、学校教育是教育系统中相互联系又各自独立的两个重要组成部分。家庭是个人成长的首要基地，学校是人才培养的主要场域，家庭和学校各自所承载的教育功能有明确界限。事实证明，如果家校做到密切联系，那么学生一旦出现问题，双方协作教育的概率大，产生推诿责任的情况自然会减少；反之，若家校之间"貌合神离"，那么在需要联系互动的环节，家长大概率会因为与学校在教育理念和方法上存在差异而弱化对学校教育的支持度。因此，高校要想对大学生教育收到预期成效，必须得到家长的密切配合，加强家校的有机联结，在家校联系中弥补缺陷并实现互补，才能及时化解偶发的问题和矛盾，并使学生在连续有效的家校教育合力下身心得到健康发展。同样，提高大学生奋斗精神培育的效率，使大学生将奋斗精神追求转化为实际行动，并养成自觉的行为习惯，也需要发挥家长和学校各自的教育优势，遵循家校教育协同的联系机制。

一是要利用好现代信息传播媒介。媒介是人与人之间、人与现实之间的一种中介，媒介发生变革，就会打开人们的视野，进而深刻改变人们的生活方式和交往方式。可见，它对人的影响巨大，并具有塑造人的信念和行为的力量。为此，在现实工作中与家长建立联系，学校可依托互联网技术，如利用主流媒体拓宽交流渠道，通过手机报或官网开办奋斗精神教育专栏，组织专家开展大学生奋斗精神教育活动以指导家长；对于家长不方便使用网络媒介的，可发挥纸质媒体的优势，采取"致家长的一封信、学生成长报告书"等方式；学院可发挥微博、公众号的宣传功能，通过图像、影音与文字等定期发布有关大学生奋斗精神教育的内容，以供家长了解学生在校情况。辅导员可通过QQ群、微信群、钉钉等社交媒体，针对大学生在校的具体表现等与家长保持沟通联系，尤其是对学生接受奋斗教育的情况进行实时反馈；当涉及某个学生的成长问题时，也可用电话、短信的常规方式，与学生家长及时联系，进行信息交换并有效解决问题。

二是要创立奋斗教育工作制度。为实现学校与家长面对面的交流，在奋斗教育工作中，学校可编制大学生奋斗教育、大学生成长奋斗故事等专题内容资料寄送给家长，使之从中获取正确的奋斗思想，认识到家校应实现联合共育，这样才能更好地帮助大学生形塑奋斗精神。高校还要完善教育学习制度，邀请家长来校参加教育活动，以学习有关奋斗教育的新理念和新方法。如选派教育专家指导家长，提高他们对子女进行奋斗教育的能力和水平，让专业的思政工作者与家长一对一对话，交流在培养子女奋斗精神时可能遇到的困境及应对方法，为家长获取奋斗教育知识提供资源，解决教育难题。又如设立家庭联谊会制度，增进家长间彼此的联系与经验交流，使他们在相互学习中提高素养，树立承担子女奋斗教育的意识；定期组织家长体验校内外的大学生奋斗实践活动，使家长在亲身参与中看到奋斗实践给子女带来的精神面貌的改变。这些举措既增加了家庭教育与学校教育互动的频次，也确保家校之间信息畅通、交流便捷，使家校在积极联系中形成合力并完成教育目标。

三是要发挥家访在家校联系中的作用。家访是指学校教师带有目的地与学生的家庭进行有计划的联系，以期赢得家长的支持，进而形成合力共同教育学生。这是实现培养目标的一种教育方法。同时，教师对学生进行家访也能有力提高大学生思想政治教育的实效性。家访是家校联系工作顺利开展的重要手段，通过家访教育者能更为准确地把握学生的现状，深入了解学生的家庭成长环境、学习生活习惯以及家长的教育观念等，并拉近老师、家长和学生之间的距离。这既为今后有效地开展家校联系提供了科学参考，也有助于对学生进行针对性教育，提高他们对教育的接受度。显然，对大学生奋斗精神培育来说，进行家访能应对和处理大学生理想目标淡薄、个人奋斗动力不足等成长中的现实问题。为此，提高大学生奋斗精神培育的效果，需要组建家访工作专班，以保证家校联系工作的贯彻落实；通过建立明确的家访档案，对家访内容进行梳理和总结，便于有效解决学生在奋斗教育中的诸多问题，使家校联系工作产生良性互动，收到家校协同育人的理想效果。

第三节 个体塑型：大学生奋斗精神培育的关键因素

个体塑型一般指自我教育。自我教育是"在教育者的影响和启发下，受教育者发挥自主因素进行自我调节、自我控制和自我修养的思想行为"①。它涵盖人自身发展的各个方面，既是大学生德智体美劳全面发展的保证，也是达到思想政治教育目标的一个重要条件。自我教育的主要特点是人对知识文化继承吸收的自控性与自授性。② 大学生的心理发育较为成熟，具有成年人的思维能力，能够在受教育中对自身调控和改造，并发挥认识的能动性，自觉地领会、接受和运用知识。同样，进行有关奋斗精神的自我教育对大学生来说完全可以实现，即大学生在对奋斗知识理论的学习中实现由奋斗认知、情感到践行的转变，最后达到思想和行动的统一。教育家苏霍姆林斯基认为："只有促进自我教育才是真正的教育……唤醒人实行自我教育，按照我的深刻信念，乃是一种真正的教育。"随着社会迅猛发展，大学生的主体意识增强，既具有独立思考和积极创新的自觉性和主动性，也具备自我教育的意识和能力。这就要求教育者应重视教育对象的主体性，引导他们充分发挥主观能动性来提高自己，通过自身能动的主体作用努力完成教育目标。因此，自我教育是实现大学生奋斗精神培育预期目标的关键。激发大学生自我教育的主体性，能更好地帮助大学生构筑并形成长期、稳定的奋斗精神，以提高大学生奋斗精神培育的成效。

一 强化主体意识，发挥大学生自我教育的能动性

主体意识属于自我意识的范畴，即人意识到自身的主体地位、能力和价值，主动认识到自己与周围客观世界的关系，自觉运用科学方法规划自我发展的未来。这揭示出个体有自我意识，要通过实践对自我行为进行反思。大学生主体意识是大学生奋斗精神培育的核心。

---

① 陈万柏、张耀灿：《思想政治教育学原理》，高等教育出版社，2001，第183页。
② 胡海德：《教育学原理》（第3版），人民教育出版社，2013，第225页。

(一) 鼓励大学生参与社会实践

自我教育的能动性要求受教育者的主体实践。大学生奋斗教育的具体活动，虽然具有明显的"养成教育"属性，但大学生并非处于消极被动的接受地位，而是可以在实践活动中针对自身发展的需要做出主动选择。大学生作为成年人，可以主动地对自身素质进行自我认识、自我甄别，清醒认识到自己与外部世界的差距，以缜密的逻辑思维能力，依据社会发展诉求，自觉选择所需的奋斗教育内容，实现有效的自我教育。也就是说，大学生在实践参与中越是对奋斗产生强烈的情感和认同，就越会树立坚定的奋斗意志，并转化为奋斗行动。这实质是大学生奋斗精神在知、情、意、行层面的形成和统一过程。为此，大学生要积极参与奋斗实践。例如，学校可依托以"新时代奋斗观"为主题的社会实践平台，让学生们走出教室、走出学校，让奋斗教育以生动可感的形式走进大学生现实生活，从而引发思想共鸣。又如，可发掘历史博物馆、革命故居等文化遗址和场所背后隐藏的奋斗故事，使学生在参与实践活动中感受奋斗精神的内在意蕴，自觉地改造世界观和人生观。大学生只有获得了主体参与的机会，其奋斗思想观念等自我意识才会逐渐形成。积极参与奋斗主题教育实践活动，也必然会促进大学生奋斗思维的内化和主体意识的增强。

(二) 要求大学生加强理论学习

理论是行动的先导。马克思主义是对人类社会发展规律与无产阶级历史使命内在联系的客观描述，是指导无产阶级开展社会运动的科学理论。大学生要自觉地加强对马克思主义理论课的学习，课程中涉及的马克思主义的世界观与方法论，对大学生形成正确的奋斗观念起着至关重要的作用。大学生在理论学习中要充分认识马克思主义的真理性，用科学的理论武装自己的头脑，进而形成正确的主体意识，指导自身奋斗精神的培育。同时，培育大学生奋斗精神，要求大学生尤其要注重对奋斗精神有关理论知识的系统学习。例如，学习奋斗精神的基本内涵、主要内容、构成要素、形成过程、发展规律以及价值和意义等；针对自身对奋斗精神的认知和奋斗精神在各个历史时期的不同形态，进行有目的和有计划的学习，将奋斗精神理论知识内化，升华对奋斗精神的认识，真正从理性层面把握奋斗精神的要义，并以此为标准规范自己的行为。总之，大学生对奋斗精神理解得越深刻，其自我的奋斗意识就越强，可以实现自身发展与社会现实需要的良好结合。因此，要调动大学生自我教育的主体意识，通过发挥能动性来实现奋斗精神培育的目标。

（三）促进大学生提升自我管理和教育的能力

自我管理是指大学生个体为了培养全面发展的素质而进行自我认识、自我评价、自我约束和自我激励的活动，也是大学生个体充分发挥自身的主观能动性，开展自我学习、自我教育、自我发展、自我完善的活动。由于大学生社会阅历尚浅、视野不宽等，自我教育常常会偏离正确方向。所以，提高大学生自我管理和教育的能力，必须从正确地认识奋斗和评价自己入手。例如，通过班干部竞选等教育方式，使他们了解竞争性选拔需要经过自己奋斗，从而潜移默化地促其正确建构奋斗的价值观，激发自我教育的意识，发挥自我的管理作用，从而主动形成奋斗品格。又如，通过邀请典型人物等召开主题报告会等形式，发挥榜样带动作用，引导大学生在真实可感中自觉秉持奋斗的作风，进行自我教育以提高综合素质，进而将奋斗精神作为自身的思想指引与行动指南。需要强调的是，思想政治教育的一个重要任务就是激发受教育主体的主观能动性，使其主动接受教育和进行自我教育。而个体思想道德素质和奋斗精神的形成，本质上取决于个体的主观能动性。因此，在奋斗精神培育过程中不仅要充分体现大学生的主体性，唤起大学生的自我意识，还需要发展其主体能力。主体能力是主体真正通过自己的主体性实现对客体的超越。当主体面临问题和困难时，个体自我意识能够做出科学判断并采取恰当的行为。主体能力越强，就越能充分利用各种条件发展自身。显然，主体能力是大学生全面发展的必备要素。总之，在思想政治教育工作中，也要引导大学生在自我教育中发展主体能力，促其在践行奋斗精神的过程中更好地发挥自己的主观能动性，牢记使命担当，踔厉奋发。

二 立足优势需要，提高大学生自我教育的自主性

优势需要一般指在某些方面优于别人的需要，包括物质优势需要和精神优势需要。它是基本需要的延续，是自我实现的重要保障。大学生开展自我奋斗教育，就是出于实现自身全面发展和自我超越的目的，也是追求幸福美好生活的需要。因为美好生活既满足了物质层面的需要，也包括精神层面的富足。大学生养成奋斗的意志和品格，其实就是个体自主性在精神追求上的一种体现，即自我教育本身就强调自主性。为此，在现实生活中，要立足这种优势需要，以激发大学生自我教育的主动性。

（一）明确自我教育的目标

大学生奋斗精神培育是高校思想政治教育中的一项任务。而自我教育是大学生发挥自觉性的教育活动，促使学生产生自己教育、自己发展的意识。也就是说，自我发展意识通常表现为自我观察、自我评价、自我调控等多种形式，内在心理机制的发挥体现教育的自主性。对于大学生个体而言，自我发展意识是他们成长和发展的根据。个体可以自觉地按照社会规范和要求选择和改造自己的思想、行为，使自身的奋斗思想符合时代发展的要求。这既是自我评价、自我调控的实现过程，也是自我教育的结果。为此，大学生明确自我教育目标，一方面，要结合社会主义现代化强国建设目标和大学生奋斗精神培育的新要求，有针对性地自我教育以增强自己的奋斗精神。比如，我国正朝着第二个百年奋斗目标砥砺前行，"实现我们的发展目标，需要广大青年锲而不舍、驰而不息的奋斗"[①]。所以，大学生要立足于完成历史使命这一目标，找到差距和不足，积极完善自我教育的计划，有效配合教育者实现其所制定的教育目标。另一方面，需在实践中完成自我教育目标。教育者钟启泉认为，自主性是自己成为自身行动的主体，不依赖他人，并可以做到理性地排除他人干预，自由地做出自己的判断、主动地行动。可见，大学生要使自我教育意识获得相应的激发，应在实践的基础上完成自我奋斗的教育目标，通过自我教育活动不断认识和

---

① 引自习近平 2013 年同各界优秀青年代表座谈时的讲话，《习近平谈治国理政》（第 1 卷），外文出版社，2018，第 92 页。

发现自己，才能将外在的知识符号内化为自己的思想，转化为正确的奋斗行为。此外，主体自身的人生阅历对自我教育也有影响。比如，大学生可以有意识地主动与奋斗式模范人物对标，从而不断提高自身的奋斗意识。

（二）构建自身的知识结构

"意识的存在方式，以及对意识来说某个东西的存在方式，就是知识。"[①] 可见，知识是将大脑中的意识以外在载体的形式表达出来，它与客观事实相符合，一般指人通过探索形成的对客观世界的认识和经验的总和。知识结构则既指有"深度"的专门知识，又指有"广度"的知识面，是人为了某种实际需要，以合理的方式所建构并由各类知识所优化组成的知识体系。知识结构不仅包括知识要素的质和量，也含有各种知识之间的构成情况和结合方式。如果脱离了所属的知识结构体系，各类知识就成为孤立的、零散的观念形态，丧失应有的实用性。合理的、全面的知识结构是个体成长的基础，也是个体生成良好思想道德的起点。一个人只有经过专门的学习培训，才能积累并拥有大量的知识，将所学知识进行科学的转化与整合，构建自身的知识结构，以适应当今社会发展的需要。大学生在大学期间，自主性学习是主要的学习方式。大学生在一定目标的驱动下，自主选择学习内容，采取有效的学习方法，从中逐步获取有利于自身成长的知识，以满足个人成才和社会发展的需要。为此，通过加强自主学习，大学生在学习过程中不断深化对知识的追求，构建自身的知识结构，实现全面发展。同样，大学生在奋斗精神培育过程中也应当加强自主学习，才能构建自身的奋斗知识结构，进而成为适应社会需要的奋斗型人才。一方面，要树立自主学习意识，根据自身的知识结构特点及知识盲区，独立自主地有选择性进行学习以弥补不足。比如，大学生可以跨专业学习课程，特别是理工科的大学生，可以多学点儿人文社科类知识，多了解些历史、时事政治热点，提升其人文素养，从而明白国家发展离不开科技创新等，深知自己的成长与祖国的前途休戚相关，因此需要筑牢奋斗信念。另一方

---

① 《马克思恩格斯文集》（第 1 卷），人民出版社，2009，第 212 页。

面，要抓住重点，以学习骨干带动多数人自主学习。因为自主学习若有优秀学生强有力的正向影响、加强引导和有效激励，必将提高广大学生学习自主的效果。比如，可以建立学习型组织，聚齐一批奋斗学习的先进典型，发挥他们的引领带动作用，激发学生产生自主学习的动力，进而营造"榜样在身边，我也要成为榜样"的奋斗氛围。总之，可以通过奋斗精神较强的学生分享自主学习的经验等方式来扶持奋斗精神较弱的学生，即用大学生影响、教育、引导大学生，在帮扶过程中提升他们自主学习的能力与自我奋斗的思想。

三 激发学习动力，加强大学生自我教育的积极性

学习动机是推动大学生奋发学习的直接力量，是学习过程的核心。激发大学生的学习动机，能够增强大学生自我教育的积极性。根据前文的调查，大学生在课余时间非常愿意学习奋斗精神内容的占比仅有50.54%，有4%的大学生明确表示不愿意或非常不愿意学习奋斗精神。可见，仍然有不少大学生在接受奋斗教育的过程中表现出较弱的学习动机，这样势必会弱化大学生付诸行动的心理，必然会影响他们参加奋斗教育活动的效果，同时也影响其自我教育的积极性。大学生要提高自身的奋斗精神，不仅要具备积极进取的奋斗思维，也要在行动上主动践履，即做到理性认识、情感体悟、坚定意志、外显行为的统一。为此，只有激发大学生自身的学习动机，明确为什么要接受奋斗教育以及自身具有奋斗精神的重要价值等，才能使其摒弃不良的学习动机，提高对奋斗内容的学习兴趣，从而在日常学习生活中调动自我教育的积极性。

（一）提升大学生学习奋斗理论的求知欲

培育大学生奋斗精神，大学生主动求知学习的态度十分重要。大学生有强烈的求知欲，就会主动对奋斗理论知识深入探索并牢牢掌握。奋斗理论内容丰富、知识覆盖面广，大学生需全面了解和把握，才有可能深刻领悟奋斗的精髓，形成自己的奋斗精神。即大学生养成奋斗精神，必须要经历积极的理论知识学习过程。而求知欲是促进大学生自我学习和自我教育的内部动力，求知欲越强烈，其内在需要的层次就越高，自我教育的内驱

力也越持久。可见，自我教育的过程也是大学生奋斗精神的形成过程。因此，在日常学习中，大学生要提升对奋斗理论知识的求知欲望，保持浓厚的学习兴趣，选择自己喜欢的方式或途径学习奋斗理论。如借助现代传播媒介，通过微信公众号、微博等媒体平台，加强对奋斗理论内容的学习；借助广播、电视等新闻传播工具，针对性收听奋斗类故事广播，收看奋斗教育类影视作品。再如，依托学校的学生社团或学生组织，大学生积极参加关涉"奋斗"主题的教育活动，使自己在实践教育中加深对奋斗理论的理解和认同，逐步养成自主学习奋斗知识的习惯，做到学以致用，并用来指导实践。可见，大学生对奋斗理论的求知欲，可以成为其自我学习和自我教育的内部动力，提升其学习奋斗理论的兴趣和自觉性。这也是大学生追求向上发展的自我奋斗表现，最终生成自己的奋斗精神。

（二）端正自我教育思想，转变教育观念

激发学习动机必须要有端正的教育思想以及针对大学生特点的教育观念。思想是行动的先导。新时代大学生偏爱自我发展，个性张扬，这就要求高校思政教育工作者们必须端正教育思想，并在此基础上正视教育对象，采用相对灵活的教育观念、教学活动和教育方式，激发大学生的学习热情，使其提高自我教育的积极性。显然，把对奋斗理论的学习仅仅作为一种获得学分的任务不太合适，目的是使大学生形成持久、稳定的奋斗精神。但前文调查显示，只有71.32%的学生认为"为中华之崛起而读书"是每个大学生的应有责任，其中有3%左右的学生对读书学习的目的未有清晰认识（见图4-9）。可见，只有确立"为中华之崛起而读书"的思想观念，将学习当成为国奋斗的一种责任，大学生才能调适迷茫的学习动机，仔细思考自己读书的价值和意义，深入思考人生理想与国家理想间的关系，并深刻认识到唯有拼搏奋斗才能担负起民族复兴的重任。所以，在教育过程中要帮助大学生树立为党和国家奋斗的学习动机，使之能够自觉地进行自我奋斗教育。此外，还要提高大学生对自我的认识，个体只有在充分认识自我的基础上，才能以更高的标准要求自己，对自我进行审视，从而发现自我的不足。也就是说，当大学生发现自身奋斗精神不足时，会激发其自我学习的动机，端正自我教育的思想，最终实现自我问题的解决。

总之，大学生可以通过积极的学习提高对奋斗的认识，并体现出奋斗的主体行为和意识，逐渐完成自身奋斗精神的塑造与养成。

第四节　社会环境：大学生奋斗精神培育的重要支撑

大学生奋斗精神培育是一个动态的、不断发展和开放的体系，深受客观环境的影响和制约，因而优化环境是推进大学生奋斗精神培育工作的有效措施。环境是人类社会生存和发展的基本条件，影响着人类各项工作的开展。马克思指出："既然人天生就是社会的，那他就只能在社会中发展自己的真正的天性"[1]。任何一个人的成长都离不开社会环境，不受社会环境影响和制约的个体将无法更好地生存发展。人创造环境，环境同样也创造人。人与环境的关系是相互创造的，人类的劳动实践与环境的改变也会互相影响。同时，"环境的改变和人的活动的一致，只能被看做是并合理地理解为变革的实践"[2]。可见，人始终在同环境的交互中得以存在和发展，无论面对什么样的环境，人总要通过主观努力和社会实践才能实现人生目标。同样，环境为奋斗精神培育创造空间，是影响培育成效的承载物，培育成效受到环境的极大影响。在辩证分析环境同大学生奋斗精神培育工作互相制约、相互作用关系的基础上，动态考察影响培育工作的环境因素，可以全面阐释大学生奋斗精神培育理论，增强工作的实效性，所以社会环境是大学生奋斗精神培育的重要支撑条件。优化培育大学生奋斗精神的社会环境，可以从营造良好的社会精神环境、社会舆论环境和网络环境三个方面着力。

一　优化政策制度，营造积极向上的社会精神环境

国无精神则不兴。国家的改革发展需要健全的政策制度，才能创设良好的社会精神环境，这也是营造积极向上社会风尚的基本支撑。党的二十

---

[1]　《马克思恩格斯文集》（第1卷），人民出版社，2009，第335页。
[2]　《马克思恩格斯文集》（第1卷），人民出版社，2009，第504页。

大报告提出了"在全社会弘扬奋斗精神,培育时代新风新貌",明确了推崇奋斗精神、营造新时代良好社会氛围的要求。为此,构建体现奋斗精神的社会精神环境势在必行。要紧扣大学生的历史使命和时代责任,促进大学生奋斗精神培育各方面的政策制度更加成熟,用奋斗精神引领大学生成长成才,不断增强大学生坚定为党和国家事业发展而奋斗的思想意识。

(一) 贯彻落实政治经济政策

要发挥制度政策在社会发展、道德行为方面的价值导向和目标引领作用。完备的政治、经济制度,是规范市场运行和社会秩序的基础,以实现公平公正、良性循环的社会竞争环境。如同邓小平所言:"这些方面的制度好可以使坏人无法任意横行,制度不好可以使好人无法充分做好事,甚至会走向反面。"[1] 一方面,要充分发挥政府职能,加强政策引导,完善和改进组织体系,建立奋斗精神培育的机制。施展各级党和政府的组织、协调和控制作用,使党和国家在不同时期提出的方针、政策为奋斗精神培育工作提供引导和保障。引导社会各界广泛参与、积极配合,形成齐抓共管的体制。完善奋斗培育的创新、监管、评估和协调等机制,保证工作整体过程,使培育工作在相互配合中有序有效开展。加强社会主义民主法制建设,通过多样化的途径和形式,保障奋斗精神培育工作能够依法推进。另一方面,政治上要加强党的作风建设,打造清廉、公正的服务型政府,使政府工作人员秉承艰苦奋斗之风,具备廉洁从政、为民服务的奋斗意识。惩治那些不经奋斗而非法获利的贪官,用担当负责的行为维护政府形象,引领带动社会风气朝着"社会主义是干出来的"方向发展。同时,要发挥党员干部奋勇向前的示范作用,开展奋斗精神主题教育等,要求党员干部通过艰苦奋斗带领全社会抵制不良作风和丑陋现象,营造弘扬奋斗精神的新风貌,让这种主动担当社会责任的品行成为大学生接力奋斗的标尺,促进大学生增进使命感而奋力投身到中华民族伟大复兴事业中。

此外,在推进经济高质量发展的同时,还要加强市场监管,建构合理公平的市场环境,缩小贫富差距,缓解社会矛盾,共同享有经济发展带来

---

[1] 邓小平:《党和国家领导制度的改革》(1980年8月18日),《邓小平文选》(第2卷),人民出版社,1994,第333页。

的红利，激发人们积极参与市场竞争，主动承担应尽的责任和义务。同时，在市场经济环境下，要构建社会主义核心价值观所要求的道德观念，让人们获得健康向上、公平竞争的经济环境，自愿承担应有的奋斗责任。可见，完备的社会政治经济制度能够调动人们参与到社会发展的奋斗之中，为创造良好的奋斗精神培育环境提供坚实支撑，不断增强大学生奋斗的自信心。

(二) 发掘传统奋斗文化资源

习近平总书记指出："优秀传统文化是一个国家、一个民族传承和发展的根本，如果丢掉了，就割断了精神命脉。"[①] 这表明，优秀传统文化中积淀着中华民族最深沉的精神追求。高校开展奋斗精神培育工作，要从优秀传统文化中汲取奋斗文化资源，挖掘传统文化中关于奋斗精神的内容和元素，推动传统优秀奋斗文化的创新性继承，发挥其涵育大学生奋斗自信的作用，即"实施中华文化传承工程，推动中华优秀传统文化融入教育教学"[②]。一方面，要积极吸收"天行健，君子以自强不息"、"业精于勤荒于嬉，行成于思毁于随"、"路漫漫其修远兮，吾将上下而求索"和"穷且益坚，不坠青云之志"等古人崇尚自我塑造和拼搏的优秀奋斗思想，将这些厚重的中华民族奋斗文化纳入社会和高校奋斗精神培育内容，增强大学生对奋斗精神的认知，使其自觉抵制拜金主义、享乐主义等不良思想。另一方面，应构建优秀传统文化传承体系，为中华优秀文化中的奋斗思想赋予新的时代内涵。借助中华民族传统节日、国家公祭日、重大历史事件纪念日等开展文化传统教育，涵养人民的爱国奋斗情怀，增强他们维护民族团结、国家统一和为国家发展而奋斗的精神意识。把传统奋斗文化资源融进学校的教育体系，如将奋斗精神的内容加以梳理汇编为教材、融入课程和实践活动，分层次地实施奋斗教育，涵养学生的奋斗精神。

此外，还需做好奋斗精神文化宣传教育工作，通过主流媒体的影响

---

① 习近平：《在纪念孔子诞辰 2565 周年国际学术研讨会暨国际儒学联合会第五届会员大会开幕会上的讲话》，人民出版社，2014，第 11 页。
② 《中共中央、国务院关于加强和改进新形势下高校思想政治工作的意见》，《人民日报》2017 年 2 月 28 日，第 2 版。

力，将传统文化精神与时代精神、革命精神有机结合，用大众生活话语讲述好奋斗精神文化，使人们形成正确的文化观和奋斗价值观。宣扬优秀传统奋斗文化，将大学生作为重点人群，并扩散至整个社会群体，促其自觉投身社会主义建设的奋斗实践，担负起个人的奋斗使命，从而实现学生全面发展、人民幸福安康和社会稳定和谐的目标。

二 运用大众传媒，营造艰苦奋斗的社会舆论环境

正确的社会舆论不仅可以影响思想政治教育者和受教育者的言论和行为，也能够有效抵制和纠正错误的思想倾向，引导、启迪民众，推动良好社会风气的形成和发展。[①] 可见，要加强舆论的正面宣传、教育和引导，以健康向上的思想帮助学生认清自身在社会中理应担负的奋斗责任，从而将这种正向心理暗示转化为奋斗实践，促进大学生奋斗精神的行为生成。另外，在《关于进一步加强和改进大学生思想政治教育的意见》文件中也明确提出，"宣传、理论、新闻、文艺、出版等方面要坚持弘扬主旋律，为大学生思想政治教育营造良好的社会舆论氛围，为大学生提供丰富的精神食粮"。因此，党和政府在全社会开展对大学生的奋斗精神培育工作，需要调动和运用大众传媒，发挥其舆论导向作用，重视营造艰苦奋斗的舆论环境，把培养大学生的奋斗精神作为义不容辞的责任。

（一）发挥大众媒体的优势作用

大众媒体覆盖广泛、传播迅速、信息量大而生动，对人们具有极大的吸引力，成为社会生活中不可或缺的部分，是对人们的思想道德和行为习惯产生影响的一个社会环境因素，它也同样对大学生奋斗精神培育有着深远影响。要提升媒体传播的公信力和影响力，利用报纸、电影、广播、电视等媒介宣扬符合时代发展特征、体现社会进步要求的思想道德和价值观念，形成向上向善、团结奋斗的主流舆论，不断扩大主流舆论的引导力。但也要认识到，媒体对青年人的思想道德形成具有双重影响，是一把双刃剑：若它宣传的信息贴近生活、贴近现实、贴近学生，并与国家思想政治

---

① 思想政治教育学原理编写组：《思想政治教育学原理》，高等教育出版社，2016，第328~329页。

教育要求一致，就可以强化思想政治教育的效果，反之则会削弱。所以要在宣传过程中运用柔性和接地气的传播方式唱响时代主旋律，营造弘扬奋斗精神的社会氛围，使大学生在正确的舆论传播导向中增强自身的奋斗精神。

（二）加大对大众传媒调控的力度

媒体是大学生接受价值观念的重要平台。随着市场经济的深入，功利化、物质化等不良思想也不断涌现，电影、电视剧以及其他艺术作品等不可避免地带有商业化和娱乐化倾向，网络放大的个人主义和消费主义思潮不断冲击着奋斗精神培育的舆论氛围。为此，要着力提高大众传媒的操作者、制作者、经营者的责任意识，增强传播主体的道德。同时，要对媒介内容进行思想政治审核，把传播的重点放在对社会主义主流意识形态的宣传上，推崇奋斗的社会风尚，营造拼搏进取、奋发向上的舆论氛围，以阻断奢靡之风、不良消费观念等的负面影响，抵制西方不良信息的侵蚀，形成爱党爱国爱社会主义的社会舆论环境，为高校的奋斗精神培育工作营造良好的舆论氛围。

（三）提高大众媒介作品的教育价值

大众媒介决定议题，影响个人认知是大众传媒效力的体现之一。正确引领社会舆论，形成舆论强势，要通过大众传媒。媒体应着重围绕人民所关心的热点、难点问题，鼓励人们参与进来并进行讨论。比如增设一些关注社会人物和民生热点、分析社会热门事件、宣扬奋斗典型事例等的栏目，定期制作"为国家富强而奋斗的杰出人物""最美奋斗者"等弘扬奋斗精神主旋律的节目，多展播一些像《功勋》《光荣与梦想》《最美青春》这类影视文化作品，发挥精品力作激励人、鼓舞人、传播正能量的功用，让"撸起袖子加油干"和"只争朝夕、不负韶华"等奋斗话语成为大众媒介的热点，使奋斗精神成为有利于国家富强、民族复兴、社会和谐、人民幸福的正能量，从而为广大受众施加正确的舆论导向，为大学生成长提供有益的精神食粮。

（四） 加强政府对媒体的监管和激励

要加大对大众传媒约束和规范的力度，加强对大众传媒的有效管控和适当激励，提高互联网技术的运用能力，以促进媒体大环境的清朗自洁。要实现这一点，仅仅依靠媒体自身的约束和规范是远远不够的，必须通过设置专门的监督机构，通过法律法规对媒体进行约束。一方面，相关部门要出台更为细化、完善的法律制度和工作机制，从法律层面明确媒体人的从业资质和职责权利，使他们务必依规运行。另一方面，要强化对媒体从业人员的准入退出机制，强化对他们的监督检查和奖优罚劣，不仅要提升从业人员的政治素养、道德素养和职业素养，也要把舆论传播责任落实到个人。这样就可以督促其把握好舆论导向，打造生态良好的社会舆论环境，以降低负面舆论给大学生奋斗精神培育带来的危害，从而引导大学生养成正确的奋斗观念、践履奋斗行为。

三 增强网络管理，创建清朗健康的文明网络环境

随着信息网络技术的发展，传统思想政治教育工作的手段和方法面临新的挑战，思想政治教育工作逐渐延伸到网络世界。以网络为代表的信息化，深刻影响大学生的价值观念、情感体验和生活秩序，使大学生的学习和生活也嵌入社交媒体的虚拟现实中。因此，"要重视和充分运用信息网络技术，使思想政治工作提高时效性，扩大覆盖面，增强影响力"。[1] 中国互联网络信息中心发布的《中国互联网络发展状况统计报告》显示，截至 2020 年 3 月，我国网民规模已达 9.04 亿，较 2018 年底增长 7508 万，互联网普及率达 64.5%；手机网民规模达 8.97 亿，网民使用手机上网的比例达 99.3%。互联网作为一种新的传播技术和交流工具，为思想政治工作提供了新的手段和平台。新时代，网络对大学生思想行为产生的影响日益深刻，因此必须主动占领思想政治教育网络新阵地，依法加强对网络环境的管理，给大学生塑造一个良好的网络环境，才能有效抵御网络环境的负面

---

[1] 江泽民：《在中央思想政治工作会议上的讲话》（2000 年 6 月 28 日），中共中央文献研究室编《江泽民论有中国特色社会主义（专题摘编）》，中央文献出版社，2002，第 412～413 页。

影响，避免消减大学生奋斗精神培育的效果。正如2016年习近平总书记在网络安全和信息化工作座谈会上强调的："网络空间天朗气清、生态良好，符合人民利益。网络空间乌烟瘴气、生态恶化，不符合人民利益。"[①]

（一）发挥职能部门的主体作用

新时代大学生的社交等已经离不开网络，他们不仅从网上获取信息，而且经常在网络空间浏览社会关注的热点，并时常在"网络自由空间"中发表自己对某些问题、事件、形势的看法，与网友进行交流互动。但网络空间并非"法外之地"，应塑造健康的网络环境，相关监管必须时刻"严阵以待"。因此，立法执法机关、政府部门要依据《中华人民共和国网络安全法》《互联网信息服务管理办法》等法律法规文件，健全网络管理的法律制度，维护网络安全，加强对网络环境的监管执法，规范人们在网络活动中的行为。要树立依法治理网络的法理权威，加强对网络的法治化管理；铲除打着"硬核奋斗"旗号却背离奋斗精神的网络谣言，对网络暴力、霸凌的内容秉持"零容忍"态度；全面推行网络注册实名制，特别要加强对媒体名人、企业名人、演艺明星、网络"大V"等群体言论的严格审查；规范游戏软件内容，加强对网吧等场所经营秩序的管理，加大市场监督力度，创设利于大学生奋斗的网络环境，帮助他们积蓄未来人生前进的动力，促其切实践履奋斗精神，勇做在新时代奋斗的弄潮儿。

（二）加强网络空间道德建设

互联网时代，如何规避错误的网络行为、维护网络道德秩序成为重要议题。一方面，要培养网络道德自律观念。即规范大学生的上网行为、网上言论，坚决反对在互联网上散布不利社会团结的不当言论。要注意营造网络自律环境，科学引导大学生的网络行为，强化他们的法治观念、自律意识、安全意识和自我责任意识。教育他们树立网络道德，具备网上自律能力，学会甄别网络信息，理性思考网络中传播的各种信息，坚决抵御网络谣言等的不良影响，促进网络空间的净化，真正实现网络虚拟社会的

[①] 《习近平谈治国理政》（第2卷），外文出版社，2017，第336页。

"河清海晏"。另一方面，要培育诚信意识，在互联网时代，诚信意识的养成非常重要，要采取综合措施，使诚信渗透进网络生活中。只有培育诚信意识，才能增强人们之间的信任感，从而使大家为了共同的目标而协同行动、互相配合、共同推进，不断促进健康向上的网络道德形成。此外，针对基于网络技术而兴起的网络直播，不仅要规范网络秩序，正本清源地整治网络乱象，净化网络生态环境，以抵御炫富、享乐、重物质欲望等对大学生的误导；也应督促大学生摒弃不良嗜好，用正能量的思想武装头脑，用实际行动坚决抵制色情、低俗等不良网络内容的荼毒，以避免自身因受此影响而出现贪图物质享乐、不思进取、不劳而获等错误认识。总之，应自觉抵制网络不良信息的侵蚀，用文明之光营造清朗的网络空间，促使网络空间中充满正气和阳光。

结　语

党的十八大以来，习近平总书记着重用"奋斗精神"激励和鼓舞青年一代，把青年人奋斗提升到事关国家强盛、民族振兴和人民幸福的重要地位加以把握，凝聚起推进新时代青年工作的磅礴精神力量。新时代，我国经济、政治、文化和社会生活等方面发生了显著变化，在中华民族伟大复兴战略全局与世界百年未有之大变局交织作用的背景下，党的事业、国家的发展既面临历史性机遇，也仍然经受着前所未有的风险和挑战。要顺利完成中华民族伟大复兴的目标，迫切需要一代代青年人在党的领导下，同全国人民一道，继续发扬奋斗精神，锲而不舍地努力奋斗。

新时代，新征程。大学生作为实现我国第二个百年奋斗目标的中坚力量，承担了光荣的历史使命，也拥有特殊的历史机缘。然而，近些年大学生奋斗意识淡薄、高校奋斗精神教育效果不佳的问题凸显，不仅影响大学生自身的发展成才，也阻碍中国特色社会主义事业的顺利完成。为此，在实现中华民族伟大复兴"中国梦"的历史进程中，培育和提高大学生的奋斗精神成为新时代需要解决的重要问题。青年工作是党的战略性工作，高校务必要对标对表，把加强培育大学生奋斗精神作为高校的战略性工作来抓。本书以马克思主义理论为指导，基于历史与现实、理论与实践相统一的原则，立足新时代，从整体视域对大学生奋斗精神培育进行了较为深入的研究，界定了大学生奋斗精神培育的核心概念和含义，进行理论探源，总结了党在培育大学生奋斗精神方面的历史经验，审视新时代大学生奋斗精神培育的现实状况，阐明影响大学生生成奋斗精神的个体因素和外部环境等制约，在查找问题的前提下，明确了大学生奋斗精神培育的目标、内容和原则，提出形成"高校、家庭、个体、社会"教育合力的培育实践路径，希望在推动新时代大学生奋斗精神培育方面做些许贡献。

诚然，本书虽然取得了初步的成果，为新时代大学生奋斗精神培育提供了一定的科学支撑，但因该工作是一项系统性工程，本书对于某些问题未能详尽展开阐述，存在一些不足。一是在调查对象选取上，限于现实条件，只选取福建省的高校大学生样本，缺乏全国其他省份院校的数据支撑，无法较好地反映出全国高校大学生奋斗精神培育的全貌。今后将扩大调研范围，增加样本数量。二是大学生奋斗精神培育的创新方法和路径、课程体系建设等，还需要根据时代发展和社会要求进行可行性验证，将问题细化并具体分析，不断在实践中发现更切实可行的培育路径和方法，为塑造新时代大学生奋斗精神贡献应有力量。

总体而论，"大学生奋斗精神培育"既是一个受教育学、哲学、心理学等多门学科关注的研究命题，也是一个常议常新的话题，更是我们这个时代非常值得深思的问题。立足新时代开展大学生奋斗精神培育研究，可以丰富高校思想政治教育理论，推动高校践行"为党育人、为国育才"的使命，落实立德树人的根本任务，努力开创高校思想政治工作新局面。

参考文献

一 文献资料

《马克思恩格斯文集》（第 1~10 卷），人民出版社，2009。

《马克思恩格斯选集》（第 1~4 卷），人民出版社，2012。

《列宁选集》（第 1~4 卷），人民出版社，2012。

《毛泽东选集》（第 1~4 卷），人民出版社，1991。

《毛泽东文集》（第 1~8 卷），人民出版社，1993、1996、1999。

《邓小平文选》（第 1~3 卷），人民出版社，1993-1994。

《江泽民文选》（第 1~3 卷），人民出版社，2006。

《胡锦涛文选》（第 1~3 卷），人民出版社，2016。

习近平：《论教育》，中央文献出版社，2024。

《习近平谈治国理政》（第 1~4 卷），外文出版社，2017、2018、2020、2022。

《习近平著作选读》（第 1~2 卷），人民出版社，2023。

中共中央文献研究室编《习近平关于青少年和共青团工作论述摘编》，中央文献出版社，2017。

习近平：《论党的宣传思想工作》，中央文献出版社，2020。

习近平：《中共中央关于党的百年奋斗重大成就和历史经验的决议》，人民出版社，2021。

习近平：《论党的青年工作》，中央文献出版社，2022。

本书编写组：《习近平与大学生朋友们》，中国青年出版社，2020。

中共中央党史和文献研究院编《十九大以来重要文献选编》（上、中、下），中央文献出版社，2019、2021、2023。

教育部思想政治工作司编《加强和改进大学生思想政治教育重要文献选编：1978-2008》，中国人民大学出版社，2008。

教育部思想政治工作司编《加强和改进大学生思想政治教育重要文献选编：1978-2014》，知识产权出版社，2015。

中华人民共和国国务院新闻办：《新时代的中国青年》，人民出版社，2022。

二 著作类

（一）国内著作

曲青山：《中国共产党百年辉煌》，人民出版社，2021。

冯刚、张晓平、苏洁：《中国共产党高校思想政治教育发展史》，人民出版社，2021。

冯刚：《新时代高校思想政治教育学原理》，人民出版社，2021。

潘玉腾：《现代思想道德教育论》，海风出版社，2003。

许耀桐：《马克思主义政治学说论纲》，人民出版社，2024。

任仲文：《只争朝夕 不负韶华——新时代奋斗者》，人民日报出版社，2020。

周利生：《劳动教育概论》，高等教育出版社，2021。

刘宏达、万美容等：《高校思想政治工作前沿问题研究》，人民出版社，2019。

刘建军：《马克思主义基本原理与当代中国思想政治教育专题研究》，中国人民大学出版社，2018。

杨建义：《大学生文化认同与价值引领》，社会科学文献出版社，2016。

杨建义：《大学生思想政治教育路径研究》，社会科学文献出版社，2009。

杨林香：《中国青年的马克思主义信仰生成研究》，人民出版社，2019。

沈传亮：《坚守初心 奋斗新时代》，人民出版社，2019。

沈壮海等：《中国大学生思想政治教育发展报告2018—2019》，北京师范大学出版社，2020。

风笑天：《社会调查方法》，中国人民大学出版社，2019。

李辉等：《当代大学生理想信念形成的特点及机制研究》，中国书籍出版社，2013。

董振华等：《不懈的奋斗》，北京联合出版公司，2019。

柳丽：《新时代大学生科学信仰培育研究》，中国政法大学出版社，2019。

白凤国：《弘扬爱国奋斗精神 建功立业新时代》，红旗出版社，2018。

张耀灿、陈万柏：《思想政治教育学原理》，高等教育出版社，2015。

吴潜涛：《中国精神教育读本》，人民出版社，2014。

苏振芳：《思想政治教育学》，社会科学文献出版社，2006。

姚军：《奋斗论》，苏州大学出版社，2013。

郑永廷：《思想政治教育方法论》，高等教育出版社，1999。

骆郁廷：《当代大学生思想政治教育》，中国人民大学出版社，2010。

柳礼泉：《中国共产党对艰苦奋斗精神的发展与升华》，湖南大学出版社，2008。

卞敏：《中华民族精神研究》，光明日报出版社，2008。

张耀灿等：《现代思想政治教育学》，人民出版社，2006。

《论语》，中国文史出版社，1999。

罗国杰：《道德教育论》，湖南人民出版社，1997。

（清）王先谦：《荀子集解》，中华书局，1988。

（宋）朱熹注《周易》，上海古籍出版社，1987。

（二）译著

〔美〕阿尔伯特·班杜拉：《社会学习理论》，陈欣银、李伯黍译，中国人民大学出版社，2015。

〔德〕黑格尔：《精神现象学》（上），贺麟、王玖兴译，上海人民出版社，2013。

〔英〕克里斯·巴克：《文化研究：理论与实践》，孔敏译，北京大学出版社，2013。

〔美〕罗伯特·查尔斯·塔克：《马克思主义革命观》，高岸起译，人民出版社，2012。

〔美〕塞缪尔·亨廷顿、劳伦斯·哈里森：《文化的重要作用——价值观如何影响人类进步》，程克雄译，新华出版社，2010。

〔英〕亚当·斯密：《道德情操论》，王秀莉等译，上海三联书店，2008。

〔美〕塞缪尔·亨廷顿：《我们是谁？——美国国家特性面临挑战》，程克雄译，新华出版社，2005。

〔美〕劳伦斯·科尔伯格：《道德教育的哲学》，魏贤超等译，浙江教育出版社，2000。

〔德〕雅斯贝尔斯（Jaspers, K.）：《什么是教育》，邹进译，生活·读书·新知三联出版社，1991。

〔苏联〕瓦·阿·苏霍姆林斯基：《关于全面发展教育的问题》，王家驹等译，湖南教育出版社，1984。

三　论文类

刘宏达：《大学生思想政治教育内容供给的精准化及其实现策略》，《思想教育研究》2023年第12期。

彭菊花、张婉琼：《新时代大学生奋斗精神培育的重大意义与现实路径》，《学校党建与思想教育》2023年第21期。

王淑娉：《新时代大学生奋斗精神培育探析》，《思想政治教育导刊》2023年第5期。

邱国良、詹佳：《新时代大学生奋斗精神培养路径探析》，《中国高等教育》2023年第3期。

沈东：《"内卷与躺平"冲击下中国青年奋斗精神的熔铸》，《中国青年研究》2022年第1期。

覃鑫渊、代玉启：《"内卷""佛系"到"躺平"——从社会心态变迁看青年奋斗精神培育》，《中国青年研究》2022年第1期。

杨建义：《大学生理想信念教育的"个体现实性超越"论析》，《福建师范大学学报》（哲学社会科学版）2022年第3期。

刘玉霞：《新时代大学生奋斗精神的生成逻辑及培育路径》，《北京青年研究》2022 年第 3 期。

曾献辉：《新时代高校青年学生奋斗精神培育》，《中学政治教学参考》2023 年第 2 期。

曾献辉：《逻辑—特征—价值：新时代奋斗观的三维阐释》，《高校辅导员》2022 年第 5 期。

曾献辉：《以伟大建党精神涵养青年价值观的逻辑进路》，《高校辅导员学刊》2022 年第 1 期。

周钰珊：《"躺平"的坐标轴体系：论"躺平"群体的分类透析与奋斗精神培育》，《高校辅导员》2022 年第 6 期。

邓雨巍：《新时代大学生奋斗精神培育的三重维度》，《思想政治教育研究》2021 年第 3 期。

项久雨、范海群：《新时代坚持和弘扬伟大奋斗精神的逻辑起点、主体力量与实践推进》，《学校党建与思想教育》2021 年第 9 期。

陈桂蓉：《新中国奋斗价值观的时代特质及伦理蕴含》，《福建师范大学学报》（哲学社会科学版）2020 年第 6 期。

马一腾：《新时代伟大奋斗精神的渊源、内涵及弘扬路径》，《河南理工大学学报》（社会科学版）2021 年第 5 期。

雷承富、张云霞：《培养大学生奋斗精神路径探析》，《学校党建与思想教育》2021 年第 6 期。

杜玉珍：《新时代中国共产党奋斗精神的特色内涵与培育践行——纪念中国共产党百年奋斗》，《聊城大学学报》（社会科学版）2021 年第 4 期。

左殿升、李娜：《论习近平新时代奋斗观》，《高校辅导员》2021 年第 3 期。

高歌：《大学生奋斗精神培育的时代审视与优化策略》，《广西社会科学》2021 年第 6 期。

谢群：《新时代大学生奋斗精神的培养与践行》，《教育评论》2021 年第 1 期。

张晓晨：《习近平关于青年奋斗精神重要论述的三重维度》，《北方工业大学学报》2021 年第 3 期。

曹均学、魏小雪：《百年视域下新时代青年奋斗精神培育路径探析》，

《南昌师范学院学报》2021年第1期。

侯菊英、刘梦：《论中华民族伟大奋斗精神及其时代价值》，《河南理工大学学报》（社会科学版）2021年第4期。

高玉倩：《中国共产党人百年奋斗精神品格历时展现、共时呈现与传承途径》，《中共南京市委党校学报》2021年第2期。

谭彩霞、秦小珊：《赓续传承中国共产党奋斗精神的内在逻辑与实践要义》，《湖南行政学院学报》2021年第5期。

郭晓冉：《以奋斗精神纾解时代奋斗焦虑》，《新疆社会科学》2021年第6期。

崔健、谭雷春：《"空巢青年"奋斗精神的缺失与建构》，《中国青年社会科学》2020年第2期。

高艳杰：《抗疫斗争中的奋斗精神》，《高校辅导员》2020年第3期。

何志敏、刘畅：《新时代大学生奋斗精神：研究现状、未来议题、政策建议》，《中国高等教育》2020年第12期。

许玉芬：《新时代大学生奋斗精神的培育探析》，《闽南师范大学学报》（哲学社会科学版）2020年第3期。

张彦：《以伟大奋斗精神引领新时代征程》，《红旗文稿》2020年第16期。

刘耀京：《用伟大奋斗精神淬炼新时代青年》，《红旗文稿》2020年第15期。

刘宏达：《以体系思维推进高校思想政治工作体系的创新发展》，《思想理论教育》2020年第8期。

周芳、任怡：《论习近平新时代青年奋斗观的基本要义、特征及价值》，《思想理论教育导刊》2020年第9期。

李丽：《在培养青年奋斗精神上下功夫》，《思想理论教育导刊》2020年第7期。

李丽：《培养具有奋斗精神的时代新人》，《红旗文稿》2019年第13期。

斯琴格日乐：《习近平新时代奋斗观及其时代价值》，《思想教育研究》2020年第4期。

于祥成、陈梦妮：《习近平青年奋斗观的理论渊源、思想内涵及时代价值》，《湖南大学学报》（社会科学版）2020年第11期。

徐晓宁、任嵩：《习近平奋斗幸福观的科学内涵及其对大学生奋斗精神养成的启示》，《思想理论教育导刊》2020年第7期。

刘建军：《伟大奋斗精神：科学内涵、社会价值与人生启示》，《中共杭州市委党校学报》2019年第2期。

潘玉腾、陈虹：《论时代新人的内涵及培养研究》，《中国高等教育》2019年第7期。

黄样兴：《论新时代共产党人的奋斗精神》，《理论探索》2019年第4期。

董玉节：《新时代爱国奋斗精神的三大逻辑》，《红旗文稿》2019年第11期。

王绍霞：《新时代奋斗精神的基本逻辑与时代价值》，《思想理论教育导刊》2019年第6期。

侯玉环：《论新时代青年学生奋斗精神培育研究》，《思想理论教育导刊》2019年第6期。

李伟弟：《培育新时代青年奋斗精神的三重维度》，《人民论坛》2019年第16期。

刘超：《新时代奋斗精神的价值意蕴》，《人民论坛》2019年第17期。

公茂虹：《论习近平新时代奋斗精神》，《前线》2018年第7期。

项久雨、李平：《奋斗不能沉迷于"自嗨""伪奋斗"背后的消极文化心态》，《人民论坛》2018年第7期。

王炳林：《培养担当民族复兴大任的时代新人》，《求是》2018年第1期。

张颖：《大学生艰苦奋斗精神教育的历史考察和基本经验》，《思想政治教育研究》2016年第2期。

张永礼：《毛泽东的奋斗精神及其当代意义》，《毛泽东思想研究》2012年第3期。

方晓波、张峰：《高校思想政治教育的知行关系问题探讨》，《东北师范大学学报》（哲学社会科学版）2012年第6期。

陈志超：《高校应大力加强大学生艰苦奋斗精神的教育》，《思想理论教育导刊》2011年第6期。

罗贤甲、杨树明：《大学生艰苦奋斗精神欠缺的深层原因及教育路径探析》，《思想教育研究》2010年第5期。

罗国杰：《古代思想家论"谦虚谨慎"与"艰苦奋斗"》，《思想政治课教学》2003年第6期。

姜泽洵：《大力弘扬艰苦奋斗、勤俭节约精神》，《人民日报》2024年3月21日，第A9版。

任理轩：《用新的伟大奋斗创造新的伟业》，《人民日报》2023年12月21日，第A4版。

李斌：《在全社会弘扬奋斗精神》，《人民日报》2023年5月12日，第A4版。

周珊珊：《奋斗精神更加昂扬》，《人民日报》2022年12月5日，第A4版。

关铭闻：《致奋斗的你我》，《光明日报》2022年9月26日，第A1版。

关铭闻：《躺平不可取——建功新时代系列评论之一》，《光明日报》2021年12月27日，第A1版。

关铭闻：《躺赢不可能——建功新时代系列评论之二》，《光明日报》2021年12月28日，第A1版。

黄样兴：《矢志永远奋斗》，《光明日报》2018年4月3日，第A6版。

李天安：《在培养大学生奋斗精神上下功夫》，《重庆日报》2018年10月18日，第A5版。

公茂虹：《牢牢把握新时代奋斗精神》，《学习时报》2018年7月20日，第A3版。

刘飞：《弘扬伟大奋斗精神》，《学习时报》2018年8月22日，第A3版。

郑朝静：《大学生志愿精神培育研究》，博士学位论文，福建师范大学，2012。

凌石德：《当代大学生精神追求引导研究》，博士学位论文，湖南师范大学，2015。

魏泳安：《中国精神教育研究》，博士学位论文，苏州大学，2017。

侯莲梅：《新时代大学生中国精神培育研究》，博士学位论文，电子科技大学，2018。

常睿：《新时代大学生意志品质培育研究》，博士学位论文，东北师范大学，2021。

Joao Fabiano. "The Fragility of Moral Traits to Technological Interventions", *Neuroethics*, 2020, pp. 1-13.

Muel Kaptein. "The Battle for Business Ethics: A Struggle Theory", *Journal of Business Ethics*, 2017, pp. 144-145.

附　录

新时代大学生奋斗精神培育现状调查问卷

亲爱的同学：

您好！

为了解当前大学生奋斗精神培育状况，我们开展了本次调查。希望得到您的支持和帮助。本问卷里的选项没有对错、好坏之分，请您能如实作答每一个问题。调查方式为匿名制，问卷的所有数据信息仅用于学术研究，请放心填写。

您如实真切的回答对我们的研究结论十分重要。如无特殊说明，请选择您认为最恰当的一项。

衷心感谢您的参与和合作！

"新时代大学生奋斗精神培育研究"课题组

一　个人基本信息

1. 您的性别：
A. 男　　B. 女

2. 您是否独生子女：

A. 是　　　B. 否

3. 您目前就读的年级：

A. 大一　　B. 大二　　C. 大三　　D. 大四

4. 您的专业属性：

A. 文史类　B. 理工类　C. 医学类　D. 农林类　E. 艺术体育类

F. 其他

5. 您的政治面貌：

A. 中共党员（含预备党员）　　B. 共青团员　C. 群众　D. 其他

6. 您的就读学校：

A. 国家"双一流"高校　B. 省属重点高校　C. 省属一般高校

D. 普通民办高校

7. 您大学期间是否担任过班干部或学生会干部：

A. 是　　　B. 否

8. 您的家庭所在地：

A. 市区　　B. 县城　　C. 乡镇　　D. 农村

9. 您父母亲中最高的学历层次：

A. 初中及以下　B. 高中（中专）　C. 专科　D. 本科　E. 研究生

二　大学生奋斗精神现状

1. 您对奋斗精神的了解程度如何？

A. 非常了解　　B. 一般了解　　C. 不太了解　　D. 不了解

2. 您所理解的奋斗精神主要内涵是什么？

对奋斗精神主要内涵的理解	是	否
精致利己，及时享乐		
艰苦奋斗，敢于拼搏		
知难而退，得过且过		
百折不挠，迎难而上		
开拓进取，勇于创新		
吃苦耐劳，甘于奉献		

3. 您认为大学生奋斗精神的基本内涵有哪些？（多选）

　　A. 不畏艰辛的甘于奉献　　　　B. 勇于担当的踏实肯干

　　C. 刻苦学习的敢于拼搏　　　　D. 不怕困难的开拓创新

　　E. 勤俭节约的生活作风　　　　F. 百折不挠的顽强意志

　　G. 慈善主义的利他行为　　　　H. 不思进取的安于现状

　　I. 其他

4. 您在确立人生奋斗理想时最关注的内容是？

　　A. 国家、社会和民族的需要　　B. 个人的声誉名望

　　C. 物质财富和权力　　　　　　D. 精神信仰

5. 您对人生苦短应及时行乐的态度是？

　　A. 非常认同　　B. 比较认同　　C. 说不清楚　　D. 不认同

6. 当国防安全遇到战争威胁时，正在求学的您愿意参军入伍吗？

　　A. 非常愿意　　B. 比较愿意　　C. 说不清楚　　D. 不愿意

7. 您会为了破解"卡脖子"难题而投身国家科技攻关项目吗？

　　A. 非常愿意　　B. 比较愿意　　C. 说不清楚　　D. 不愿意

8. 您觉得大学生为什么要奋斗？

　　A. 为了实现自己的人生价值目标　　B. 为了追求奢华富贵的物质生活

　　C. 为了国家发展和社会进步　　　　D. 其他

9. 您觉得完成国家第二个百年奋斗目标和实现中华民族伟大复兴"中国梦"需要大学生奋斗吗？

　　A. 非常需要　　　　　　　　　B. 比较需要

　　C. 不太需要　　　　　　　　　D. 不需要，与大学生奋斗没关系

10. 您觉得具有奋斗精神对于大学生自身全面有哪些作用？（多选）

　　A. 促进养成奋斗的思想品德　　B. 激励自己更加努力学习

　　C. 提高面对挫折的抗击能力　　D. 明确人生目标矢志奋斗

　　E. 坚定理想信念成长成才

11. 您在择业时最看重的因素是什么？

　　A. 能为国家和社会做贡献　　　B. 个人薪资待遇

　　C. 个人发展前景　　　　　　　D. 工作环境

12. 您对当前大学生就业难的问题采取什么做法？

   A. 抓紧提高理论素养和实践能力　　B. 寻找有关系的就业方式

   C. 等要毕业找工作了再来行动　　　D. 学习有关就业应聘的知识

13. 您看到同学获得了"国家奖学金"，会准备采取什么行动？

   A. 自己加倍学习，坚持努力行动　　B. 想以走关系的方式下次评上

   C. 未想过要获取，学分通过就行　　D. 向老师反映同学的不当行为

14. 您对"为中华之崛起而读书"这句话是怎么理解的？

   A. 这是每个大学生的应有责任　　　B. 与自己密切相关，要尽一份力

   C. 太遥远，与自己没太大关系　　　D. 其他

15. 您对大学生为实现中华民族伟大复兴而接续奋斗的感觉是？（多选）

   A. 自身为国争光的真情实感　　　　B. 传承奋斗精神品质的需要

   C. 个人价值实现的最佳方式　　　　D. 浓厚爱国主义情怀的体现

16. 您在追求梦想的过程中遇到挫折时是什么态度？

   A. 坚定意志地积极面对　　　　　　B. 迷茫彷徨地消极面对

   C. 逃避现实地放弃面对　　　　　　D. 其他

17. 您对大学生抄袭剽窃、实验凑数据等学术不端行为是什么态度？

   A. 不劳而获，十分鄙视　　　　　　B. 个别现象，可以理解

   C. 他人行为，与我无关　　　　　　D. 其他

18. 您课余时间愿意观看有关革命英雄和历史题材的影视作品吗？

   A. 非常愿意　　B. 比较愿意　　C. 不愿意　　D. 非常不愿意

19. 您对自己当前的学业状况（掌握的知识、取得的成绩）满意吗？

   A. 非常满意　　B. 比较满意，但一直在拼搏地追求进步

   C. 不太满意　　D. 不满意，但也没什么其他办法

20. 您怎样理解当今"内卷"时代大学生"躺平"的社会现象？（多选）

   A. 是一种消极颓废的文化现象　　　B. 是一种不负责任的人生态度

   C. 是一种不思进取的学习状态　　　D. 是一种无欲无求的生活方式

   E. 是一种违背奋斗精神的价值观念

21. 下列哪种类型的大学生符合您的状况？

   A. 对未来有明确规划，为人生理想目标努力奋斗着

   B. 对未来充满迷茫，不知道该怎么努力

C. 无所追求、随遇而安的"佛系青年"

D. 安于现状，"躺平"，不做出改变

E. 抱怨自身的出生环境，悲观、得过且过

22. 您一般通过什么途径获知和了解大学生奋斗精神？（多选）

A. 课程学习　　B. 互联网媒体　　C. 社团活动　　D. 报刊书籍

E. 影视作品　　F. 其他

23. 您在课余时间中安排最多时间的是哪两项？（限选 2 项）

A. 上网娱乐　　B. 去图书馆学习　　C. 参加文体活动

D. 逛街游玩　　E. 做兼职

24. 您认为当前大学生奋斗精神弱化的表现有哪些？（多选）

A. 对学习、工作没有毅力和恒心

B. 对生活敷衍了事、懒惰松懈

C. 对未来目标模糊，不思进取

D. 对毕业后的择业漠不关心、不想作为

E. 其他

25. 您认为当前大学生奋斗精神缺失的原因是什么？（多选）

A. 家庭教育引导不够　　　　B. 社会不良风气

C. 学校教育不足　　　　　　D. 主体意识不够成熟导致的认知困境

E. 网络媒体广泛应用的负面效应　　F. 其他

26. 您认为大学生奋斗精神养成易受哪些因素影响？（多选）

A. 社会文化环境熏陶　　　　B. 社会主要矛盾制约

C. 网络传播内容影响　　　　D. 个人社会实践锻炼

E. 其他

27. 您愿意响应国家号召去艰苦地区的基层工作吗？

A. 非常愿意，积极报名　　　B. 不确定，需要征询家人意见

C. 薪酬高的话可以考虑　　　D. 不符合自己的职业规划，不愿意

28. 您愿意参加以扶贫、支教、支农为主题的社会实践活动吗？

A. 非常愿意　　　　　　　　B. 喜欢某个活动就愿意

C. 太苦太累，不愿意　　　　D. 不确定

29. 您上大学期间的生活费主要来源于？

    A. 父母提供   B. 学校勤工俭学或奖（助）学金

    C. 兼职收入   D. 其他

三 大学生奋斗精神培育现状

1. 您认为加强新时代大学生奋斗精神的培育有必要吗？

    A. 非常有必要   B. 有必要

    C. 生活条件好了，必要性不大   D. 没必要

2. 您认为学校在奋斗精神培育工作中应该从大学生的哪些方面着力？（多选）

    A. 意志品格   B. 情感体验   C. 思想认识

    D. 行为规范   E. 其他

3. 您所在学校是通过哪些方式开展大学生奋斗精神培育的？（多选）

    A. 思想政治理论课教学   B. 榜样示范报告会   C. 实地参观学习

    D. 竞技文化活动   E. 现代大众传媒   F. 其他

4. 学校评选"大学生自强之星""感动校园人物"等对您有正向激励作用吗？

    A. 正能量爆棚，作用极大   B. 感觉作用一般

    C. 没有作用   D. 说不清楚

5. 您认为培育大学生奋斗精神的作用体现在哪些？（多选）

    A. 引导大学生践行社会主义核心价值观

    B. 营造崇尚奋斗的社会风尚

    C. 继承中华传统文化与弘扬中华民族精神

    D. 传承红色基因与赓续红色血脉

6. 您的父母对你进行过奋斗精神教育吗？

    A. 有过，并且受益匪浅   B. 偶尔有，但印象不深

    C. 好像有过，不太记得   D. 完全没有

7. 您认为影响学校培养大学生奋斗精神成效的主要因素有？（多选）

    A. 校园奋斗文化氛围不浓   B. 相关课程教学内容不丰富

    C. 教师教育方式呆板、方法单一   D. 大学生实践锻炼的机会不多

E. 其他

8. 您认为哪些途径可以加强大学生奋斗精神培育？（多选）

  A. 国家的顶层设计规范   B. 学校加强制度保障

  C. 家庭注意日常教育   D. 优化良好的社会环境

  E. 协同多方的教育合力   F. 其他

9. 以学校作为培育主体，您觉得哪些方式对大学生奋斗精神培育更有效？（多选）

  A. 思想政治理论课教育   B. 党团组织的实践活动

  C. 教师谈话与言传身教   D. 相关制度机制的构建

  E. 各类专业课程的渗透

10. 以社会作为培育主体，您觉得哪些方式对大学生奋斗精神教育更有效？（多选）

  A. 营造清朗的网络空间   B. 增强社会舆论监管

  C. 加强社会宣传教育   D. 发挥先进典型的示范作用

  E. 创建社会实践平台

11. 以家庭作为培育主体，您觉得哪些方式对大学生奋斗精神教育更有效？（多选）

  A. 灌输教育   B. 榜样教育

  C. 棍棒教育   D. 激励教育

  E. 实践教育

后　记

　　本书是 2024 年度江西省社会科学基金青年项目（编号：24KS35）的最终成果，也是我在博士学位论文基础上进一步完善而形成的研究成果。

　　人生的每一段征程，都需用理想引领、用精神支撑、用行动耕耘，求学生涯亦如此。从牙牙学语的垂髫，到梦系青春的少年，在用拼搏追逐梦想的青葱时光里，总有一种奋斗的精神鼓舞，陪我度过孤灯冷夜、悲欢离合，还我一个痛并快乐的人生真貌。这种不畏艰难、顽强拼搏、积极进取的精神状态，已然化作我生命里的常态，使我在面对人生困苦时获取精神力量。

　　奋斗、梦想和感恩是我微小生命体里一直涌动的元素，伴我笃定走向人生的每一个驿站。回溯毅然辞却公职、破釜沉舟脱产求学的近一千个日夜，我丝毫不敢懈怠。感谢导师杨建义教授，杨老师深厚的理论学识、细致的科研指导、严谨的治学态度、稳重宽平的待人之道，在立德树人方面为我树立起榜样。感谢福建师范大学的导师们，他们在授课和讲座中的倾囊相授，在学习和科研上的倾心指导，让我受益匪浅。这些年，我还有幸听取了张耀灿教授、刘建军教授、高国希教授、刘同舫教授、冯刚教授、沈壮海教授、李辉教授等著名专家学者的学术报告，从中受到很大启迪，他们的科研成果为我的研究提供了重要参考。

　　特别感恩我的父亲、岳父岳母和妻子，还有无尽思念的母亲。父母者，人之本也，正是因为有他们的支持以及照顾两位年幼小孩，我才能顺利完成学业。

　　由衷感谢读博期间给予关心和帮助的师友，让我始终坚定信心地奋勇前行。他们是：中共中央党校（国家行政学院）许耀桐教授，江西师范大学周利生教授，赣南医科大学曾泽鑫教授，豫章师范学院陈付龙教授，江西农业大学刘志兵教授，赣南师范大学余建平教授，南昌工程学院任嫦勤编审。

衷心感谢华中师范大学刘宏达教授和江西农业大学傅琼教授对本书的厚爱，拨冗着笔，为拙作写序。

社会科学文献出版社赵晶华等编辑为书稿的文字润色和出版付出了辛勤劳动。笔者在撰写书稿过程中参阅了其他研究者的文献和专著，引用了其中的许多观点。在此一并向他们表示诚挚的谢意。

学术研究之路漫长、艰辛，囿于水平有限，书中疏漏与讹误之处在所难免，亦借此企盼读者不吝赐教。

曾献辉

2024 年 9 月于赣州

图书在版编目(CIP)数据

新时代大学生奋斗精神培育研究 / 曾献辉著. --
北京：社会科学文献出版社，2024.11. -- ISBN 978-7-
5228-4306-3

Ⅰ.G641

中国国家版本馆 CIP 数据核字第 202432SU09 号

新时代大学生奋斗精神培育研究

著　　者 / 曾献辉

出 版 人 / 冀祥德
组稿编辑 / 仇　扬
责任编辑 / 赵晶华
责任印制 / 王京美

出　　版 / 社会科学文献出版社·文化传媒分社(010)59367004
　　　　　地址：北京市北三环中路甲 29 号院华龙大厦　邮编：100029
　　　　　网址：www.ssap.com.cn
发　　行 / 社会科学文献出版社(010)59367028
印　　装 / 三河市龙林印务有限公司

规　　格 / 开　本：787mm×1092mm　1/16
　　　　　印　张：16.25　字　数：256 千字
版　　次 / 2024 年 11 月第 1 版　2024 年 11 月第 1 次印刷
书　　号 / ISBN 978-7-5228-4306-3
定　　价 / 88.00 元

读者服务电话：4008918866

版权所有 翻印必究